Männlichkeit genießen!

Bjørn Thorsten Leimbach

MÄNNLICHKEIT GENIESSEN!

Die Freude am Maskulinen

Ellert & Richter Verlag

Inhalt

Dieses Buch widme ich meinem Vater Friedrich Eckhard Leimbach, der mir immer wieder zeigt, wie man sogar trotz widriger Umstände sein Leben als Mann in die Hand nehmen und genießen kann. Behalte deinen Humor, Pa!

In Liebe
Dein Sohn Bjørn Thorsten Eckhard

Einleitung

Als Männercoach kenne ich die Lebensgeschichten und oft auch intimen Details aus dem Leben vieler Männer. Die Männer, die zu mir kommen, berichten, was „hinter den Kulissen" eines geregelten Lebens vor sich geht und wie sie sich wirklich fühlen. Insofern habe ich einen direkten Einblick in das Privatleben so vieler Männer wie kaum ein anderer. In meine Seminare kommen Männer von 17 bis über 60 Jahren und aus allen sozialen Schichten: vom Schüler bis zum Multimillionär. Alle sind mit ihrem Leben nicht zufrieden, wollen etwas verändern oder haben Leidensdruck. Viele haben mein Buch „Männlichkeit leben" gelesen und sich in den dort geschilderten Geschichten von Männern wiedergefunden. Bei den meisten ist der gefühlte Schmerz vor allem durch eine Frau ausgelöst worden: Die Partnerin oder Ehefrau, die sie lieben und für die sie alles getan haben, behandelte sie respektlos und demütigend. Ihnen wurde übel mitgespielt, sie wurden von ihr betrogen oder verlassen. Oft hat die Frau außerdem noch die Kinder mitgenommen und verhindert deren Kontakt zum Vater, nicht selten bluten die Männer auch finanziell aus. Emotional verkraften Männer Trennung und Rosenkrieg sehr viel schlechter als Frauen. Beziehungskrisen und Trennung zermürben den stärksten Mann und es kann sein, dass er daraufhin beginnt, an seinem Lebenswerk und sogar an sich als Mann zu zweifeln.

Andere Männer kommen zu mir, weil sie Defizite in ihrer Männlichkeit spüren. „Übermuttert" und „untervatert" fehlen ihnen Klarheit, Durchsetzungskraft und Aggressivität. Sie sind von Frauen zu Frauenverstehern erzogen worden und bemühen sich, stets noch weiblicher zu sein als die Frauen selbst. Eigene Aggressionen lehnen sie grundsätzlich ab. Irgendwann leiden sie unter ihrem Mangel an männlicher Prägung und Identität. Es fällt ihnen schwer, Entscheidungen zu treffen und konsequent danach zu handeln. Im Kontakt mit Frauen sind sie unsicher und sexuell eher devot veranlagt.

Wie helfe ich also diesen Männern? Das Darüber-Reden und Diskutieren haben sie schon hinter sich, alle guten Ratschläge kennen sie schon – manche haben jahrelange Therapien gemacht und Seminare zu ihrem Thema besucht.

Ich setze an einem ganz anderen Punkt an. In unserer Gesellschaft wird Männlichkeit abgewertet, Männer fühlen sich zunehmend minderwertig und überflüssig. Die entsprechenden Botschaften wurden vielen Männern seit ihrer Kindheit eingetrichtert und das zeigt Wirkung. Entsprechend wenig bringt es, das Ganze zu analysieren, darüber miteinander zu jammern und sich gegenseitig zu trösten.

Ich biete Männern stattdessen einen Rahmen, in dem sie sich wertvoll und lustvoll in ihrer Männlichkeit fühlen können. Das bedeutet: erst einmal all die Probleme vergessen, derentwegen sie zum Seminar angereist sind. Und dann den eigenen Körper intensiv spüren, Freude an der Begegnung, am Tanzen und am Kontakt mit anderen Männern gewinnen. Die Maske der Unnahbarkeit, Traurigkeit, Coolness oder auch das künstliche Grinsen abziehen und authentisch anderen begegnen. Aus der ständigen Selbstkritik und den Zweifeln an sich selbst aussteigen und sich wieder als Mann annehmen und lieben lernen.

Die meisten Männer leben auf einem niedrigen Energieniveau: verkopft, nachdenklich, kritisch und zweifelnd. Sie haben wenig Körperspannung, atmen flach und sind emotional gepanzert. Ich bringe mit Körperübungen, Tanz und entsprechender Gruppendynamik ihren Energielevel nach oben, so dass sie lebendiger werden und Begeisterung empfinden können. Ich biete einen Rahmen, um Aggressionen zu wecken und miteinander auszuleben – ohne dass es dabei zu Gewalt kommt. Ich zelebriere männliche Rituale mit den Männern, um sie zu stärken und eine Gemeinschaft zu schaffen.

Die Herzpanzerung – nach vielen Verletzungen und Demütigungen im Leben eines Mannes entstanden – wird aufgeklopft, so dass die Männer wieder in Kontakt mit ihren Gefühlen kommen. Statt die Welt mit dem Kopf wahrzunehmen und alles mit dem Verstand kontrollieren und lösen zu wollen, geht es darum, „in den Körper zu kommen“. Herz und Bauch sollen erweckt werden als mit dem Kopf gleichwertige Zentren, die ihrer eigenen „Logik“ folgen. Schläge auf die Brust sind ein guter Beginn, um den Panzer weichzuklopfen, Berührungen des eigenen Körpers ein erster Schritt, um sich selbst lieben zu lernen. „Ich sage Ja zu mir als Mann“, singt mein Co-Trainer, der Musiker Dhwani Zapp, und die Männer stimmen ein, zunächst noch skeptisch, doch nach und nach füllen sie den Gesang mit Gefühl. Sich wieder berühren lassen, das Herz öffnen und die Fülle intensiver Gefühle erleben – das gelingt vielen Männern besser unter Männern als mit Frauen. Natürlich erwartet dies kein Mann, denn die meisten Männer haben ihr Leben lang gelernt und erfahren, dass man all dies nur mit Frauen erleben kann und von ihnen Anerkennung und Bestätigung als Mann erhält. Oft muss ein Mann erst durch eine Frau tief verwundet werden und durch das Tal der Verzweiflung gehen, bis er offen ist für andere Erfahrungen. Denn die tiefste und dauerhafteste Verletzung ihres Lebens wurde fast allen Männern von einer Frau zugefügt.

Solange ein Mann der Illusion hinterherläuft, eine andere Frau könnte ihn davon heilen, ist er noch nicht bereit für eine wahre Männerinitiation. Denn wahre Heilung, vor allem des Herzens, geschieht in erster Linie im Kreis von Männern. Diese Erkenntnis ist manchmal bitter, denn man muss sich eingestehen, sein Leben lang „am falschen Ufer“ des Flusses gesucht zu haben. Wer bereit ist, Männern authentisch zu begegnen, der wird zunächst seinen Vater wiederfinden und dann sich selbst als Mann erkennen. Es gibt nur diesen Weg. Ich kenne keinen Mann, der sich in der Frauenwelt gefunden hat, aber Unzählige, die sich in ihr hoffnungslos verloren haben und als ruhelose Geister dort immer noch umherirren. Und ich habe noch nie einen Mann getroffen, den eine Frau dauerhaft glücklich gemacht hat, wenn er es nicht vorher schon war.

Komm in die Männerwelt

In diesem Buch geht es darum, wie du in die Männerwelt kommst und das Mann-Sein mehr genießen kannst. Ich möchte dich als Mann stärken und dich darin unterstützen, Freude an deiner Männlichkeit zu erleben. Ich möchte dir helfen aus deinen Selbstzweifeln und negativen Gedanken im Alltag auszusteigen und stattdessen Selbstachtung, Wertschätzung und Selbstliebe als Mann zu entwickeln. Ich möchte dich darin bestärken, die Beschämung, die viele Männer durch ihre Mutter oder andere Frauen in ihrem Leben erfahren haben, zu überwinden. Es geht darum, aufzuhören dich für dein Mann-Sein und männliches Verhalten zu schämen und stattdessen Stolz zu entwickeln. Ich möchte dir zeigen, wie du aus der emotionalen Gleichgültigkeit und Routine in intensives Erleben, Begeisterung und Ekstase kommen kannst.

Meiner Erfahrung nach könnten die meisten Männer sehr viel glücklicher, kraftvoller, gesünder und männlicher leben. Sie tun es nicht, weil sie ihre Fähigkeiten nicht einsetzen, um „ihr Ding" zu machen. Sie leben in einer lauwarmen Komfortzone. Sie sind aus dem Einflussbereich ihrer Mutter noch nicht wirklich ausgebrochen und sind letztendlich immer noch „brave Jungen". Sie wollen nicht auffallen, passen sich den gesellschaftlichen Vorgaben an und machen „anderer Leute Ding". Sie haben das Steuer ihres Lebensschiffes noch nicht in die Hand genommen und wissen auch gar nicht, wohin sie damit fahren wollen.

In diesem Buch erfährst du, wie du „dein Ding" machen kannst. Es ist als Leitfaden gedacht, der dir eine männliche Orientierung geben soll – sozusagen als Gegenkonzept zu den Ratschlägen deiner Mutter und anderer weiblicher Autoritäten.

In diesem Buch lernst du Folgendes für dich als Mann zu entwickeln:

- Ja zu deiner Männlichkeit sagen
- Dich selbst als Mann annehmen und lieben
- Ausbrechen aus der Routine und deiner Komfortzone
- Abenteuer, Risiko und Neuland erleben
- Männliche Werte aneignen, wie Aggressivität, Stolz und Ehre
- Deinen Adrenalin- und Testosteronspiegel steigern
- Männliche Verhaltensweisen trainieren
- Mehr Lebensfreude und Spaß genießen
- Begeisterung und Ekstase entwickeln
- Gesund leben und dich so ernähren, dass du fit bleibst
- Schöpfer deines Lebens werden
- Kreativität und Schaffenskraft initiieren
- Dein Leben in vollen Zügen genießen
- Den Kontakt zu deinem Vater und zu deiner Familie verbessern

- Dein Leben in vollen Zügen genießen
- Den Kontakt zu deinem Vater und zu deiner Familie verbessern
- Deine Rolle als Vater ausfüllen und genießen
- Männerfreundschaften aufbauen und pflegen
- Freiheit und Unabhängigkeit leben
- Konstruktiven Rückzug und Regeneration üben
- Auf hohem Energieniveau leben

Online-Service für dieses Buch

Zu vielen Themen, die in diesem Buch behandelt werden, habe ich interessante Quellen, Artikel, wissenschaftliche Untersuchungen und Filme im Internet gesammelt. Diese Links in einem Buch abzudrucken macht aber wenig Sinn. Darüber hinaus gibt es einige Zusatzinformationen und Statements, die in diesem Buch keinen Platz mehr fanden. Dies alles möchte ich meinen Lesern gerne online zu Verfügung stellen. An den entsprechen Buchpassagen mache ich mit einem Hinweis darauf aufmerksam. Sämtliche weiterführenden Infos und Links finden sich auf der Website, die speziell für dieses Buch erstellt wurde:
www.maennlichkeit-leben.de/maennlichkeit-geniessen

MÄNNLICHKEIT – Stolz statt Scham

Du bist ein Mann. Du bist als männliches Wesen geboren und wirst als Mann sterben. Das ist eine grundlegende Tatsache, die viele Männer nicht wahrhaben wollen und deren Tragweite viele Männer nicht erkennen. Die feministische Bewegung und der sogenannte „Gender Mainstream“ leugnen alle geschlechtsspezifischen Unterschiede und versuchen Männer und Frauen zu geschlechtsneutralen, im Grunde aber eher femininen Wesen zu machen. Wer unter einseitigem weiblichen Einfluss aufgewachsen ist, der hat wahrscheinlich mit seiner geschlechtlichen Identität als Mann Probleme. Er versucht wie Klaus seine Männlichkeit zu verstecken und passt sich den Wünschen der Frauen an:

Klaus, Mitte 30, schildert in einer Beratungsstunde bei mir: „Mir gelingt es einfach nicht, eine dauerhafte Beziehung mit einer Frau aufzubauen. Ich hatte ein paar Affären und zweimal eine Partnerschaft, die aber beide schon nach wenigen Monaten wieder auseinandergingen.“ Auf meine Vermutung hin bestätigte er, dass es fast immer die Frau war, die sich von ihm getrennt hat, mehrfach sich einen anderen Mann gesucht hat. Klaus ist ein attraktiver und gebildeter Mann, der von seiner körperlichen Erscheinung her durchaus anziehend auf Frauen wirken könnte. Aber Klaus ist ein typischer „nice guy“, ein Mann, der überaus freundlich, höflich und stets lächelnd erscheint. Mit ihm könnte man sich keinen Streit vorstellen. Auf Provokationen reagiert er stets defensiv und geht in die Verteidigung. Er ist zu weich und konturlos und ist schnell zu verunsichern. Als Klaus mir schilderte, wie die Frauenkontakte zustandekamen, erklärte er damit auch gleichzeitig sein Problem: Meist war es die Frau, die ihm zu verstehen gab, dass sie ihn kennenlernen wollte, manchmal hatte sie auch den ersten Schritt der Kontaktaufnahme gemacht. Klaus ist stets überaus bemüht um die Frau, macht Komplimente, Geschenke und lädt sie ein, obwohl er sie kaum kennt. Er ist derjenige, der sich zuerst verliebt und sich nach kurzer Zeit von der Frau emotional abhängig macht. Er „klebt" sich emotional bedürftig und ausgehungert schnell wie eine Klette an die Frau und kontaktiert sie ständig. Gleichzeitig hält er sich mit Körperkontakt und sexueller Annäherung zurück, um sie nicht zu „bedrängen" wie er sagt. Kommt es dann auf Initiative oder zumindest einer „Steilvorlage" der Frau zum Sex, ist er dabei auch stets einfühlsam und sanft. Die Frauen erleben ihn als lieben Freund und das sagen sie ihm dann auch: Den Vorschlag „Können wir nicht Freunde sein?" hat er schon öfter gehört. Für Abenteuer, Spannung und Erotik suchen die Frauen sich lieber einen maskulinen Mann als den eher geschlechtsneutral wirkenden Klaus.

Klaus hat noch einen weiten Weg vor sich, um seine Männlichkeit zu entwickeln und zu genießen. Doch Schritte in diese Richtung sind dringend notwendig – nicht nur, um sein erklärtes Ziel einer langfristigen Partnerschaft zu erreichen. Er muss auch mehr Selbstsicherheit und innere Stärke als Mann entwickeln. Dafür muss Klaus erst einmal lernen, Kontakt zu seiner Männlichkeit aufzunehmen: Willenskraft, Aggression, Mut und Konfliktbereitschaft sind gefragt. Denn als ein Frauenversteher ohne jede Aggression und ohne Risikobereitschaft wird er keine sexuelle Anziehung auf eine Frau ausüben und keine Frau dauerhaft für sich interessieren können und auch keinen Respekt erleben. Die Entscheidung von einem lieben, geschlechtsneutralen Jungen, der sich für sein Mann-Sein schämt, zu einem Mann zu werden, der seine Männlichkeit bejaht und genießt, steht für Klaus an.

Marius Müller-Westernhagen hat ein Lied geschrieben, das genau zu meiner Situationsbeschreibung von Klaus' Leben passt. Den Link zum Song findest du auf der Website zu meinem Buch.

ZIEH DIR BLOSS DIE SCHUHE AUS

Klaus Mutter sagte stets: „Zieh dir bloß die Schuhe aus!"
Und sein Lehrer sagte ihm, er lerne fürs Leben.
Doch das Leben blieb ihm stets fern.
Das Arbeitsamt sagte ihm, welchen Beruf er wählen solle.
Und seine Eltern suchten ihm seine Ehefrau aus.
Wann endlich wachst du auf Klaus?
Wann endlich wehrst du dich mal?
Du träumtest doch einmal davon, dein eigener Herr zu sein!

(frei nach Marius Müller-Westernhagen)

Wach auf, Mann, und befrei dich von den Fesseln, die du dir um deinen Kopf, dein Herz und deinen Penis hast wickeln lassen! Fange an, deine Männlichkeit in ihrer Freiheit, Wildheit und Unberechenbarkeit zu leben. Im Folgenden beschreibe ich den Weg, wie du vom Opfer zum Schöpfer deines Lebens wirst, indem du die Regeln festlegst und dies nicht anderen überlässt, schon gar nicht einer Frau, die über dich bestimmt.

Hör auf, dich für dein Mann-Sein zu schämen!

Der erste Schritt dazu ist, zu deinem Mann-Sein zu stehen und dich der Welt nicht als geschlechtsloses Neutrum zu präsentieren. In welchen Situationen schämst du dich für deine Männlichkeit? Wann distanzierst du dich von anderen Männern und versuchst Frauen zu zeigen, dass du „ganz anders" bist als die anderen Männer? Hast du schon als Kind versucht, deiner Mutter zu beweisen, dass du sie besser verstehst und mehr liebst als dein Vater?

Eine dir unbekannte Frau zieht dich sexuell an und du schaust ihr auf den Busen. Sie bemerkt es und macht eine fiese Bemerkung darüber, was dir sehr peinlich ist. Eine laut grölende Truppe Männer zieht pöbelnd durch die Stadt und du distanzierst dich angewidert. Deine Partnerin macht dir eine Szene, weil du über das Wochenende mit einem Freund wegwillst – du sagst ihm ab „aus Rücksicht auf sie". Kennst du solche Situationen?

Der Ursprung für dieses Verhalten ist vermutlich deine Mutter. Wenn du ihr emotional oder auch körperlich zu nah warst und vielleicht sogar von ihr als Partnerersatz für deinen nicht anwesenden oder ungeliebten Vater missbraucht wurdest, dann hast du vermutlich gelernt die Welt mit „ihren Augen" zu sehen. Was sie an Männern und speziell an deinem Vater ablehnte, hast du tagtäglich gehört und gespürt. Und du hast beschlossen, dich anders als diese Männer zu verhalten, weil du für deine Mutter der „bessere Mann" sein wolltest. Je nachdem welche männlichen Verhaltensweisen deine Mutter bei Männern abgelehnt hat, hast du intensiv versucht dich von diesen Aspekten der Männlichkeit abzugrenzen, um von ihr geliebt zu werden. Wenn deine Mutter also über die Unzuverlässigkeit von Männern schimpfte, dann hast du dich bemüht, immer pünktlich und verbindlich zu sein. Wenn sie dir vermittelte, dass Männer Lügner seien, dann hast du dir angewöhnt, deine Mutter niemals anzulügen und keine Geheimnisse vor ihr zu haben. Wenn sie sich durch lautstarkes und aggressiver Verhalten von Männern bedroht fühlte, hast du versucht leise und lieb zu sein.

Das Ganze ließe sich durch unzählige Beispiele bis ins kleinste Alltagsverhalten hinein fortsetzen. Sogar bestimmte emotionale Muster, Denkweisen, Werte und deine Körperhaltung lassen sich auf eine unbewusste Orientierung an den Werten der eigenen Mutter zurückführen. Das Problem ist, dass dies den meisten Männern nicht bewusst ist und sie ihre Ansichten und ihr Verhalten als selbstgewählt und selbstbestimmt betrachten. Zugleich übertragen sie das muttergeprägte Verhalten auf den Umgang mit ihrer Partnerin, die dadurch in eine Mutterrolle gerät.

„Muttersöhnchen" ist die Bezeichnung für diese Art von Männern. Ein Muttersöhnchen lehnt zahlreiche Aspekte des Mann-Seins ab – vor allem diejenigen, die seine Mutter und andere Frauen in seinem Leben nicht mögen. Um bei den obigen Beispielen zu bleiben: Er schämt sich für unzuverlässige, laute und aggressive Männer, die ihre Geheimnisse haben. Und er zeigt jeder Frau: „Schau her, ich gehöre nicht in ‚diese' Männerwelt. Ich bin ein Mann, der zuverlässig, immer gutmütig und leise ist und der keine Geheimnisse hat." Das finden viele Frauen auf den ersten Blick auch angenehm, sie bemerken aber schnell, dass sie es mit einer

„Mogelpackung“ zu tun haben. In dem Männerkörper steckt nämlich gar kein Mann, sondern ein Muttersöhnchen, also ein Junge, der sich als Mann noch gar nicht gefunden hat und stattdessen immer noch versucht, nach Mutters Regeln zu leben, um von ihr geliebt zu werden. Wenn Frauen dies erkennen, verlieren sie den Respekt, machen sich lustig oder provozieren ihr Gegenüber, um den Mann aus ihm herauszukitzeln. Bei dem Mann im obigen Beispiel spürt die Frau seine ungelösten „Mutterthemen“ und reagiert instinktiv darauf: Sie kommt nicht oder viel zu spät zur Verabredung und lügt ihn offensichtlich mit einer fadenscheinigen Begründung an. Danach provoziert sie den Mann, der auf sie gewartet hatte, wegen einer Kleinigkeit mit lautstarken Szenen in der Öffentlichkeit. Wenn sie ihn auch dann noch nicht aus der Reserve gelockt hat und er immer noch verständnisvoll und freundlich bleibt, verliert sie entweder das Interesse an ihm oder fährt noch stärkere Geschütze auf, etwa indem sie vor seinen Augen mit einem anderen Mann flirtet oder ihn lautstark beleidigt. Sie will dadurch – meist unbewusst – den Mann in dem Muttersöhnchen hervorlocken.

Wo wohnst du? Auf dem Mars oder auf der Venus?

Wenn dir das bekannt vorkommt, dann solltest du daran etwas ändern. Beobachte zunächst, welches Verhalten du bei anderen Männern ablehnst. Vor welchen Männern fürchtest du dich? Welches Verhalten von Männern findest du peinlich? Schreibe es auf. Und dann überlege einmal, ob es Zusammenhänge gibt mit dem, was deine Mutter an Männern ablehnte.

Männer, die zu feminin aufgezogen wurden und im Innern noch immer Muttersöhnchen sind, leben „auf der Venus“. Sie identifizieren sich mit Frauen, ihren Gefühlen, Werten und Verhaltensweisen und lehnen andere Männer ab. Das geht dann bis hin zu einer krankhaften Abneigung gegen jeglichen Körperkontakt mit Männern – Homophobie genannt. Vielleicht hast du schon als Junge immer „zu Mama gehalten“ und sie gegen Papa (oder andere Männer) verteidigt oder beschützt. Vielleicht glaubst du sogar bis heute den Worten deiner Mutter mehr als denen deines Vaters. Das ist ein sicheres Indiz dafür, dass du noch ein Muttersöhnchen bist und vermutlich immer noch als Fürsprecher, Verteidiger und Retter der Frauenwelt gegen die Männer antrittst. Doch so wirst du niemals ein echter Mann werden, egal wie alt du bist. Lerne die Männerwelt „auf dem Mars" kennen und identifiziere dich mit ihr. Lerne deinen Vater und seine Beweggründe verstehen, entwickle Verständnis für andere Männer. Das ist dann auch die Grundlage für echte und tiefe Männerfreundschaften. Setz dich mit dem Verhalten von Männern auseinander, die dich beschämen oder vor denen du Angst hast. Du kannst dabei viel darüber lernen, was du an deiner Männlichkeit ablehnst.

Was bedeutet das konkret? Beobachte Männer einmal genauer, deren Verhalten oder „Macho-Gehabe" du ablehnst. Gehe in Kontakt mit ihnen, um sie besser kennen zu lernen und zu verstehen. Ich selbst habe mich beispielsweise schon mal von einigen Hells Angels auf ein Bier einladen lassen. Nicht, dass sie meine besten Freunde geworden wären, aber die Begegnung mit ihnen war dennoch sehr spannend.

Genauso interessant war für mich der Besuch einer Gay-Sauna – die Schwierigkeit dabei war allerdings, einen Freund für die Idee zu gewinnen, mich zu begleiten, damit wir uns in der Sauna als Pärchen ausgeben könnten. Nach wie vor bevorzuge ich gemischte Saunen. Dennoch hatte ich auch bei diesem Saunabesuch viel Freude, führte angeregte Gespräche und erhielt Einblick in eine für mich bis dahin unbekannte Welt. Auch auf meinen vielen Reisen habe ich schon manche skurrilen Männer kennen- und manchmal auch schätzen gelernt, um die ich normalerweise einen weiten Bogen mache.

Lerne also Männer, gegenüber denen du Vorurteile hegst, unvoreingenommen kennen. Häufig hat die Ablehnung eines bestimmten männlichen Verhaltens mit einer alten Beschämung deiner Männlichkeit zu tun, so dass du diesen Aspekt nun bei dir und anderen Männern ablehnst.

Aggression ist Lebenswille

Kennst du das Gefühl, vor Wut zu kochen, alles kurz und klein schlagen zu wollen oder sogar Mordgelüste gegenüber jemandem zu hegen? Kennst du das Gefühl unendlicher Power, wenn du weiterkletterst obwohl du eigentlich aufgeben wolltest? Hast du schon einmal erlebt, wie es sich anfühlt eine Frau, auf die du richtig scharf bist, einfach festzuhalten, ihr gerade und lange in die Augen zu sehen und ihr dann zu sagen, dass du Sex mit ihr haben willst? Hast du dich schon mal getraut, einem Mann, der dich provozieren will, nicht aus dem Weg zu gehen und den Augenkontakt zu halten – im vollen Bewusstsein, dass es jeden Moment zu einem Kampf kommen kann? Bist du im Schwimmbad schon mal auf einen hohen Sprungturm geklettert und nach einer gefühlten Ewigkeit an der Kante des Sprungbretts mit einem Urschrei in die Tiefe gesprungen? Hast du schon mal bewusst altes Geschirr laut brüllend zerschlagen? Hast du dich jemals mit einem kraftvollen Schub aus dem scheinbar aussichtslosen Schwitzkasten eines Stärkeren befreit?

Wenn du dies alles noch nie erlebt hast, dann hast du deine Männlichkeit noch nicht wirklich kennengelernt. Und auch die Freude an der Urkraft deiner Aggression hat sich dir noch nicht erschlossen. Du fährst sozusagen deinen Ferrari immer noch im ersten Gang durch eine verkehrsberuhigte Zone und lebst wie ein Wolf im Schafspelz. Du hast die Entscheidung, deine wahre Energie und Kraft zu leben, noch nicht getroffen – vermutlich hast du zu große Angst davor oder wertest sie sogar ab. Du weißt noch nicht, was Ekstase ist und wie sich die Grenzen männlicher Aggression anfühlen. Das Tier in dir ist ein zahmes Schoßhündchen und kein wilder Löwe. Zum Genießen der eigenen Männlichkeit gehört die Verbindung mit der Urkraft deiner Aggressivität, einer archaischen Kraft, die Männer schon seit Menschengedenken motiviert, geführt und gerettet hat. Ohne diese männliche aggressive Urkraft wäre die Menschheit schon längst ausgestorben. Mit Aggressivität ist ein Charakterzug gemeint, der eine hohe Bereitschaft zur Aggression, also zu aggressivem Verhalten, darstellt. Wichtig ist in diesem Zusammenhang zu erwähnen, dass Aggression wertneutral ist – der Begriff „aggredi“ stammt aus dem Lateinischen und bedeutet „herangehen“ oder „angreifen“. Aggression ist nicht gleich Gewalt, diese Begriffe werden häufig verwechselt. In meinem Buch „Männlichkeit leben“ gehen ich auf die Aggression als einen Grundbaustein der Männlichkeit genauer ein.

Adrenalin ist männlich

Wie viel Adrenalin fließt durch deine Adern? Lebst du gemütlich und weichgespült in deiner Komfortzone? Oder ist dein Leben ein tägliches Abenteuer mit immer neuen Wagnissen? Ich behaupte: Ohne Adrenalinschübe verweichlichen Männer – ohne ab und zu gefährliche Grenzerfahrungen zu meistern, bleiben sie mittelmäßig und lasch. Solche Erfahrungen biete ich in meinen Seminaren. Die meisten Teilnehmer sagen anschließend, dass sie selten so große Ängste durchlebt hätten. Aber genau das stärkt die eigene Männlichkeit. Während am Anfang meist blanke Panik vorherrscht, entwickelt man nach einer Weile eine beinahe irre Freude an den Adrenalinkicks und beginnt Situationen, vor denen man bisher geflüchtet wäre, geradezu zu suchen.

Ich fahre mit meinem Kite weit raus zur Sandbank mit den hohen Wellen. Eine große Welle bricht dicht vor mir und ich denke nur noch: „Der Sprung muss perfekt werden, sonst ist es aus!“ Ich reiße den Kite hoch in den Zenit, ziehe die Bar bis zum Anschlag , kante das Bord an und springe. Ich katapultiere mich wenige Zentimeter vor der brodelnden Gischt hoch, aber mache den Fehler zurückzuschauen. Entsprechend unsanft ist die Landung. Aber ich kontrolliere den Kite, positioniere das Board und „Nichts wie weg!“ aus der Gefahrenzone, die nächste Welle rollt heran.

Oft suche ich Situationen, die gefährlich sind und meinen Adrenalinspiegel hochpushen. Das hält den Krieger im Mann wach und man bleibt jung und energiegeladen. Wer jede Gefahr und Herausforderung aus seinem Leben verbannt, verweichlicht und wird unbewusst. Deshalb praktiziere ich diverse Extremsportarten, probiere stets neue und verrückte Dinge aus, reise in verschiedene Länder der sogenannten Dritten Welt und versuche immer mal wieder zwischenmenschliche Grenzbereiche auszuloten. All das hat mich stärker und männlicher gemacht – man wird dabei abenteuerlustiger und verwegener. Nicht meine Angst, sondern ich bestimme, was ich tue. Manchmal ist es allerdings besser, etwas aus Angst zu unterlassen, wenn die Gefahr zu groß oder zu unkalkulierbar ist oder man selbst nicht in guter Verfassung.

Oliver, einer meiner Assistenten: Langsam wurde es kalt. Auf dem Betonsockel der Bergstation Schwarzsee schnurrt der Benzinkocher. Die letzte Mahlzeit vor dem großen Tag. Seit Jahren haben wir diesen Berg im Sinn. Jetzt sind wir da. Im letzten Tageslicht zeigt sich durch die Wolken der Gipfel des Matterhorns. Dann ist es Nacht. Wir legen unsere Schlafsäcke in den von Kuhmist gepflasterten Innenraum der Liftstation. Keine Menschenseele. Es beginnt zu schneien. Ein besonderes Jahr. Die Basishütte geschlossen, die Verhältnisse am Berg bereits die ganze Saison schlecht. In den Wänden liegt Schnee. Das Herz des Lebens schlägt selten höher. Irgendwo in der Nacht pfeift ein Murmeltier. Als wir am nächsten Morgen gegen vier Uhr aufbrechen liegt alles in tiefer Dunkelheit. Die Einstiegswand zum Horn ist vereist. Niemand hat den Berg in den letzten Tagen betreten. Die Bergführer im Tal verweigern ihren Dienst. Zu schwierig. Wir bahnen uns unseren Weg durch die Nacht. Die Route ist schwer zu finden, immer wieder drehen wir um, finden einen neuen Weg. Als die Sonne aufgeht ist der Himmel blau. Und wir im unteren Wandteil. Jeder Zentimeter hellwach. Wir wissen: Die Rückkehr durch die Ostwand stellt die größte Schwierigkeit dar. Die Routenfindung ist anspruchsvoll, und als wir steigen, sprechen die Seelen zu uns, die an dieser Herausforderung ihr Leben ließen. Doch das schreckt nicht. Wir wissen was wir tun. Jeder Handgriff sitzt. Nur immer wieder umblicken, den Rückweg einprägen. Ganz genau. Hier gibt es keine Markierungen, keine Wegweiser. Die Erfahrung und der Instinkt leiten uns durch den Tag. Als wir am Mittag am Solvay-Bivak ankommen, schlägt das Wetter um. Wir erklettern die letzten Platten und betreten kurz vor Einbruch des Unwetters den schützenden Raum. Ob wir weiter gehen werden, steht zu diesem Zeitpunkt nicht fest. Nach einem spartanischen Mahl in der Kälte und einigen Tassen Tee legen wir uns zur Nachtruhe. Um ein Uhr morgens klingelt der Wecker. Sternklar. Wir gehen. Ab jetzt saugt der Gipfel. Meter um Meter rücken wir näher, die Luft wird dünner, die Route immer ausgesetzter und voller Tiefblicke in die furchteinflößende Nordwand. Als das erste Licht des neuen Tages die Kulisse erhellt, stehen wir am Sattel. Der Wind pfeift. Immer wieder beurteilen wir die

Lage von neuem, eine Schlüsselstelle nach der anderen verschwindet unter uns. Als die Sonne aufgeht, liegt vor meinen Augen der Gipfelgrat. Noch 200 Höhenmeter im griffigen Eis. Wir legen das Seil ab und steigen frei. Ab jetzt geht es nur noch aufwärts. Eine eisige Himmelsleiter, die im Blau des Universums verschwindet. Jetzt und hier ist klar: Wir werden die Aktion reißen. Um viertel nach zehn stehe ich auf dem Gipfel. Ein Helikopter taucht auf und nähert sich dem Gipfel um wenige Meter. Die Menschen darin schießen Fotos von mir, Sekunden später dreht er wieder ab. Stille. Dann erscheint Hannes am Ende des Grates und zieht die letzten Meter zu mir herüber. Wir haben es geschafft. Die Sicht ist klar, weit, und überragend. Niemand außer uns ist heute hier. Wo sich bei guten Verhältnissen Heerschaaren tummeln, erleben wir die Abgeschiedenheit des spektakulärsten Gipfels der Schweizer Alpen allein. Ein überragendes Gefühl, gepaart mit der Klarheit, dass dies erst die halbe Miete ist. Nun heißt es heil wieder herunterkommen. Wir beginnen den Abstieg zügig. Nahezu den ganzen Gipfelhang seilen wir beherzt ab. Zu glatt und zu schwierig sind die steinernen vereisten Passagen. Zu gefährlich frei zu gehen. Es ist mühselig und kostet viel Zeit, der Himmel zieht langsam und stetig zu. Die Situation zwingt uns in die absolute Präsenz. Keine Träumereien. Jeder Schritt muss sitzen. Kurz bevor wir das Solvay-Biwak wieder erreichen, bricht der Schneesturm los. Die Natur peitscht mich, als ich auf der letzten Seillänge das Hüttendach erreiche. Kurz auf Hannes warten, Seil abziehen und nichts wie rein.

Hier sind wir erst mal sicher, aber was ist mit dem schwierigen Abstieg durch die Ostwand? Als wir aufwachen, liegt der Berg in tiefem Schnee. Die Sicht reicht nur wenige Meter. Wir harren aus, und warten, wägen unsere Entscheidung immer wieder ab: gehen oder bleiben? Als die Wolkendecke für kurze Zeit aufbricht, entscheiden wir uns zum Aufbruch. Wenige Minuten später hänge ich im Seil unter der Solvayhütte und seile die ersten 50 Meter ab. Dann gibt es keine Haken mehr. Der Schnee hat sie einfach geschluckt. Wir improvisieren. Jetzt kommt uns die Achtsamkeit bei unserem Aufstieg zu Gute. Auch wenn wir oft an unserer Erinnerung zweifeln, wir finden immer wieder die Sicherheit, dass wir auf dem richtigen Weg sind. Mehr als einmal graben wir Abseilhaken aus dem Neuschnee, finden kleine Leitern in den vom Wind freigeblasenen Stellen. Meter um Meter kommen wir nach unten. Als die Schneedecke dünner wird, haben wir die gefährliche Ostwandpassage bereits verlassen, doch auch die nassen

Felsen zollen ihren Tribut. Immer wieder müssen wir uns anseilen, rutschen ins Seil und zweifeln an unserer Erinnerung. Nach nahezu zehn Stunden Abstieg von der Hütte erreichen wir die Einstiegswand. Als wir am Schwarzsee ankommen, ist es sternklar. Das Matterhorn glänzt im Mondlicht. Wir haben es wirklich gemacht. Stolz und glücklich legen wir uns nach einem ausgiebigen Mahl zur Ruhe.

Wenn du männlicher werden willst, mutiger und abenteuerlustiger, dann musst du möglichst täglich für einen kleinen Adrenalinkick sorgen. Mach jeden Tag etwas, das anstrengend, schmerzhaft oder peinlich ist. Oder etwas, das dich auf andere Art mit deinen Grenzen konfrontiert. Nur so hältst du deine Männlichkeit lebendig. Riskiere einen Streit, sag deine Meinung, tritt auf die Bühne, sprich eine schöne Frau an, mach deiner Partnerin ein verwegenes sexuelles Angebot, geh an deine körperlichen Grenzen ... Springe in irgendeiner Form über deinen Schatten. In den ersten Wochen wird es dir jedes Mal schwerfallen und es wird dich Überwindung kosten, aber nach und nach wirst du Gefallen daran finden, die Aufregung zu genießen, dein klopfendes Herz, den tiefen Atem, die Hochspannung in den Muskeln, deinen wachen und auf eine Sache fokussierten Geist, das Kribbeln überall. Du wirst jeden Tag mit einem Gefühl von Stärke und männlichem Stolz beenden. Ein Tag aber, den du mit Ausreden, Entschuldigungen und Jammern verbracht hast, schwächt dich und macht dich unmännlicher – es ist ein verlorener Tag in deinem Leben.

Im Folgenden nenne ich einige Dinge, mit denen du täglich deinen Adrenalinpegel heben kannst. Die Kriterien dabei sind: Was macht dir Angst? Was findest du anstrengend? Was ist dir peinlich? Was würdest du niemals tun? Dies sind selbstverständlich nur Vorschläge, die jeder individuell an seinen Energielevel und seine Lebenssituation anpassen sollte.

- Sorge dafür, dass andere deine Grenzen respektieren.
- Fange bewusst einen Streit an.
- Gehe niemandem aus dem Weg und riskiere einen Zusammenstoß.
- Schau einer schönen Frau so lange direkt in die Augen, bis sie wegguckt, und sprich sie dann an.
- Mach einer fremden Frau ein sexuelles Angebot.

- Mach eine Probestunde in einem Martial-Arts-Studio.
- Setze deiner Partnerin eine deutliche Grenze.
- Schimpfe mit einer Gruppe Jugendlicher, die Müll auf die Straße werfen.
- Sorge dafür, dass jemand seinen Sitzplatz in der Bahn für einen Senior freimacht.
- Sprich mit deinen Bekannten über Pornos und stell ihnen intime Fragen.
- Springe vom 5- oder 10-Meter-Brett im Schwimmbad.
- Probiere eine Extremsportart aus.
- Lasse einfach mal niemanden in dein Büro rein.
- Singe laut in der Öffentlichkeit.
- Bringe eine Gruppe von Menschen zum Lachen.
- Geh in eine verruchte Kneipe.
- Halte auf einer belebten Straße eine Rede.
- Animiere andere Menschen zum Singen.
- Mache auf der Straße eine Umfrage zu einem lustigen Thema.
- Mache in der Öffentlichkeit einen Showkampf mit einem Freund.
- Tanze allein ausgelassen und verrückt auf der Tanzfläche oder sonst wo.
- Springe nackt in einen eiskalten Fluss.
- Faste einen Tag lang.
- Lauf die Rolltreppe gegen die Richtung hoch.
- Schwimme im stürmischen Meer.
- Tanze eng mit einer unbekannten Frau.
- Geh nachts alleine durch eine gefährliche Gegend.
- Verbringe eine Nacht allein in der Natur.
- Schwimme durch einen großen See oder wilden Fluss.
- Fahre mit der Achterbahn oder einem anderen wilden Gerät auf der Kirmes.
- Sag jemandem, der dich nervt, unverblümt deine Meinung.
- Sage den Menschen, die du liebst, denen du es aber sonst nie sagst: „Ich liebe dich."
- Mache unbekannten Frauen ein Kompliment (und lauf dann nicht schnell weg!).
- Lass dir im Laden von einer hübschen Verkäuferin alles zeigen, aber kaufe nichts.

Du siehst, die Möglichkeiten sind schier unbegrenzt. Werde kreativ darin, deinen Adrenalinspiegel zu erhöhen! Hör auf das zu tun, was alle machen und mache dein eigenes Ding! Am meisten Spaß macht das natürlich zusammen mit anderen, die offen für so etwas sind. Außerdem hält es dich definitiv jung.

Dein Energielevel

Entscheidend bei all diesen Aktivitäten ist der hohe Energielevel, den man durch sie erreicht. Teilweise gelingen die beschriebenen Dinge auch nur mit einem „hohen Energieniveau". Was ist damit gemeint? Hier ein paar Beispiele: Nach einem Boxtraining, Zirkeltraining oder Wettkampf ist dein Adrenalinpegel hoch. Ebenso beim Sex kurz vor dem Höhepunkt oder auf der Flucht vor Angreifern. Auch beim ausgelassenen Tanzen oder Schwimmen in hohen Wellen. Du bist in solchen Situationen hellwach, dein Kopf ist leer, dein Körper auf Hochspannung, dein Atem tief und du bist in Kontakt mit deiner Aggression. Du bist absolut begeistert von dem, was du gerade tust. In solchen Situationen fühlt es sich an, als könntest du Bäume ausreißen, jede Frau verführen oder den Atlantik durchschwimmen. In diesem Zustand gelingen dir Dinge, die sonst unmöglich wären. Bist du hingegen grüblerisch, verträumt, nachdenklich, zweifelnd, und mit niedriger Körperspannung und flacher Atmung, dann scheiterst du auf diesem niedrigen Energielevel schon an den einfachsten Aufgaben. Die alltäglichen kleinen Adrenalinkicks helfen dir also immer wieder auf einen höheren Energielevel zu kommen. Zu einer wirklich erfüllten Männlichkeit gehört ein gewisses Maß an Energie in Form von innerem Feuer und Leidenschaft, sonst bist du ein Langeweiler und Energiefresser für andere. In diesem Buch findest du viele Anleitungen dazu, wie du dein Energieniveau heben kannst.

Lebe wild und gefährlich!

Einmal im Monat solltest du etwas wirklich Verwegenes und absolut Außergewöhnliches tun. Ob es ein Tandemsprung ist, um deine Höhenangst zu überwinden, der Besuch eines Tantra-Seminars oder wenigstens einer Erotik-Party oder das Outdoor-

Survival-Training – auch hier gibt es ein breites Spektrum an Möglichkeiten.

Einmal im Jahr solltest du etwas machen, das dir unmöglich erscheint oder existenzielle Angst bei dir hervorruft. Damit meine ich, dass du dich mit der realen (oder dir real erscheinenden) Möglichkeit deines vorzeitigen Ablebens konfrontiert siehst. Das mag dir extrem erscheinen, aber die Männer praktisch aller früheren Generationen (und heute noch in vielen Ländern der Welt) erlebten dies häufig ungewollt. Die reale Konfrontation mit großer Gefahr oder auch dem Tod gehört zum Leben dazu. Wir leben heute in einer feminisierten und überwachten Gesellschaft, die uns weichspült und jede Männlichkeit erstickt. Eine „Übermutterung" hielt viele Jungen als Kind von jeder Gefahr fern, eine enge gesellschaftliche Kontrolle und Überreglementierung mit unendlich vielen Sicherheitsvorschriften sorgt dafür, dass wir auch als Erwachsene im lauwarmen, sicheren Bereich bleiben. So begegnen Männer kaum noch ihren Ängsten und lernen daher nicht, mit diesen umzugehen. Das Ergebnis sind immer mehr verweichlichte, verängstigte und feige Männer. Der Preis für diese Sicherheit ist die Aufgabe der eigenen Freiheit und der Männlichkeit. Denn wirklich frei bist du als Mann erst dann, wenn dich keinerlei Ängste mehr begrenzen.

Natürlich geht es nicht darum, deine Gesundheit oder dein Leben leichtsinnig aufs Spiel zu setzen. Wichtig ist bei der Auswahl von Grenzerfahrungen, dass du dich intensiv auf sie vorbereitest und alle nötigen Sicherheitsvorkehrungen triffst. Und du musst das Restrisiko, das immer bleibt, sorgfältig abschätzen.

Überfahrt nach Sansibar mit Schmugglern

Ich wollte 2002 nach Pemba reisen, das ist eine Insel des Sansibar-Archipels. Dort gibt es eine Tauchschule an einer Wanderroute von Walhaien, die ich unbedingt sehen wollte. Aber wie dorthin kommen? Ein Flug über Paris ins tansanische Dar es Salaam, dort mit dem Bus zur Fähre, mit dieser übersetzen nach Sansibar und nach dem Durchqueren der Insel mit einer weiteren Fähre und einem Taxi zum Hotel – dieser Weg war mir zu aufwendig. Auf der Karte war aber zu erkennen, dass die Nordspitze Pembas, wo ich hinwollte, nur etwa 50 Kilometer von einem Nationalpark in Süd-Kenia entfernt ist, den ich schon von einer Tauchexkursion kannte. Also kaufte ich für meine

Freundin und mich günstige Charterflüge nach Mombasa. Von dort fuhren wir in einfachen Überlandbussen nach Shimoni, einer Hafenstadt am Rande des Naturschutzgebiets, um nach Pemba überzusetzen. Am Hafen stellte mir jemand einen Schiffseigner vor, der Arbeiter und Elektronik nach Tansania schmuggelte. Sein Schiff war ein uraltes Fischerboot mit einem verrosteten 5-PS-Motor und einem Stofffetzen als Segel, der Schiffsboden war voller Dreck, der Geruch unbeschreiblich. Auf meine Frage, ob es keine andere Möglichkeit gebe, sagte der Besitzer: „Next month." Nun hieß es tief durchatmen und eine mutige Entscheidung treffen. Am nächsten Morgen um vier Uhr sollten wir uns am Hafen einfinden. Zurück in unserer Pension bemühte ich mich darum, meiner Freundin, die dortgeblieben war, die bevorstehende Überfahrt als „sehr romantisch, in einem traditionellen Fischerboot" zu beschreiben. Dann rief ich bei der Tauchschule auf Pemba an und bat darum, uns mit dem Tauchboot zu suchen, wenn wir am nächsten Tag nicht bis zwölf Uhr ankämen. Zusätzlich benachrichtigte ich das von uns gebuchte Hotel und rang dem Personal das Versprechen ab, die Küstenwache zu informieren, falls wir nicht bis vierzehn Uhr eingecheckt hätten. Außerdem informierte ich meinen Bruder, dass er die internationale Seerettung anrufen solle, wenn wir uns bis sechzehn Uhr nicht bei ihm melden würden.

In aller Frühe zogen wir dann unter unserer Kleidung unsere Taucheranzüge an. Am Körper trug jeder von uns eine Taucherlampe und eine Notboje zum Aufblasen. Im Rucksack hatten wir Trinkwasser, Tauchmesser, Flossen und Schnorchel sowie unsere wasserdicht verpackten Dokumente dabei. Der Rest war in unseren Koffern. Der überaus freundliche Hotelbesitzer wollte uns kaum gehen lassen, weil er Bedenken hatte, stattete uns aber schließlich mit etwas Reiseproviant aus. Wir stiegen also in das Boot. Nachdem einige Zeit am Motor herumgebastelt worden war, fuhren wir aus dem Hafen. Dort wurde das Segel gehisst, das etwa so zerfetzt war wie die Kleidung der Besatzung. Langsam wurde es hell. Das war auf dem Meer zwar ein sehr schönes Erlebnis, förderte aber leider nicht das Vertrauen in das Boot. Der Steuermann fuhr anluvend geschickt die Wellen hoch und fiel nach jeder Welle wieder vom Wind ab. Durch die Ladung lag das Boot so tief im Wasser, dass es schon durch einen einzigen Fehler gesunken wäre. Mit unseren Taucheranzügen würden wir jedoch in diesem Fall auch nach über 24 Stunden nicht auskühlen und unsere aufblasbaren Rettungsbojen würden gut sichtbar sein, durch unsere

Taucher-Taschenlampen selbst im Dunkeln. Unsere Überlebenschancen waren also hoch.

Irgendwann tauchten am Horizont die ersten Fischerboote von Pemba auf, einige Zeit später sahen wir Land. Als wir schließlich in der Bucht vor dem Hotel ankamen, waren alle Gäste und das gesamte Personal zusammengelaufen – so etwas hatten sie noch nicht erlebt: Touristen, die mit den Schmugglern anreisen! Trotz meines Anrufes hatte man mir wohl nicht so recht geglaubt. Auf der Rückreise nahmen wir übrigens den gleichen Weg und kamen ebenfalls gut am Ziel an.

Suche nach reizvollen und sinnvollen Grenzerfahrungen für dich. Diese findest du nicht im Reiseprospekt, sondern es braucht Kreativität, um sie selbst zu planen. Oft ist es sinnvoll, einen erfahrenen Guide um Rat zu fragen. In bestimmten Fällen ist dies sogar dringend zu empfehlen, da man manche Gefahren nicht selbst abschätzen kann.

Lebe deine Träume!

Realisiere deine Fantasien und Träume und lasse dich nicht von kleinmütigen Gedanken, furchtsamen Menschen oder deiner eigenen Angst davon abhalten. Aufregende und gefährliche Dinge zu tun, wird dich stolz machen. Und du hast mehr zu erzählen als die Langweiler, die ihren Urlaub am Hotelstrand verbringen. Mache aufregende Dinge in deinem Leben, damit du später deinen Enkeln davon erzählen kannst und wenn du stirbst nicht das Gefühl hast, etwas verpasst zu haben. Denn irgendwann wirst du für viele Dinge nicht mehr fit genug sein. Vielleicht reizen dich die hier beschriebenen Abenteuer nicht. Dann suche dir deine eigenen Herausforderungen. Es sollten auf jeden Fall Aktivitäten sein, die dich als Mann in deiner Männlichkeit herausfordern und stärken.

Vielleicht fragst du dich: Wo bleibt da der Genuss der Entspannung, kommt der nicht zu kurz? Nein, kommt er nicht. Denn Entspannung macht ohne vorherige Spannung keinen Sinn. Männer, die in der Freizeit oder im Urlaub nur faul herumliegen, verdummen und werden zu Weicheiern. Nach einer wirklichen Herausforderung ist der Erholungswert höher und die Entspannung wesentlich genussvoller. Mache eine Wanderung und genieße erst danach deine Brotzeit und dein Bier – dann wirst du auch nicht dick. Schwimme erst durch den See und leg dich erst danach in den Liegestuhl. Erobere und verführe aktiv eine Frau (anstatt dich von ihr aussuchen zu lassen) und genieße dann den Sex. Das Prinzip dabei ist simpel: Erzeuge und halte eine Spannung in dir, um danach zu entspannen. Die Entspannung ist die Belohnung für den eigenen Erfolg. Das ist auch definitiv die gesündere und männlichere Lebensweise. Zum Verständnis: Spannung ist das männliche Prinzip, Entspannung das weibliche. Natürlich sind beide Prinzipien wichtig, aber bei dir als Mann sollte das männliche Prinzip ausgeprägter sein, denn es entspricht deiner maskulinen Essenz. Spannung durch körperliche Arbeit, Sport, Kampf, Sex etc. stärkt diesen männlichen Pol in dir. Danach – und das ist wesentlich – setzt eine natürliche Entspannung ein, die auch wichtig ist. Sie dient der Regeneration und stärkt deine weibliche Seite. Jeder Mann versteht das eigentlich intuitiv: Entspannung und Kuscheln sind nach dem Sex sinnvoll, Kuschelpartys dagegen sind keine gute Idee, um deine Männlichkeit zu stärken. Auch Sauna und Massage sind nach schwerer körperlicher Arbeit oder nach dem Sport sehr sinnvoll, da beides Muskelkater verhindert – vor solchen Tätigkeiten jedoch eher kontraproduktiv. Ein üppiges Mahl steht nach der Jagd an, und nicht vorher, da du mit vollem Bauch nicht motiviert und auch nicht leistungsfähig bist.

Zu viel weiblicher Einfluss im Leben eines Mannes bewirkt, dass einseitig die feminine Essenz in ihm gestärkt wird, während die maskuline verkümmert. Zu viel Entspannung, Wellness und Essen ohne entsprechende körperliche Tätigkeit und mit zu wenig Bewegung macht kleine Jungen zu großen, verweichlichten Jungen, aber nicht zu Männern.

Die ersten Zutaten zum Rezept, um dein Leben als Mann zu genießen, lauten also:

Sei stolz auf deine Männlichkeit! Lebe wild und gefährlich und realisiere deine Träume!

LEBEN – Lebe dein eigenes Leben!

Lebe für dich anstatt für andere! Erfülle nicht deren Wünsche oder gesellschaftliche Anforderungen, sondern finde heraus, was du wirklich willst. Beantworte einmal die folgenden Fragen für dich selbst, um einzuschätzen, was du aus deinem Leben machst:

Wofür lebst du? Stellst du dir ab und zu diese Frage? Oder folgst du den Schienen, die andere für dich gelegt haben, wie der Zug, der dich jeden Morgen zur Arbeit fährt? Die Arbeit, die du tust – ist das deine Berufung, etwas, was du aus Überzeugung und Begeisterung tust, um die Welt zu verbessern oder zumindest etwas angenehmer zu machen? Oder ist sie für dich nur ein langweiliger oder gar verhasster Job, um deine Brötchen zu verdienen?

Wer ist die Frau an deiner Seite – wenn da eine ist? Hast du sie erwählt und erobert und bist stolz darauf? Freust du dich an ihrer Schönheit und Weiblichkeit? Fühlt sie sich von dir geliebt? Führst du mit ihr die Beziehung, die du dir wünschst? Und ist der Sex mit ihr aufregend und abwechslungsreich? Wenn du Single bist: Bist du das freiwillig und genießt du die Vorteile des Single-Daseins?

Wer ist deine Familie? Bist du stolz auf deine Eltern, auf deine Herkunft? Sprichst du mit Wertschätzung über deine eigenen Ursprünge oder schämst du dich für deine Verwandtschaft?

Wer sind deine Freunde? Hast du echte Freunde, mit denen du durch dick und dünn gehst? Mit denen du gemeinsam feiern, kämpfen und trauern kannst?

Wohnst du einfach nur irgendwo oder lebst du wirklich dort? Wo ist dein Zuhause, wo ist deine Heimat? Bist du an dem Ort, an dem du lebst, verwurzelt und liebst du ihn? Weshalb wohnst du genau dort und genau in dieser Wohnung? Hast du beides bewusst ausgewählt oder hat es sich „halt so ergeben“?

Hast du Hobbys, die dich begeistern, oder verbringst du deine Zeit hauptsächlich mit Ablenkung und Konsum? Trainierst du Sportarten, die dir wirklich Spaß machen? Oder quälst du dich aufgrund „guter Vorsätze“ in einem Fitness-Studio herum?

Bist du gesund und fit? Lebst du so, dass du vermutlich auch mit 50, 60 oder 70 Jahren noch gesund sein wirst? Fühlst du dich wohl als Mann und lebst du deine Männlichkeit? Wodurch genau tust du dies?

Genießt du dein Leben? Erlebst du oft neue, aufregende oder spannende Dinge? Sollte dein Tag am besten 48 Stunden haben oder würden 12 Stunden auch ausreichen? Führst du ein Leben, das du auch deinen Kindern wünschen würdest?

Wenn du auf diese Fragen überwiegend positive Antworten geben kannst und viel zu erzählen hast, dann: Herzlichen Glückwunsch! Du führst bereits dein eigenes, selbstbestimmtes und erfülltes Leben als Mann. Vermutlich wirst du in diesem Buch einige Aspekte und Anregungen finden, dies noch auszubauen.

Sind deine Antworten aber meist negativ und gibt es nicht viel zu berichten, dann wird vieles in diesem Buch neu, teilweise auch sehr provokant für dich sein. Wenn du aber bereit bist, dich aus der eigenen langweiligen Komfortzone herauszubewegen, dann wirst du hier wichtige Ansätze und Wege dazu finden.

Lebensqualität und Glück

Was bedeutet Lebensqualität für dich? Was sind die Momente, in denen du dich glücklich fühlst? Schließ ein paar Minuten die Augen und atme tief durch. Entspanne deinen Körper. Und dann erinnere dich an Momente und Situationen, in denen du dich glücklich gefühlt hast. Wo war das? Drinnen oder in der Natur? Was hast du gemacht? Warst du allein oder mit jemandem zusammen? Wo im Körper spürst du, dass du glücklich bist?

Was bedeutet glücklich sein für dich? Ist das ein entspannter Zustand oder eher eine Aktivität? Bist du also glücklich, wenn du etwas tust oder wenn du ausruhst? Kannst du eher allein oder eher mit jemand anderem zusammen glücklich sein? Ist es ein sinnliches Genießen oder mehr das Gefühl, etwas Sinnvolles getan zu haben? Finde heraus, was dich glücklich macht. Was genau brauchst du dazu und was sind für dich die optimalen Bedingungen dafür? Was man als Glück empfindet, ist individuell sehr unterschiedlich. Für den einen ist das höchste Glück, in sexueller Ekstase mit einer geliebten Frau zusammen zu sein, und für den anderen, mit seinen Kindern zu spielen und seine Familie glücklich zu sehen. Wieder andere Männer erleben ihre schönsten Momente, wenn sie eine Rallye mit dem Geländemotorrad fahren, oder in Momenten tiefer Meditation auf einem Berg. Für den einen besteht das Lebensglück aus Reisen in ferne Länder, der andere liebt es, sich um sein Haus und seinen Garten zu kümmern. Der eine Mann ist am ehesten mit sich allein glücklich, ohne Rücksicht auf andere nehmen zu müssen, der andere Mann genießt es, mit Freunden oder in Gruppen mit anderen zusammen zu sein. Der eine fühlt sich auf ausgelassenen Partys in seinem Element, der andere segelt lieber allein auf dem Meer. Manche brauchen den Adrenalinkick im Karatekampf und den Stolz, einen Wettkampf gewonnen zu haben, andere erleben Erfüllung in der Perfektion einer Yogaposition. Manche Männer erleben puren Genuss bei exquisitem Essen, andere geniessen die Unabhängigkeit davon beim Fasten. Zahlreiche weitere Beispiele könnten aufzeigen, dass viele Dinge vom einen als erfüllend und vom anderen eher als leidvoll erlebt werden.

Es lohnt sich also, sich daran zu erinnern, was du in der Vergangenheit am meisten genossen hast und wobei du Glücksgefühle erlebt hast. Denn das zeigt dir sehr viel über deinen Charakter und deine Prägung. Frage dich auch, wie häufig du persönliches Glück erlebst: täglich oder nur einmal im Jahr? Im letzteren Fall solltest du dringend etwas ändern. Frage dich, wie viele Bedingungen erfüllt sein müssen, damit du etwas genießen und wirklich glücklich sein kannst. Es gibt Menschen, die sich wochenlang an einer einfachen Hütte erfreuen können, selbst bei Regenwetter und wenn diese an einem dreckigen Kiesstrand steht. Andere ärgern sich selbst im Luxushotel auf den Malediven über unzureichenden Service, Stromausfälle oder Algen im Meer und lassen sich dadurch den Urlaub verderben. Grundsätzlich gilt: Je unabhängiger du dich von äußeren Einflüssen und Bedingungen machen kannst, umso einfacher wird es, Glück zu erleben. Gibt es zum Essen nur einen Apfel, dann schließe die Augen und genieße den Apfel wie eine exotische Frucht, die du zum ersten Mal isst. Gibt es nur ungesundes Junkfood, dann verzichte lieber und genieße die Leere in deinem Magen sowie den Stolz, stärker als dein Hunger zu sein. Das nächste Essen wird dir umso besser schmecken.

Interessanterweise erhöht ein freiwilliger Verzicht auf etwas die eigene Lebensqualität. Beim Essen ist das besonders offensichtlich: Wer permanent irgendetwas futtert, der nimmt gar nicht mehr wahr, was er da eigentlich isst und wie es schmeckt. Wer hingegen seit dem Frühstück nichts gegessen hat, freut sich schon auf das Abendessen – er wird es ganz bewusst genießen, da die Geschmacksnerven sensibilisiert sind. Wer einmal für einige Tage oder Wochen gefastet hat, der kennt diesen verblüffenden Effekt: Das erste Obststückchen, das man nach dieser Zeit isst, löst fast einen gustatorischen Orgasmus aus. Jeder Essensgeruch und jedes Geschmackserlebnis werden extrem intensiv wahrgenommen und genossen. Dies ist nur nach einem Verzicht möglich.

Raus aus dem Mittelmaß!

Wer sich vergegenwärtigt, dass der Lebensgenuss durch bewussten Verzicht und durch Flexibilität steigt, der hat damit ein einfach zu realisierendes Rezept für den Alltag. Vermeide Mittelmäßiges und Lauwarmes! In Bezug auf Essen bedeutet dies: Iss bewusst das, was wirklich schmeckt und gesund ist. Faste zwischendurch: entweder weil du es dir vornimmst oder weil es gerade nichts wirklich Gutes gibt. Dann faste lieber, anstatt unterwegs Junkfood zu essen, nur um das Hungergefühl zu stillen. Und mache dich unabhängig von deinem Hunger, indem du nicht einen großen zeitlichen oder finanziellen Aufwand betreibst, weil du Sklave deines eigenen Magens bist. Lerne, bei Einladungen auch mal dankend abzusagen, wenn dir nicht nach essen ist. Oder wähle aus dem reichhaltigen Buffet nur einen leckeren Salat und verzichte auf den Rest. Entwickle eine Bandbreite an Speisen, die du isst, so dass du flexibel wirst. Das kann man am besten im Urlaub in exotischen Ländern üben – allerdings nur wenn man nicht im Touristen-Hotel wohnt. Schon das Frühstück ist beispielsweise in Indien gewöhnungsbedürftig: scharfe, warme Gemüsebratlinge mit verschiedenen Soßen, dazu schwarzer, süßer Tee mit Milch. Anderswo gibt es rohen Fisch zum Frühstück. Probier es mal aus, dazu bist du schließlich in das betreffende Land gereist! Verzichte bewusst auf die oftmals angebotene und meist schlechte Kopie von „continental food", über die du dich sowieso nur ärgern würdest. Wenn du wieder zuhause bist, wird dir dein deutsches Frühstück umso besser schmecken. Ich habe dies bei all meinen Fernreisen so gehandhabt und tue es noch heute. Nach einem Monat in Brasilien freue ich mich auf deutsches Brot, deutsches Bier und deutsche Schokolade.

Wenn es dich stört, dass du zu viel Süßkram futterst, zu viel Alkohol trinkst oder zu viel Fleisch isst, dann verzichte mal einen Monat lang komplett darauf. Das stärkt deine Willenskraft! Mache dich frei von der Mainstream-Haltung, dass alles immer zu Verfügung stehen muss. Genieße bestimmte Dinge nur zu bestimmten Zeiten oder an bestimmten Orten – dadurch erhöht sich auch deine Wertschätzung ihnen gegenüber. Das Prinzip, durch Verzicht die eigene Lebensqualität zu steigern, gilt nicht nur für das Essen, sondern lässt sich auf verschiedene Lebensbereiche übertragen.

Hier ein weiteres Beispiel dazu:
Wenn du deine Partnerin jeden Tag im Bad nackt siehst und mit ihr im selben Bett schläfst, dann passiert spätestens nach einigen Jahren das Gleiche, was passiert, wenn du jeden Tag in deinem Lieblingsrestaurant essen gehst: Es wird langweilig. Auch wenn du deine Traumfrau erobert hast, wirst du ihre tolle Figur, ihren Geruch und den Sex irgendwann als „normal" empfinden und er flacht allmählich ab. Als Paartherapeut weiß ich, wovon ich rede. Selbst Männer, die das für absolut undenkbar hielten, müssen sich diese Tatsache häufig dennoch nach einigen Jahren eingestehen. Es handelt sich hierbei um einen langsamen, schleichenden Prozess, so dass man ihn zunächst kaum bemerkt: Der Mann gibt sich immer weniger Mühe bei der Verführung und die originellen Rollenspiele, Tantra-Massagen und erotischen Tänze werden

irgendwann nicht mehr praktiziert. Am Ende läuft es dann auf gelegentlichen Routinesex in der gemeinsamen Lieblingsstellung hinaus. Deshalb verstehen auch manche Männer nicht, warum sie eine unattraktive fremde Frau mehr antörnt als die eigene wesentlich schönere Partnerin zu Hause. Zum diesem Thema habe ich schon einiges in anderen Büchern geschrieben, deshalb möchte ich es hier nicht weiter ausführen. Es geht um das Prinzip des Verzichts. Achte darauf, im Alltag nicht gemeinsam mit deiner Partnerin das Badezimmer zu benutzen, und schau deiner Frau nicht jeden Tag beim An- und Ausziehen zu. Gut ist es auch, in getrennten Zimmern zu schlafen und sich jeweils bewusst für eine gemeinsame Nacht zu verabreden, die beide wollen. Eine erotische Nacht pro Woche ist besser, als sieben Nächte pro Woche gelangweilt zu kuscheln. Nur wenn du allein im Bett liegst, kann auch Sehnsucht nach der Nähe des Partners aufkommen, und damit Vorfreude auf das nächste erotische Beisammensein. Dasselbe Prinzip funktioniert bei gelegentlicher räumlicher Trennung, wenn ein Partner auf Reisen oder aus anderem Grund nicht vor Ort ist. Denn was immer und ohne jede Anstrengung zu Verfügung steht, verliert irgendwann seinen Reiz.

Es gibt noch viele andere Beispiele, die zeigen, dass bewusster Verzicht die Lebensqualität und den Genuss steigert.

Raus aus Selbstzweifel und Selbstkritik!

Was vielen Männern die Freude an ihrem Leben und auch an ihrer Männlichkeit raubt, sind eine übertriebene, fast krankhafte Selbstkritik und ein permanenter Zweifel an sich selbst. Vor allem in wichtigen Lebenssituationen, wenn es emotional oder in anderer Hinsicht irgendwie „gefährlich wird", ziehen sie den Schwanz ein: beispielsweise wenn ihre Meinung gefragt ist, bei Konflikten oder bei der Verführung einer Frau. Während andere Männer diese spannenden Situationen gerade lieben und dabei zur Höchstform auflaufen, vermeiden Männer, die ein Problem mit ihrer Männlichkeit haben, solche Herausforderungen. Es handelt sich hierbei oft um Schlüsselsituationen, in denen Wille, Leidenschaft, Mut und Aggression gefragt sind. Hierbei zeigt sich, ob ein Mann seine Männlichkeit lebt und genießt oder sich für diese schämt. Kennst du folgende Situationen und inneren Zweifel?

1. Soll ich dem Kollegen, der wieder mal respektlos ist, meine Meinung sagen oder nicht?
2. Sollte ich die Herausforderung annehmen und auf die Bühne treten?
3. Soll ich die Frau an der Bar, die mich fasziniert, ansprechen?
4. Darf ich eine fremde Frau, die ich begehre, nach intensivem Augenkontakt küssen?
5. Sollte ich das Gespräch mit den Eltern auf ein interessanteres Thema als Krankheiten lenken?
6. Soll ich mich in den Streit meiner beiden Angestellten einmischen oder lieber nicht?

Kennst du solche und ähnliche Fragen in deinem Leben? All dies sind Situationen, in denen man über seinen Schatten springen, aus der Bequemlichkeit der eigenen Komfortzone heraustreten und entschieden handeln sollte. Bedenken und Selbstzweifel führen jedoch oft dazu, dass man sich in solchen Augenblicken selbst blockiert und nicht handelt. Die eigenen Zweifel sind dann eine hervorragende Ausrede, einer Konfrontation mit sich selbst aus dem Weg zu gehen. In den obigen Situationen führt dies dazu, dass du:

1. dem Kollegen wieder einmal nicht die Meinung sagst und stattdessen stundenlang innere Dialoge mit ihm über sein unmögliches Verhalten führst.
2. im Publikum sitzen bleibst und dich aufregst, dass immer nur dieselben Schwätzer auf der Bühne zu Wort kommen.
3. lieber ein Bier nach dem anderen trinkst und dich lächerlich machst, weil du immer wieder verstohlen zu der Frau hinschaust, was sie natürlich bemerkt. Falls du sie irgendwann etwas angetrunken doch noch ansprichst, wird sie eher Mitleid mit dir haben.
4. die Gelegenheit verpasst und der Abend mit einem netten und unverbindlichen Küsschen auf die Wange endet. Nächste Woche siehst du deine Traumfrau dann mit einem anderen im Arm, der weniger zögerlich war.
5. vom Elternbesuch genervt nach Hause fährst, weil dei-

ne stets leidende Mutter wie immer mit ihren Krankengeschichten dominierte und du abgenervt weghörtest, anstatt die Führung zu übernehmen.
6. den Streit eskalieren lässt und das gesamte Betriebsklima unter den Konsequenzen der Auseinandersetzung leidet. Denn die beiden Kontrahenten versuchen insgeheim ihre Kollegen „auf ihre Seite zu bringen".

In all diesen Fällen verbringst du Stunden oder gar Tage mit endlosen Grübeleien, voller Selbstzweifel und Wut auf dich selbst. Denn im Grunde weißt du genau, warum du nicht gehandelt hast: Du bist zu bequem, unsicher und konfliktscheu. Du hast eine Aggressionshemmung und richtest deine Wut lieber gegen dich selbst als gegen andere. Und wenn du noch tiefer in dich hineinschaust, erkennst du, dass Angst der wahre Grund für dein Nichthandeln und deine permanenten Zweifel ist. Genauer gesagt: Es ist die Unfähigkeit oder auch der mangelnde Wille, dich deinen Ängsten zu stellen. Du identifizierst dich mit dem Zweifler, denn er ist ein Teil deiner Persönlichkeit, den du nicht aufgeben willst. So kannst du deine Haut schützen, bekommst keinen Ärger, hast deine emotionale Ruhe und alles bleibt so, wie du es kennst. Die Gründe für deine vornehme Zurückhaltung in den genannten Situationen sind in Wahrheit folgende:

1. Du hast Angst vor dem Konflikt mit dem Kollegen und noch größere Angst davor, als Verlierer aus der Auseinandersetzung hervorzugehen.
2. Du hast Angst, dich in der Öffentlichkeit auf der Bühne zu zeigen und deine Meinung zu sagen, da du dich damit angreifbar machst.
3. Du schämst dich für deine Sexualität und deine Männlichkeit und versuchst lieber in Gegenwart attraktiver Frauen ein netter Junge zu sein. Du hältst dich selbst für unattraktiv oder langweilig.
4. Du hast Angst, einer Frau deine wahren Gefühle zu zeigen und einen Korb zu bekommen. Du zeigst dein Herz nicht und riskierst nichts, solange die Frau nicht „in Vorleistung geht".
5. Du hast Angst, gegen deine Mutter zu opponieren, und

bleibst lieber der brave Junge, anstatt sie zu brüskieren. Vielleicht bist du aber auch emotional einfach viel schwächer als sie.

6. Du glaubst nicht, dass du Führungsqualitäten hast, und vermeidest die peinliche Erfahrung, dass deine Angestellten stärker sind als du.

Der Ursprung für permanente Selbstzweifel und Selbstkritik liegt meist in einer zu femininen Erziehung, einer krankhaften symbiotischen Fixierung auf die Mutter und der Unterdrückung aller aggressiven Impulse beim Jungen. Wenn das bei dir zutrifft, ist es zwar sinnvoll, es zu verstehen, dies hilft dir aber nicht dabei, etwas zu verändern. Denn es bringt dir nichts, einer Frau zu sagen, dass du sie nicht küssen kannst, weil dir deine Mutter beigebracht hat, Frauen stets zu respektieren und nicht zu provozieren. Und in einem Streit hilft es dir nicht weiter, wenn du deinem Gegenüber erklärst, warum du dich nicht traust, deine Meinung zu sagen. Das Einzige, was hilft, aus dem destruktiven und blockierenden Kreislauf von Selbstzweifel und Selbstkritik auszusteigen, ist der Wille, sich den eigenen Ängsten zu stellen, um männlicher und selbstbewusster zu werden.

Was kannst du also konkret tun?

Jedes Mal, wenn du wieder keine Entscheidung getroffen und wieder nicht (oder nicht selbstbewusst, mutig oder leidenschaftlich genug) gehandelt hast, setze dich in Ruhe hin und überlege dir: Was genau hättest du tun oder sagen können? Überlege dir drei gute Möglichkeiten des Handelns, die realistisch sind und die dich stolz auf dich selbst machen würden. Schließe hierbei Optionen aus, die fatale Folgen für deine Gesundheit, dein Überleben oder deine Finanzen hätten. Präge dir diese drei Handlungsvarianten gut ein und beschließe, in einer ähnlich gelagerten Situation in Zukunft eine davon ohne weiteres Nachdenken zu realisieren. Du hast bereits jetzt in Ruhe nachgedacht, jeder zusätzliche Gedanke vor der Umsetzung bedeutet deiner Feigheit und Ängstlichkeit Nahrung zu geben, statt zu handeln.

Wenn du dann eine deiner vorher gewählten Optionen realisierst, bedeutet dies allerdings nicht, dass du automatisch Erfolg hast. Aber auch wenn deine Traumfrau sich abwendet, sobald du versuchst sie zu küssen, bist du einen Schritt weiter und kannst deine Schlussfolgerungen ziehen. Wenn du auf die Bühne trittst und aus Nervosität nur Unsinn redest, ist dies ebenfalls ein Entwicklungsschritt und du kannst das nächste Thema angehen. Es kann natürlich genauso gut passieren, dass du deine Angebetete zwar leidenschaftlich küsst, sie sich aber trotzdem am Ende des Abends mit einem Küsschen verabschiedet, weil ... es 1000 Gründe dafür gibt. Oder dass du auf der Bühne zwar deine Meinung sagst, sogar Applaus dafür bekommst, sich aber trotzdem die üblichen Schwätzer mit ihrer Strategie durchsetzen. Mache dir klar: Jede Handlung produziert Resultate. Ob du diese als positiv oder negativ bewertest, ist zunächst egal. Wichtiger ist es zu handeln. Das bedeutet für dich als Selbstzweifler oder Selbstkritiker: Triff eine mutige Entscheidung und setze sie um, selbst wenn sie sich im Nachhinein als „falsch" herausstellen sollte, d. h. selbst wenn du die Konsequenzen als schmerzhaft oder unangenehm erlebst.

So ist es in Situation 6 besser, wenn du in den Streit eingreifst. Denn dann hast du wenigstens etwas riskiert und kannst stolz auf dich sein. Deine Mitarbeiter bekommen Respekt vor dir, weil du die Führung übernimmst, selbst wenn sie nicht mit deiner Meinung übereinstimmen.

In Situation 3 solltest du die Frau ansprechen und ihr zeigen, dass du sexuelles Interesse an ihr hast – vielleicht machst du ihr sogar ein direktes sexuelles Angebot. Auch wenn sie dir einen Korb gibt, wirst du in die Nacht vermutlich wesentlich besser schlafen, als wenn du dich über die verpasste Chance und deine eigene Feigheit ärgerst.

Es wird eine jahrelange tagtägliche Kleinarbeit sein, den Zweifler in dir ignorieren zu lernen, denn ganz schweigen wird er vermutlich nie. Das ist wahrscheinlich auch gut so, denn es gibt Situationen im Leben, in denen Zweifel und Selbstkritik durchaus angebracht sind, um nicht zum unbewussten und selbstherrlichen Egoisten zu werden.

Triff möglichst viele schnelle Entscheidungen und werte die Ergebnisse danach konstruktiv aus. Benutze die oben beschriebene Technik dazu – so bleibst du positiv auf die Zukunft ausgerichtet, anstatt in der Vergangenheit und den „verpassten Chancen" hängen zu bleiben.

Unabhängig werden von der Meinung anderer

Was die „Herzenskrieger", also die Männer, die mein Training absolviert haben, berichten, ist, dass sie unabhängiger von der Meinung anderer werden.

Jens: Früher habe ich mich zu oft nicht getraut, bei Diskussionen meinen Senf dazuzugeben. Das betrifft besonders auch Streit in der Familie und mit meiner Frau. Ich habe in solchen Fällen meist eher nichts gesagt, um nicht anzuecken, oder habe mich trotzig in die Rebellenposition zurückgezogen. Dann habe ich mich überlegen gefühlt, mit der Ausrede: ‚Der Klügere gibt nach.' Nun habe ich gelernt, anderen mehr zuzumuten. Ich bemerke außerdem selbst, wenn ich mich wie ein trotziger Junge zurückziehe, und akzeptiere meine Ausreden für dieses Verhalten nicht mehr, die letztendlich auf der Angst basieren, nicht mehr gemocht zu werden.

Anstatt ängstlich darauf zu schauen, dass du nicht unangenehm oder peinlich auffällst, dass es keinen Ärger gibt und dass alle dich mögen, mach einfach „dein Ding". Hör auf, dich in der Masse der Mitläufer und „nice guys" zu verstecken, und lebe damit, dass du polarisierst. Wer unabhängig vom Mainstream „sein eigenes Ding macht", der wird immer Freunde und Fans, aber natürlich auch Kritiker und Feinde haben. Diese sind ein Beweis dafür, dass man Männlichkeit lebt. Wenn dich alle einfach nett finden, dann bist du ein braves, geschlechtsneutrales Wesen. In diesem Fall wird deine Meinung nicht wirklich ernst genommen, du wirst nicht respektiert und bist auch sexuell nicht besonders attraktiv.

Wer meine Trainings durchlaufen hat, der hat nur noch vor wenigen Dingen im Leben wirklich Angst – zumindest jedenfalls keine Angst, die ihn blockiert. Die permanente Konfrontation mit Herausforderungen, Grenzerfahrungen und eigenen starken Emotionen ist der Weg des Kriegers, der einen Mann männlich und verwegen macht. Die Risikobereitschaft steigt, und irgendwann auch die Lust am Risiko. Wer zu Beginn des Trainings noch mit zitternden Knien in einen Kampf gegangen ist, beginnt nach und nach Freude an der maskulinen Energie und Aggression zu empfinden. Wer bisher schon bei dem Gedanken, eine fremde Frau anzusprechen, Herzklopfen und ein trockenes Gefühl im

Mund bekam, lernt die Spannung des Flirts zu genießen – egal, wie dieser endet. Wem beim Betreten einer Bühne immer schwindlig wurde und der Angstschweiß ausbrach, der schwitzt dort bald nur noch aus Leidenschaft für das, was er sagt, und badet in der Energie des Publikums. Alle diese Männer haben gelernt die Aufmerksamkeit auf sich und ihr Anliegen zu richten, und nicht darauf, wer wohl applaudiert und wer ihn ausbuht. Unabhängig zu sein, bedeutet „sein Ding zu machen", weil man von sich überzeugt ist, und nicht, um Anerkennung oder Geld dafür zu bekommen.

Eric: Wenn ich eine Frau erobere, fühle ich mich sehr männlich und stolz. Vor allem wenn die Frau sich mir hingibt und ich mit ihr machen kann was ich will. Es ist für mich sehr antörnend, wenn die Frau genau das tut, was ich ihr auftrage. Besonders dann, wenn sie sich zunächst sträubt und Wiederstand leistet. Diesen Wiederstand zu brechen und mich durchzusetzen und dann zu spüren, dass mein Wille willkommen ist, bestärkt das Männliche in mir sehr. Letztendlich braucht es Mut, sich gegen den Willen eines anderen Menschen durchzusetzen. Möglicherweise ist es aber auch das Machtgefühl, das ich dann als Mann genieße.

Nicht nur in der Beziehung zu Frauen fühle ich mich sehr stark als Mann, wenn ich die Richtung vorgebe und führe, sondern auch in der Familie und im Beruf. In der Familie kommt noch der Stolz auf meine Kinder hinzu, der sich für mich männlich anfühlt. Das liegt vielleicht daran, dass die Aktivitäten von Kindern, die Mut erfordern, eher von Vätern angeleitet werden. Ein markantes Beispiel war für mich das Erlernen des Schwimmens. Ich habe früher einmal in einem Schwimmbad als Rettungsschwimmer ausgeholfen. Der Bademeister erklärte mir, ein Vater kann seinen Kindern das Schwimmen nicht beibringen. Das habe ich inzwischen drei mal widerlegt. Meine älteste Tochter sagte: „Papa, jetzt übe ich nur für dich." Dann konnte sie es plötzlich, und ich war sehr erfüllt. Auch als später meine beiden jüngeren Kinder das erste mal ohne Schwimmhilfe in das tiefe Wasser gesprungen sind, war ich wirklich stolz.

Stolz auf dich selbst als Mann sein

Das Gegenteil von Selbstkritik ist der Stolz auf sich selbst. Wenn ich davon spreche, fühlen sich viele Männer eher etwas peinlich berührt: Warum sollten sie stolz auf sich selbst sein? Sie kennen dieses Gefühl nicht, weil sie keinen Vater hatten, der stolz auf sie war, oder weil er den Stolz auf seinen Sohn nicht gezeigt hat. Vielleicht standen sie auch nie wirklich vor der Herausforderung, eigene Grenzen zu erweitern und gefährliche Dinge zu tun. In einem lauwarmen Leben auf dem warmgefurzten Sofa kommt kein Stolz auf. Stolz auf sich selbst erlebt man nur, wenn man seine Komfortzone verlässt, ein Risiko eingeht und sich dabei auch einer realen Gefahr zu scheitern stellt. Das beinhaltet oft körperlichen Einsatz bis an die Grenzen. Es macht nicht stolz, ein paar Kilometer auf einer geraden Straße zu laufen. Und es ehrt einen nicht als Mann, wenn man einen Streit, den man besser persönlich ausgetragen hätte, stattdessen an seinen Rechtsanwalt delegiert. Auch das Erobern einer Frau, die einem offensichtlich Interesse zeigt, führt nicht wirklich zu einem Gefühl von Stolz. Der Weg zum Stolz führt also immer durch Anstrengung, Schmerz oder schwierige Emotionen. Stolz auf die eigene Männlichkeit ist ein wichtiger Aspekt, wenn man sich selbst als Mann in seiner maskulinen Ausprägung genießen möchte.

Peter: Ich erlebe Lebensfreude und Stolz, wenn ich große Ziele erreiche oder Projekte abschließe. Ein Beispiel sind der Kauf und der Umbau meiner Wohnung. Hier habe ich viel Energie und Aufwand investiert und schon beim Abschluss des Vertrags habe ich mich gefreut. Nach der Fertigstellung der Wohnung aber irgendwie noch mehr. Vielleicht lag das daran, dass ich selbst mitgearbeitet und dabei tatsächlich miterlebt habe, wie etwas geschaffen wurde. Es wurde wohl mein Schaffensdrang befriedigt.

Andy: Wirklich große Lebensfreude erlebe ich am Berg. Wenn ich mit meiner Kletterausrüstung über einen Klettersteig gehe und dabei schwierige Passagen zu überwinden sind, die zum einen Mut erfordern, zum andern aber auch körperlich anstrengend sind, ist das klasse. Wenn dann um mich herum die Stille und Ruhe der Berge herrscht, also keine anderen Menschen da und Zivilisationsgeräusche verklungen sind und ich an einer freien und hohen Felswand stehe, fühle ich mich frei. Zumindest denke ich dann nur noch an den Fels und die Strategie für die nächsten Schritte. Ich mache dann den nächsten Schritt und genieße die Natur und das Klicken meiner Karabiner. In so einem Augenblick fühle ich mich dann unabhängig und stark. Das Wissen, für jeden meiner Schritte komplett selbst verantwortlich zu sein, alles selbst geplant und bewertet zu haben, und auch das eingegangene Risiko bewirken einen inneren Kitzel, von dem ich glaube, dass vornehmlich Männer ihn so empfinden.

Mach dein Ding, Mann! Geh deinen eigenen Weg. Wenn du ihn noch nicht gefunden hast, dann erschaffe ihn. Tu das jedoch nicht, um Anerkennung zu bekommen, sondern um deine Botschaft in die Welt zu bringen.

KÄMPFEN – Wecke den Krieger in dir!

Aggression ist ein wesentlicher Bestandteil der Männlichkeit. Sie ist lustvoll und trägt dazu bei, dass man sich energiegeladen, stark und lebendig fühlt. Denke einmal an Situationen, in denen du in Kontakt mit deiner Aggression warst. Vielleicht beim Sport, bei körperlichen Herausforderungen, bei Konflikten, beim wilden Tanzen ... Wie oft bist du in Kontakt mit deiner Aggression? Und was fühlst du dann? Die meisten Männer berichten von einer enormen Präsenz und Geistesgegenwart in diesen Situationen. Das Adrenalin schießt durch den Körper, das Blut wird in die Muskeln gepumpt. Der Körper ist gespannt und in Höchstform. Der Geist ist ohne Gedanken und du bist auf eine einzige Sache fokussiert: zu jagen, zu kämpfen, anzukommen etc. Du spürst dich selbst ganz intensiv und lebendig im Körper: Dein Atem geht schwer, dein Herz klopft. Du bist bereit zu kämpfen oder zu fliehen. Dies sind Momente von purem Genuss deiner eigenen Männlichkeit!

Leider erleben immer weniger Männer dies heutzutage. Mütter, Au-pair-Mädchen, Babysitter, Kindergärtnerinnen, Tanten, Omas, Lehrerinnen und Therapeutinnen bringen Jungen vom Säuglingsalter an bei, dass Aggression etwas Furchtbares sei. Dies ist auch Konsens bei der Erziehung in Kita, Kindergarten und Schule. Denn dort gilt meistens: Wer aggressiv ist, der ist unsozial und wird mit teils drastischen Maßnahmen bestraft oder sozial ausgegrenzt. Denn ein „richtiger Mann" ist aggressionsgehemmt, immer lieb und verständnisvoll, passt sich an und würde niemals jemandem wehtun, schon gar nicht einer Frau. Seine natürliche, seit Menschengedenken notwendige und in den Genen einprogrammierte Aggressivität muss um jeden Preis domestiziert werden – sie hat in unserer heutigen zivilisierten Welt keinen Platz mehr. Aggressive Jungen, die raufen oder bei gefährlichen Dingen ihre Grenzen testen, werden daher bestraft oder therapiert. Denn Aggressivität wird heutzutage als eine Krankheit angesehen. Sie werden so lange diszipliniert, bis sie lernen ihre Aggression gegen sich selbst zu richten, denn das ist gesellschaftlich erlaubt. Dann sind sie keine Täter mehr, sondern Opfer, und bekommen dafür Aufmerkamkeit, Mitleid und eine weitere Therapie.

Das ist das Bild des neuen Mannes, auf den man immer öfter trifft: stets lächelnd, ohne Körperspannung, höflich und freundlich zu jedem, anpassungsfähig und mitfühlend. Er spricht mit leiser Stimme und bemüht sich darum, nicht aufzufallen und mit allen gut auszukommen. Er steht unsicher mit einem eingeknickten Bein und legt süß den Kopf auf die Seite wie ein pubertierendes Mädchen. Er ist femininer als die allermeisten Frauen. Die Lektion der vielen Frauen in seinem Leben hat er verstanden und sich angepasst: Aggression lehnt er bei sich und bei anderen Männern grundsätzlich ab, bei Frauen dagegen hat er sogar dann Verständnis, wenn sie ihm Gewalt antun. Aus Mangel an Förderung und männlichen Vorbildern durch echte Männer lernt er seine eigene Willenskraft nicht kennen. Denn diese erkunden Jungen durch körperlich anstrengende Aktivitäten, Raufereien, Wettkämpfe und Herausforderungen, die in seinem Leben leider fehlten. Lernen sie schon in Kita und Kindergarten immer nur leise zu sein, zu singen, zu basteln und zu malen, dann verkümmert alles Maskuline in ihnen.

Wer einmal erleben will, welche Grausamkeiten der Seele von Jungen tagtäglich in Deutschland angetan werden, dem empfehle ich mal einen Tag in einer Kita oder einem Kindergarten zu verbringen. Aber höchstens einen Tag, weil die dort zu erlebende scheinheilige Grundhaltung „Wir haben uns alle lieb und sind immer brav!" für einen normalen Mann nicht auszuhalten ist. Jungen lernen hier, sich für jede aggressive Regung, jedes Aufmucken und jede Rangelei selbst zu kasteien. Sie werden später liebe und angepasste Männer, die im Mainstream mitschwimmen und leicht zu regieren und zu manipulieren sind. Viele werden aber auch depressiv und krank, da permanente Selbstkritik und das Ausrichten von Aggression gegen sich selbst nicht ohne Folgen bleiben.

Mann-Sein heißt jagen, kämpfen, erobern und verführen!

Wenn ich in meinen Männerseminaren in die Runde frage, wer von den Teilnehmern schon mal einen echten Kampf erlebt hat, Mann gegen Mann, dann ist die Anzahl der Männer, die dies von sich behaupten, jedes Jahr rückläufig. Wenn ich frage „Wer von euch (Fleischessern) hat schon mal ein Tier gejagt und getötet?", meldet sich kaum jemand. Bei der Frage „Wer von euch hat seine (Traum-) Frau, vielleicht sogar gegen deren anfänglichen Widerstand, verführt und erobert?" hebt in der Regel mindestens die Hälfte der Teilnehmer die Hand – bei genauerem Nachforschen kommt aber meist heraus, dass die Frau die Entscheidung getroffen, den Mann ausgewählt und ihm entsprechende „Steilvorlagen" gegeben hat.

Was zeigt dies in Bezug auf die Sozialisation und die Lebenserfahrungen heutiger Männer? Essenzielle Grunderfahrungen, die viele tausend Jahre lang prägend für Männer waren, sind heute vom Aussterben bedroht:

Kein Mann kann mehr Tiere jagen und töten. Kaum jemand will so etwas tun. Aber Fleisch und Fisch essen die meisten täglich.

Kein Mann will mehr körperlich mit anderen kämpfen – und verbal auch nicht. Die wenigsten Männer können dies noch. Aber sich selbst massakrieren sie tagtäglich mit Selbstkritik, Giften und ungesunder Lebensweise.

Kein Mann will mehr eine fremde Frau ansprechen, erobern und verführen. Aber regelmäßige Bemutterung, Zärtlichkeit und Sex wollen fast alle Männer haben.

Immer mehr Männer verkommen so zu absolut weichgespülten Konsumenten, unselbstständig und unmännlich. Sie gehen aus Feigheit jedem Konflikt aus dem Weg und essen tote Tiere wie die Geier nur, wenn andere sie für sie erlegt haben. Sie lassen sich von einer Frau auswählen und andere über ihr Leben entscheiden. Wenn dies auf dich zutrifft, dann kannst du jederzeit beschließen es zu ändern. Der Schlüssel hierfür ist der Zugang zum eigenen Jagdinstinkt, zur eigenen Aggressivität. Fang an dein Leben in die Hand zu nehmen und hör auf Vorgekautes zu essen!

Erst wer einmal seinen Fisch selbst gefangen oder sein Tier selbst gejagt, getötet und ausgenommen hat, weiß das Leben, das er genommen hat, wertzuschätzen und würdigt es mit jedem Bissen.

Ich habe als junger Mann Tiere gejagt und auch geschlachtet. Das ist eine Erfahrung, die heute den meisten Männern völlig fehlt. Und ich habe mich dann entschieden, Vegetarier zu werden, was ich übrigens nie bereut habe. Aber auch als Vegetarier muss man töten können. Als ich beispielsweise einmal am Strand sah, wie zwei Hunde einen Krebs halb tot bissen und ihn dann liegen ließen (sie wollten ihn gar nicht fressen), habe ich einen Segensspruch gesagt und das Tier getötet, anstatt es langsam verenden zu lassen. Dasselbe habe ich auch mit einem angefahrenen Hund gemacht, der sowieso nicht überlebt hätte, um ihn von seinen Qualen zu befreien.

Industriefraß aus qualvoller Massentierhaltung macht unbewusst und krank – ungesund und schädlich für deine Männlichkeit ist er außerdem, wie ich im Kapitel über Ernährung noch ausführen werde. Wenn du also Fleisch isst, dann solltest du auch in der Lage sein, Tiere selbst zu jagen und zu töten. Wenn du das nicht bist, denk mal über deine Einstellung dazu nach.

Kämpfe und Konflikte

Wer bist du als Mann, wenn du Angst vor jedem Konflikt und jeder Auseinandersetzung hast? Wie viel Respekt kannst du von anderen erwarten, wenn du deine Interessen nicht vertrittst, dich versteckst oder wegläufst? Was für eine Partnerin ziehst du an, wenn du dich bei Gefahr hinter ihr in Sicherheit bringen willst? Um Männlichkeit zu entwickeln, braucht es Konflikte und Kämpfe, auch körperlicher Art. Warum? Wenn du Angst vor Auseinandersetzungen hast, dann spüren andere Menschen dies unbewusst. Du bist dann nämlich nicht deshalb freundlich zu ihnen, weil du sie sympathisch findest, sondern um dich selbst vor Streitigkeiten zu schützen. Wenn du dich nicht verteidigen kannst, spüren andere dies instinktiv und werden es ausnutzen. Dann fühlst du dich vielleicht übervorteilt und schimpfst über sie, die Ursache liegt aber bei dir selbst, da dein Verhalten zeigt: „Mit mir kann man alles machen." Wer das erlebt, hat seine wahre Stärke und Freude am Mann-Sein noch nicht entdeckt. Männlichkeit bedeutet, die eigene Kraft und Aggression einzusetzen und zu genießen. Wer seine eigene Stärke und Kampfbereitschaft entwickelt hat, wird feststellen, dass er dadurch Respekt von anderen erhält. Denn diese nehmen ihn als ernstzunehmenden Mann wahr und vermeiden daher Konflikte mit ihm. Es ist ein wunderbares Gefühl, die eigene Macht und männliche Ausstrahlung im Verhalten anderer gespiegelt zu sehen.

Achim: Ein Hindernis, meine maskuline Seite zu genießen, war zum einen der Mangel an Vorbildern, zum anderen habe ich auch nie gelernt, dass es gut sein könnte, männlich und stark aufzutreten. Aggressives Verhalten gilt bei vielen als negativ und Führung ist ja heute oft auch negativ besetzt. Alles soll ja immer demokratisch entschieden werden. Ich habe nicht gelernt, in mich hineinzuhören und meinen Willen durchzusetzen. Das Herzenskrieger-Training hat mir in dieser Hinsicht geholfen. Ich bin sowohl im Spüren als auch im Durchsetzen besser geworden. Ich habe mehr Mut. Dies spiegelt sich z. B. beim Ansprechen von Frauen wider, aber auch in negativen Situationen.

Ein Beispiel: In einer Bar, in der es sehr voll war, drängelte ich mich an die Theke und bestellte ein Getränk. Dazu suchte ich mir einen Platz aus, an dem eine junge, interessante Frau saß. Früher hätte ich das nicht gemacht, geschweige denn mich getraut diese Frau anzusprechen. Nun tat ich dies aber und war erstaunt, wie aufmerksam und positiv sie reagierte. Obwohl ich noch etwas zurückhaltend war, wurde etwas sehr Schönes daraus.

Ein Beispiel zu negativen Situationen: Meine Partnerin bemängelte meinen Fahrstil und gab mir zudem Anweisungen, auf welche Geschwindigkeit der Scheibenwischer einzustellen sei. Früher hätte ich um des Friedens willen alles so gemacht, wie sie es wünschte, und den Ärger über ihre Zurechtweisungen in mich hineingefressen. Dieses Mal artikulierte ich meinen Unmut sehr deutlich und vielleicht sogar etwas zu aggressiv, und dann habe ich alles so gemacht, wie ich es wollte. Das hat zunächst eine sehr negative Stimmung bewirkt. Nach einer Weile haben wir uns dann aber beide wieder beruhigt und ein schönes und offenes Gespräch geführt.

Frauen erobern

Eine sehr genussvolle Erfahrung im Leben eines Mannes sind das Flirten und das Erobern von Frauen. In den Genen von Männern ist der Wunsch, zu jagen und zu begatten, angelegt. Beim Balzen mit dem anderen Geschlecht fühlt man sich als Mann. Es beginnt damit, dass man sich auf die „Jagd“ vorbereitet. Man stylt und parfümiert sich und wählt das Jagdrevier aus. Das kann man allein tun, zu zweit macht es aber meist mehr Spaß. Dann legt man sich auf die Lauer und beobachtet die „Beute“, die sich ebenfalls auf die Balz vorbereitet hat: Schön, aufreizend, sexy gestylt und gut riechend präsentiert sie sich vor den Jägern. Ist die Beute einmal ausgemacht, pirscht man sich an sie heran und beginnt mit der Balz. Oder man nimmt zunächst Augenkontakt auf und kommuniziert wortlos auf

Distanz. Die Möglichkeiten, mit denen man testen kann, ob eine Frau bereit ist, mitzubalzen und ob man Gefallen aneinander findet, sind schier unbegrenzt: ein lockeres Gespräch, eine direkte Sympathiebekundung, Körperkontakt beim Tanz, Herumalbern etc. Was genau passiert, ist von vielen Faktoren abhängig und letztendlich unberechenbar – das macht es auch so spannend: Entwickelt sich sofort ein knisternder Kontakt oder verpatzt man den Auftritt?

Was macht das Flirten so genussvoll? Es ist eine Mischung aus Aggressivität und Jagdinstinkt, Neugier, Adrenalin und verwegener Freude. Man spürt eine gewisse Unsicherheit und Gefahr und zugleich eine sexuelle Anziehung, durch die man mutiger und hemmungsloser agiert. Beim Flirten fühlt und zeigt man sich als sexueller Mann und man ist fasziniert und angetörnt von den Möglichkeiten, mit Frauen in Kontakt zu kommen. Die eigene (sexuelle) Phantasie erzeugt hierbei eine gewisse Autoerregung und erhöht das Energieniveau. Und das ist auch notwendig: Wer zweifelnd und zögerlich auf eine Frau „zuschlufft", wird weder Spaß noch Erfolg haben. Wenn man sich jedoch auf den Selbstzweck des Flirtens und Jagens konzentriert, nämlich sich als Mann zu fühlen und sexuelle Spannung zwischen sich und einer Frau aufzubauen, fühlt man sich frei und machtvoll, nicht zuletzt deshalb, weil man selbst auswählt und „jagt". Das Ganze ist ein Spiel, das so alt ist wie die Menschheit. Es macht Männer maskuliner und Frauen femininer. Nur in einem geringen Prozentsatz der Fälle führt es auch zu einer realen sexuellen Eroberung – dies ist aber nicht entscheidend. Die Jagd selbst macht enorme Freude und bedeutet, pure Männlichkeit zu spüren.

Leider scheint auch diese essenzielle männliche Erfahrung in unseren Breitengraden auszusterben. Genauso wie Männer verlernt haben, Tiere zu jagen, verlernen sie gerade das Flirten und das Erobern von Frauen. Etwas, das Männern seit jeher maximale Freude bereitet hat und in vielen Teilen der Welt auch noch immer bereitet, sorgt hierzulande oft für Gefühle von Beklemmung. Schlimmer noch: Viele Männer haben geradezu panische Angst davor, eine fremde Frau anzusprechen und ihr sexuelles Interesse zu zeigen. Stattdessen wollen sie Sex und eine Beziehung ohne jede Anstrengung, ohne Risiko, ohne Jagd und Balz bekommen. Das ist so aufregend wie der Einkauf von Tiefkühlfleisch im Supermarkt. Und absolut unmännlich!

Viele Männer lassen sich lieber von einer Frau aussuchen, gehen zu Prostituierten oder wählen den risikofreien Weg des Datens im Internet. Ein ganz essenzieller Genuss der eigenen Männlichkeit und Sexualität geht ihnen damit verloren. Sie trauen sich oft selbst dann nicht, das Wild zu erlegen, wenn dieses direkt vor ihnen steht und sie geradezu anfleht „Bitte schieß doch!". Denn sie sind vom Jäger zum Sammler geworden und fürchten sich nun vor Rehen, Hasen und Tauben. Vielen Männern wird heute beigebracht, dass Balzverhalten frauenfeindlich ist und jeder Körperkontakt mit einer fremden Frau einen unzulässigen sexuellen Übergriff darstellt. Flirten ist demnach die Vorstufe von Vergewaltigung, weshalb z. B. ein Mann, der in einem Einkaufszentrum eine fremde Frau anspricht, damit ein Hausverbot riskiert. Das ist kein Witz und es gibt einige Beispiele dafür.

Ich bringe Männern die elementaren männlichen Fähigkeiten des Flirtens und Jagens bei und stelle zugleich fest, dass Flirten in Deutschland oft als Belästigung erlebt wird. Wenn ich dies in Brasilien erzähle, sehen mich dagegen sowohl Männer als auch Frauen belustigt und ungläubig an. Der beste Kommentar eines Brasilianers auf meine Schilderung deutscher Verhältnisse war: „Dann wäre hier fast die gesamte männliche Bevölkerung im Knast oder zumindest vorbestraft." Dies gilt für ganz Südamerika.

Wenn es darum geht, dein Mann-Sein mehr zu genießen, dann gilt es also, den Krieger und Jäger in dir zu wecken und deinen Jagdinstinkt zu aktivieren.

Der Krieger in dir

„Archetypen sind Urbilder der Seele", wie der Psychoanalytiker C. G. Jung sagte, der den Begriff des Archetyps im Westen prägte. Der wichtigste Archetyp für die Entwicklung der eigenen Männlichkeit ist der des Kriegers. Denn Jagen und Kämpfen gehörten schon immer zu den Urerfahrungen von Männern – mit Ausnahme einer entwicklungsgeschichtlich extrem kurzen Zeit in einigen wenigen Ländern. Männer mussten in die weite und gefährliche, oft unbekannte Natur hinausziehen, um neue Jagdgründe zu erobern. Sie waren auf der Suche nach Nahrung, spürten ihre Beute auf und erlegten sie, um ihre Familie zu versorgen, die auf ihren Jagderfolg angewiesen war. Ebenso mussten sie sich und ihre

Familien gegen Feinde verteidigen und zuweilen auch selbst neues Territorium erobern. Diese Erfahrungen des Jagens und Kämpfens, des Eroberns und Verteidigens gehören seit Urzeiten ganz essenziell zur männlichen Sozialisation und sind daher in den Genen verankert. Dadurch entwickelten Männer Eigenschaften wie Präsenz, Weitsicht, Mut, Ausdauer, Kraft, Aggression und Durchhaltevermögen. Denn sie mussten bei langen Wanderungen gegen Hunger, Durst, Müdigkeit und Schmerzen ankämpfen und auch ihre Angst im Kampf überwinden. Meist erlebten Männer Jagd und Kampf in einer Gemeinschaft mit anderen Männern. Kameradschaftsgeist, Verlässlichkeit und gegenseitiges Vertrauen waren dort überlebenswichtig.

All diese Erfahrungen machen Männer heute nicht mehr. Ist das nun gut oder schlecht? Verständlicherweise will niemand mehr einen Großteil seiner Zeit zum Jagen von Tieren aufwenden müssen und sicherlich sind wir alle froh, dass wir so sicher leben und nicht täglich mit Angriffen von Tieren oder anderen Menschen rechnen müssen. Unsere Welt in Europa ist bequem und sicher geworden. Ich behaupte jedoch, dass dies vor allem den Frauen dient, und weniger den Männern. Denn für Männer gibt es in einer auf diese Weise feminisierten Welt keine echten Herausforderungen mehr. Sie verlieren jeden Kontakt zu ihren ursprünglichen Instinkten wie Aggressivität, Mut, Kampfbereitschaft und Jagdinstinkt. Sie werden dadurch schwach, weinerlich, unentschlossen und feige und verlieren die Freude an ihrer Männlichkeit. Bedeutet das, dass wir wieder jagen und andere töten sollten? Natürlich nicht. Wie bereits erwähnt bin ich Vegetarier und ich lehne Kriege in jeder Form strikt ab. Es braucht andere, bewusste und konstruktive Formen und Möglichkeiten, den Krieger im Mann zu schulen.

Die Verbannung jeglicher Gefahr und Aggression aus dem Leben heutiger Männer tut diesen offensichtlich nicht gut. Der Archetyp des Kriegers ist vom Aussterben bedroht. Dieses Buch gibt zahlreiche Empfehlungen, wie man ihn in sich selbst wieder zum Leben erweckt. Denn unser Planet braucht aufrichtige und männliche Krieger, Männer, die fair für ihre Sache kämpfen und Konflikte ehrenhaft Auge in Auge mit gleichen Waffen austragen. Feige Soldaten und Mörder, die aus dem Hinterhalt und sinnlos töten, hat die Welt schon genug. Alle Kriege dieser Welt könnten schnell beendet werden, wenn die jeweiligen Drahtzieher selbst mit einer Waffe in der Hand kämpfen müssten, anstatt andere damit zu beauftragen, Bomben auf Wehrlose abzuwerfen.

Grenzen setzen und streiten

Wenn du bemerkst, dass du zu wenig Aggressionspotenzial hast oder dich für Aggressionen schämst, dann mache dich daran dies zu ändern. Denn dafür ist es niemals zu spät. Ein Aspekt des Kriegers ist auch der Schutz der eigenen Grenzen. Beginne damit, ein Bewusstsein für deine persönlichen Grenzen zu entwickeln: für deinen Besitz, deine Privatsphäre, Umgangsformen etc. Und nimm es wahr, wenn andere die betreffenden Grenzen verletzen. Wer sich ein Leben lang daran gewöhnt hat, dass andere seine Grenzen ignorieren und ihn respektlos behandeln, der muss zunächst überhaupt erst einmal lernen, ein Bewusstsein für Grenzverletzungen zu entwickeln. Wo spricht jemand abwertend über dich? Wo wirst du ignoriert oder übergangen? Wodurch beschämen oder erniedrigen dich andere? Wo schweigst du, anstatt etwas dazu zu sagen? Wo gehst du einem Konflikt bewusst aus dem Weg?

Hier ein paar Beispiele:
Alle anderen Beteiligten deiner Arbeitsgruppe werden dankend erwähnt, nur dich hat man vergessen. Anstatt zu schweigen oder über die Ursachen nachzudenken, beschwere dich und fordere deine Nennung ein.

Beim Bezahlen im Restaurant nimmt dir deine Partnerin die Kreditkarte aus der Hand und steckt sie selbst in das Lesegerät: „So herum musst du sie reinstecken." Du solltest das nicht einfach schlucken, sondern darauf reagieren, z. B. indem du deine Karte wieder aus dem Gerät herausziehst und sagst: „Stimmt, bezahlen kannst du besser als ich. Dann verwende aber bitte deine Karte dafür."

Jemand lässt seinen Hund an einen Reifen deines Autos pinkeln. Diese Respektlosigkeit solltest du ahnden. Ein Seminarteilnehmer erzählte mir, er hätte bei einem solchen Vorkommnis einmal im Gegenzug glatt den Hund angepinkelt. Aber dafür muss man gut zielen können. Deshalb kannst du besser verbal reagieren.

Jemand will im Restaurant ohne zu fragen einen leeren Stuhl von deinem Tisch mitnehmen. Das ist unhöflich und du solltest darauf reagieren, z. B. witzig: „Auf diesem Stuhl sitzt mein Boxtrainer." Oder ernst: „Der Stuhl bleibt hier, er ist besetzt."

Das Verhalten der anderen und vor allem das eigene Nichtreagieren darauf musst du zunächst einmal als absolut unerträglich und erniedrigend empfinden, um genug Druck in dir aufzubauen, es ändern zu wollen. Wenn du dir dies angewöhnst, wirst du allmählich die Angst verlieren und Freude an deinem männlichen Verhalten finden. Denn mit selbstbewusstem und dominantem Auftreten lassen sich andere meistens einschüchtern, nur wenige riskieren einen offenen Konflikt in der Öffentlichkeit. Jedes Mal, wenn du deine Grenzen erfolgreich verteidigt hast, wirst du dich männlicher und stärker fühlen.

Ja und Nein sagen lernen

Ein „nice guy", also ein lieber und netter Mann, sagt zu allem Jein. Er will sich nicht festlegen und auch niemanden kompromittieren. Also hält er sich stets alle Optionen offen. Seine Aussagen und Positionen sind meist vage oder beinhalten zumindest eine Hintertür, bei seiner Wortwahl achtet er darauf, dass sich niemand angegriffen fühlt. Das unterscheidet ihn von einem Mann, der klar Ja und Nein sagt und zu seinem Wort auch steht. Das bedeutet, dass er seinen Worten auch Taten und Konsequenzen folgen lässt und nicht von seiner Position abweicht, selbst wenn er deshalb Ärger bekommt bzw. Ablehnung oder gar ernsthafte Schwierigkeiten erlebt. Wie trainiert man nun Ja und Nein zu sagen? Achte zunächst auf deine Wortwahl. Wenn es um eine einfache Entscheidung geht, dann gewöhne dir an, kurz und eindeutig mit „Ja" oder „Nein" zu antworten. Lasse Erklärungen, Rechtfertigungen und sonstige Ausführungen hierbei weg. Und natürlich auch jede Einschränkung oder Relativierung.

Beispiele:
„Kommst du heute Abend mit?"
„Ja, gerne."
„Nein, heute nicht."

„Reicht das Budget noch bis Februar?"
„Ja, auf jeden Fall."

Lasse das Wort „Entschuldigung" weg, außer wenn du wirklich Mist gebaut hast. Und verwende das Wort „leider" nur dann, wenn dir etwas wirklich leid tut. Typische Muttersöhnchen machen meist viel zu viele Worte um fast nichts und verwenden unnütze Nebensätze, Füllwörter, Modalverben, den Konjunktiv oder Relativierungen.

Beispiele:
„Kommst du mit ins Café?"
„Das wäre eine gute Idee."
Besser: „Ja, gerne."

„Kann ich die Abrechnung bis morgen bekommen?"
„Das könnte ich schaffen."
Besser: „Okay, bis wie viel Uhr brauchst du sie?"

„Bist du am Wochenende dabei?"
„Leider nicht, ich kann nicht."
Besser: „Ich werde nicht dabei sein, ich habe andere Pläne."

„Kannst du mir dein Auto leihen?"
„Das würde ich gerne, aber ausgerechnet heute ist der Wagen in der Werkstatt ... Aber ansonsten gerne, jederzeit ..."
Besser: „Der Wagen ist in der Werkstatt, das geht heute nicht."

„Können wir Jens mitnehmen?"
„Ich weiß nicht, ob er vielleicht stören könnte."
Besser: „Nein, das empfinde ich als störend."

„Ich bin dafür, dass wir unser Büro komplett auf Mac umstellen."
„Grundsätzlich bin ich für jede Neuerung offen, aber ich hatte große Probleme, als ich mir mal ein MacBook ausgeliehen hatte ..."
Besser: „Ich bin dagegen." (Jetzt muss der andere nach dem Grund fragen, denn er will ja schließlich etwas von dir: deine Zustimmung.)

Bemerkst du bei diesen Formulierungen, dass eine Opferhaltung und die Unfähigkeit, deutlich Position zu beziehen, für andere geradezu eine Einladung sind, jemanden nicht ernst zu nehmen? Zumindest lädt solch ein Verhalten zu Diskussionen ein, denn das jeweilige Ja oder Nein wirkt nicht überzeugend und scheint verhandelbar. Kurze, prägnante Antworten dagegen sind ein Zeichen für Selbstbewusstsein und eine klare Position.

Gewöhne dir also an, möglichst häufig klar Ja und Nein zu sagen, auch wenn dies andere Menschen manchmal vor den Kopf stößt.

Beispiele:
„Schatz, hilf mir doch mal eben."
„Nein, jetzt nicht."
„Kannst du auf dem Rückweg kurz an der Apotheke vorbeifahren, um mir –" (Unterbricht) „Heute nicht mehr."

„Darf ich reinkommen?" (steht schon im Zimmer)
„Nein, das stört gerade. In 30 Minuten." (arbeitet weiter)

„Sollten wir das nicht mal in Ruhe besprechen?"
„Ja, morgen beim Mittagessen geht es."

„Darf ich mir nur mal eben XY ausleihen?"
„Nein."

Der erste Schritt hierbei ist zunächst, die erforderliche Courage und Klarheit zu entwickeln, nach einiger Zeit wirst du dann Gefallen an dieser Klarheit finden. Lange Erklärungen, Ausflüchte und Unklarheiten werden dich zunehmend bei dir selbst und bei anderen nerven und du wirst entsprechend darauf reagieren. Deine Lebensqualität steigt auf diese Weise, denn du vergeudest weniger Zeit und Nerven mit unnützen Diskussionen.

Beispiele:
„Ist alles so weit fertig, dass wir das Angebot am Mittwoch rausschicken können?"
„Im Prinzip ja, ich kann aber noch nicht absehen, ob ..."
„Okay, also Nein. Wann werden Sie mir einen verbindlichen Termin nennen, den Sie auch einhalten werden?"

„Irgendwie hatte ich so ein komisches Gefühl mit dir gestern Abend, ich weiß auch nicht, irgendwas steht zwischen uns ..."
„Dann denk drüber nach und sag es mir, wenn du es weißt."

Was kannst du tun, wenn du noch keine Entscheidung getroffen hast, aber nach einer Stellungnahme gefragt wirst? Dann rede nicht um den heißen Brei herum, sondern sage: „In der Sache habe ich mich noch nicht entschieden. Ich werde bis Montag eine Entscheidung dazu treffen." Und dann solltest du das auch tun. Männer, die klar Ja und Nein sagen und auch dazu stehen, sind die besseren Mitarbeiter oder Verhandlungspartner, und vor allem die besseren Freunde.

Spannung halten

Ein Mann unterscheidet sich von einem Säugling und einem kleinen Jungen unter anderem dadurch, dass er Spannung halten und aushalten kann: mental, emotional und körperlich. Was meine ich damit? Ein Kind hat noch nicht viel Körperspannung, es hat einen weichen Körper und erst wenige Muskeln, dafür viel Fettmasse. Der Kiefer hat noch keine Spannung, so dass der Mund meist offen steht, bei Babys tropft dann oft Speichel heraus. Babys pinkeln, wenn sie dies müssen, denn sie haben noch nicht gelernt, ihre Körperfunktionen zu kontrollieren. Sie jammern und schreien, wenn ihnen etwas weh tut, denn sie können noch keinen Schmerz aushalten. Sie trinken und essen, wenn ihnen danach ist, und können Durst oder Hunger nicht lange ertragen. Wenn sie den Drang spüren, zu brabbeln oder zu reden, dann tun sie es einfach – egal ob es in der jeweiligen Situation angemessen ist oder nicht. Wenn sie einen Impuls haben, geben sie ihm nach. Wenn sie etwas fühlen, drücken sie dies sofort und ungefiltert aus. Wenn sie müde sind, schlafen sie einfach.

Dieses Verhalten ist normal und angemessen für Säuglinge und zum großen Teil auch für Kleinkinder. Für einen erwachsenen Mann ist das aber völlig unangemessen. Er muss lernen Spannung in sich zu halten und oft auch auszuhalten. Männlichkeit hat genau mit dieser Fähigkeit zu tun. Dies betrifft folgende Bereiche:

Körperliche Spannung

Ein männlicher Mann hat mehr Muskel- als Fettmasse. Er hält den Mund geschlossen und kann Körperspannung aushalten. Diese entsteht beispielsweise dadurch, dass man pinkeln muss, dies aber unter den gegebenen Umständen nicht möglich ist, dass man Ermüdungserscheinungen beim langen Stehen hat, aber Haltung bewahren muss, oder wenn man körperliche Schmerzen hat, sich diese aber trotzdem nicht anmerken lässt und durchhält. Gerade bei körperlichen Grenzerfahrungen benehmen sich von Frauen erzogene Männer oft wie Säuglinge: Sie beklagen sich, jammern oder verlieren ihre Haltung. Das erzeugt bei den Mitmenschen im besten Fall Mitleid, im schlechteren Fall Verachtung.

Emotionale Spannung

Ein Krieger hält starke Emotionen aus, ohne zu jammern oder einzuknicken. Dazu gehören zunächst körperliche Gefühle wie Durst, Hunger, Müdigkeit, Schmerzen etc. Ein Krieger ist weitgehend unabhängig und nicht Sklave seines Körpers. Er kann auch für längere Zeit Durst aushalten, fasten oder ohne Schlaf auskommen.

Ein weiterer Bereich sind Gefühle wie Angst, Wut, Freude, Lust, Scham oder Trauer. Nicht immer ist es sinnvoll und manchmal sogar fatal, diese direkt auszudrücken. Dem Gegner in einem Kampf seine Angst zu zeigen, ist wirklich dumm. In der Vorstandssitzung seine Lust auf eine Mitarbeiterin durchblicken zu lassen, ist ebenso wenig sinnvoll. Seine Wut an einem nicht funktionierenden Automaten auszulassen, zeugt ebenfalls nicht von männlicher Souveränität. Es gibt viele Situationen im Leben, in denen es besser ist, seine Gefühle zurückzuhalten; in anderen Situationen dagegen kann man Gefühlen freien Lauf lassen. Lerne also, die Kontrolle über deine Gefühle zu erlangen.

Mentale Spannung

Es ist unnütz, jeden Gedanken zu verfolgen, der einem in den Sinn kommt. Manchmal ist dies sogar lebensgefährlich, z. B. bei einem Kampf, beim Extremsport oder in einer Gefahrensituation. In solchen Situationen muss man seine Gedanken beherrschen und den Fokus halten können. Das Gleiche gilt in Bezug auf das Reden: Ein Mann kann schweigen oder das, was er zu sagen hat, auf das Wesentliche konzentrieren. Und er kann Geheimnisse bewahren. Nur ein Säugling brabbelt alles heraus. Leider tun dies auch viele Muttersöhnchen, da sie die innere Spannung, etwas Wichtiges, Interessantes oder Emotionales nicht zu erzählen, nicht aushalten können.

Wenn du diesbezüglich deine Männlichkeit schulen willst, dann frag dich, wo es dir schwerfällt, Spannung zu halten, und trainiere entsprechend. Dies wird dir am Anfang wie eine Qual vorkommen, du erlangst so aber wirkliche innere Freiheit und steigerst dadurch deine Freude an deiner Männlichkeit. Ein prägnantes Beispiel dazu: In meine Praxis kommen häufig Männer mit sexuellen Problemen. Sie können keine Erektion halten oder ejakulieren beim Sex sehr schnell, was sowohl für sie selbst als auch für die Partnerin sehr frustrierend ist. Auffällig ist dabei, dass die allermeisten dieser Männer auch sonst keine Spannung halten können. Dieses Problem zeigt sich dann eben besonders deutlich in der Sexualität. Lernen Sie, Spannung für sich positiv zu bewerten, dann akkumulieren sie mehr Libido und können den Sex länger genießen. Hier gibt es also einen direkten Zusammenhang.

Umgang mit Gefühlen

Gefühle sind keine Wahrheiten. Und keine Gesetze. Für manche Frauen, die sehr stark von ihren Gefühlen dominiert werden, sind sie es aber doch. Diese Frauen leben nach dem Grundsatz „Was ich fühle, ist die Wahrheit." Gerade wer als Junge bei einer Mutter oder bei anderen weiblichen Bezugspersonen aufgewachsen ist, welche stark mit ihren Emotionen identifiziert sind, hat gelernt, danach zu leben. Denn die Gefühle der Mutter sind auch die „Wahrheit", nach der sich die Kinder richten müssen. Wer das später für sich übernimmt, fühlt sich oft den eigenen Gefühlen ausgeliefert, denn er hat nicht gelernt, dass man sie nicht immer ernst nehmen und auch nicht immer ausdrücken muss. Gefühle wechseln ständig und machen dadurch das Leben abwechslungsreicher, sorgen für emotionalen Ausgleich und intensivieren den zwischenmenschlichen Kontakt. Mehr aber auch nicht. Gefühle zeigen einem fatalerweise oft genau den falschen Weg und dienen noch öfter als Ausreden dafür, sich den eigenen Ängsten nicht zu stellen oder alles beim Alten zu lassen.

„Mein Gefühl sagt mir, dass ich diese Frau nicht ansprechen sollte." – Hinter dieser Äußerung steckt Angst, die nicht angegangen wird.

„Ich achte auf mein Gefühl und gehe heute lieber nicht zum Sport."

– Mit dieser Haltung wirst du keine großen Erfolge haben, es steckt Bequemlichkeit dahinter.

„Ich spüre, dass sie darüber nicht reden will.“ – Nein, du hast Angst, das Thema anzusprechen und einen Streit zu riskieren.
„Es fühlt sich für mich richtig an, bei Mutter wohnen zu bleiben.“ – Ja, das war schon immer so und dient als Rechtfertigung dafür, jede Veränderung zu meiden.

Krieger-Ehre: Regeln

Wer für sich als Mann den Archetyp des Kriegers entwickeln will, braucht dazu mehr als nur Kampfsport und körperliches Training. Das Leben eines Kriegers basiert eher auf einer Lebenseinstellung, die das eigene Denken, Wertvorstellungen, den Umgang mit Gefühlen und das zwischenmenschliche Verhalten prägt. Ich möchte in diesem Zusammenhang auf den Aspekt einer inneren Haltung von Stolz und Ehre eingehen. Denn es macht mich oft traurig, wie manche Männer ihre Ehre beschmutzen lassen und sich dabei offensichtlich für ihre Männlichkeit schämen. Hier also einige Regeln, um den Krieger in dir zu ehren:

- Sei Schöpfer deines Lebens und übernimm Verantwortung für deine Handlungen und die direkten wie indirekten Folgen daraus.
- Erarbeite dir deinen eigenen Ehrenkodex als Krieger und halte dich daran.
- Sage klar und kompromisslos Ja, wenn es um die Verwirklichung deiner Herzenswünsche geht, und Nein bei Verstößen gegen deinen Ehrenkodex.
- Steh zu deinen Entscheidungen und Handlungen und konfrontiere dich mit deren Folgen und der Kritik anderer.
- Halte dein Wort, auch ohne schriftlichen Vertrag.
- Jammere nicht herum, denn damit zeigst du, dass du ein Opfer bist. Wenn du ein Problem, Schmerzen oder Sorgen hast, dann gehe zu jemandem, der dir helfen kann.
- Lass dich nicht respektlos behandeln oder beleidigen. Beides sollte nach einer deutlichen Ermahnung schmerzhafte Konsequenzen für den Anderen haben.

- Halte die Ehre und das Ansehen deiner Familie und Freunde hoch. Verteidige sie gegen Anfeindungen, Beleidigungen und Angriffe.
- Sei stets bereit zu kämpfen.
- Kämpfe fair und mit Respekt für deinen Gegner. Denn ohne Gegner bist du kein Krieger.
- Vermeide Gewalt. Aber setze sie entschieden ein, wenn es unumgänglich ist.
- Trage Verluste mit Würde. Jede Niederlage macht dich stärker, wenn du sie positiv für dich auswertest.
- Zeige dich in der Öffentlichkeit nicht ängstlich, schwach oder angreifbar.
- Lüge nicht aus Feigheit oder Bequemlichkeit, sondern nur, wenn es unvermeidbar oder moralisch vertretbar ist.
- Zeige Respekt und Anerkennung für deinen König! Gemeint sind damit Männer, die in der Hierarchie über dir stehen: dein Vater, dein Chef, dein Karatelehrer ... Halte ihren Namen in Ehren und verteidige sie.
- Führe Untergebene mit Klarheit, Liebe und Konsequenz. Mache dich nicht von ihrer Anerkennung abhängig.
- Perfektioniere dich und deine Fähigkeiten immer weiter.

Bemühe dich, den Krieger in dir zum Leben zu erwecken, kämpfe für deine Werte und lebe nach den Regeln deines Ehrenkodex'. Das wird dazu führen, dass du dich wesentlich männlicher fühlst.

No-Gos für echte Männer: jammern und wehklagen

Männlichkeit hat mit körperlicher, mentaler und emotionaler Belastungsfähigkeit zu tun – man genießt Herausforderungen und den Stolz, diese zu bezwingen. Männlichkeit bedeutet, sich nicht von Gefühlen und körperlichen Wehwehchen ablenken zu lassen, wenn man ein Ziel erreichen will. Leider fallen aber viele Männer eher durch mitleiderregende Jammerei und eine lausige körperliche Verfassung negativ auf.

No-Gos – was du vermeiden solltest:

Jammern und wehklagen

Dies vor allem in der Öffentlichkeit und in der Gegenwart von Frauen. Schrei lieber irgendwo allein vor Schmerzen oder schlage dort etwas kurz und klein vor Wut. Zieh dich zurück oder mache Sport. Bitte einen Freund dich in den Arm zu nehmen oder dir Ohrfeigen zu geben. Aber klage nicht über Unannehmlichkeiten. Nur Opfer jammern. Wer Schöpfer seines Lebens ist, entscheidet sich, diese Gefühle als Mann zu ertragen oder verändert sie. Wer jammert, zeigt damit seine Opferhaltung und Impotenz.

Die eigenen Schwächen zelebrieren

Manche Männer scheinen nicht zu bemerken, wie peinlich es ist, wenn sie ihre eigenen Schwächen zur Schau stellen oder diese ausführlich thematisieren. Bei Männern erzeugt ein solches Verhalten Verachtung oder Mitleid, bei Frauen weckt es den Mutterinstinkt. In der Sauna bin ich zum Beispiel immer wieder aufs Neue überrascht, dass gerade Männer beim Aufguss vorzeitig den Raum verlassen – während sogar ältere und schwangere Frauen die Hitze aushalten. Leider spüren viele Männer noch nicht einmal, wie peinlich dies ist.

Mimose sein

Hör auf, deine Empfindlichkeiten zu pflegen und sie auch noch zu rechtfertigen: „Ich bin eben nicht so schnell.", „Ich habe schon als Kind die Kälte nicht ertragen." – Solche Sätze machen dich eher zum Pflegefall als zum Mann.

Über Krankheiten und Gebrechen reden

Wer dies tut, will Mitleid von den anderen – so etwas macht dich nicht männlich! Sprich mit dem Arzt über deine Krankheit oder Schmerzen, nicht mit deinen Mitmenschen – es gibt interessantere Themen.

Krankheiten oder Verletzungen für Ausreden oder Sonderrechte benutzen

Mitleid bei anderen zu erzeugen, ist kein Zeichen von Männlichkeit. „Leider kann ich nur eingeschränkt mitmachen, weil ..." – Kannst du nun oder nicht? Dann mach mit oder lass es. Punkt. „Ich bitte, darauf Rücksicht zu nehmen, dass ich nicht so gut laufen kann."

– Mach wie alle anderen mit und akzeptiere dein Handicap, oder lass es eben sein. „Darf ich mal vor? Ich habe starke Schmerzen."
– Du könntest stattdessen auch sagen: „Ich bin leider kein Mann und kann keine Schmerzen aushalten, bitte hab Mitleid mit mir." Beiß die Zähne zusammen und halt durch. Oder leg dich ins Bett.

Ankündigungen zurückziehen
Wer etwas groß ankündigt, es dann aber nicht tut und Rechtfertigungen vorbringt, verliert an Respekt und Glaubwürdigkeit.

Ausweichen, Ausflüchte
Ein Mann stellt sich Themen, Fragen und Konflikten. Wer aus Feigheit oder Bequemlichkeit Herausforderungen ausweicht, Ausreden findet oder andere vorschickt, wird als Weichei wahrgenommen.
„Schatz, regele du doch das Problem mit der Klassenlehrerin."
„Leider kann ich die Rede nicht halten, da ..."
„Klären Sie das Problem lieber mit meinem Mitarbeiter, ich werde morgen unterwegs sein."

Sich demütigen, beleidigen oder respektlos behandeln lassen
Dieses Verhalten entspricht nicht einem Mann, der auch nur ein bisschen Stolz hat. Es deutet vielmehr auf ein extrem niedriges Selbstwertgefühl hin. Die Partnerin auf der Party: „Mein Mann tut sich manchmal schwer damit, in der Öffentlichkeit zu reden." Der Mann schweigt peinlich berührt.
Sie stößt ihn an, so dass ihm etwas herunterfällt, und sagt zu ihm: „He, heb das wieder auf!" Er tut dies brav.

Im Restaurant: „Ihr Vater ist aber auch nicht mehr so ganz auf der Höhe."
„Ja, stimmt." (Es folgt eine Rechtfertigung oder Erklärung.)

Wer körperlich nicht fit ist, Schmerzen oder eine Krankheit oder sonstige persönliche Defizite hat, sollte sie nicht auch noch herausstellen. Und er sollte anderen untersagen, sich darüber lustig zu machen.

Männlichkeit zu genießen bedeutet, den Krieger in sich zum Leben zu erwecken und zu schulen. Freue dich an deiner Kraft, deinem Mut und deiner Entschiedenheit!

MÄNNERFREUNDSCHAFTEN – Entdecke die Männer!

Wenn du dein Leben als Mann wirklich genießen willst, kannst du das weder allein noch ausschließlich mit Frauen. Du brauchst Männer, die du kennst und magst und die mit dir verbunden sind. Denn viele Aspekte des Mann-Seins lassen sich nur mit Männern zusammen erleben. Hier erlebst du dich als Mann im Spiegel der anderen Männer. Wer als Muttersöhnchen groß geworden ist, der hat meistens auch eine Art krankhafte Fixierung auf Frauen entwickelt. Das führt im späteren Leben dazu, dass er auch in seinen Freundschaften auf Frauen ausgerichtet bleibt und sich auch in der Partnerschaft komplett emotional abhängig macht. Er erlebt alle intensiven Gefühle nur in Begegnungen mit Frauen. Er glaubt, dass man die eigene Männlichkeit durch Frauen erleben kann. Das dies nicht so ist, merkt ein solcher Mann erst, wenn ihm seine Partnerin die Anerkennung und Liebe entzieht. Dann fällt er in ein tiefes Loch voller Selbstzweifel und Selbstmitleid.

Gleichzeitig halten sich Männer, die auf Frauen fixiert sind, andere Männer „vom Leib“: Sie haben häufig eine ausgeprägte Aversion gegen Körperkontakt mit Männern, schon Männerschweiß oder kleine körperliche Berührungen von Männern empfinden sie als unangenehm. Entsprechend gehen sie auch emotional auf Abstand: durch gepflegte, distanzierte Konversation und eine Reduktion auf den Intellekt im Kontakt mit Männern. Emotionale Begegnungen, hohe energetische Zustände und Körperkontakt werden allein mit Frauen erlebt. Dadurch entsteht natürlich eine sehr einseitige Prägung und Abhängigkeit. In diesem Kapitel geht es darum, welche Formen von Kontakten mit Männern es gibt und wie man solche Kontakte aufbaut und pflegt.

Martin: Ich hätte mich schon längst mal zu einer Männergruppe angemeldet, um einige Themen anzugehen, wenn da nicht so viele Män-

ner wären. Schon beim Sport wird mir übel, wenn stark schwitzende Männer in meiner Nähe sind, deshalb spiele ich Tennis und gehe in die Fitnessbude, wo mir niemand zu nahe kommt. Es ist nicht so, dass ich keine Freunde hätte: Mit meinem Tennispartner gehe ich regelmäßig nach dem Sport noch etwas essen, mit einem alten Schulfreund und auch einem Kollegen treffe ich mich immer mal wieder bzw. wir schreiben uns oder telefonieren miteinander. Aber da kommt man sich natürlich nicht so nah, man nimmt auch nicht wirklich Anteil am Leben des anderen. Letztendlich ist es zwar interessant, wir haben spannende Gespräche, aber es bleibt doch distanziert. Vielleicht so wie mit meinem Vater, der, soweit ich mich erinnern kann, nur Besuchs-Papa war. Bis heute haben wir ein zwar freundliches, aber doch kühles und distanziertes Verhältnis zueinander.

Freundlich, aber distanziert sind viele Männerfreundschaften wie in Martins Fall – dies ist häufig ein Spiegel der Beziehung zum eigenen Vater, der einem auch nie nahe kam weder emotional noch körperlich.

Was nur unter Männern geht

Wenn ich in einem Anfänger-Seminar erzähle, dass es Dinge gibt, die nur unter Männern möglich sind, und dass niemand während der Dauer des Seminars eine Frau vermissen wird, schauen mich die Männer zunächst skeptisch an. Doch genau dies erleben sie, sobald sie ihre Maske aus Unberührbarkeit, Coolness, aufgesetzter Freundlichkeit oder die Leidensmiene abgelegt haben und anderen Männern direkt und offen begegnen. Doch zunächst muss man einmal bei sich selbst bemerken, mit welchen Strategien man einen echten Kontakt zu anderen Männern verhindert. Viele Männer tun dies durch permanentes Reden – es verhindert, dass man etwas fühlt. Auch das Vermeiden von längerem Blickkontakt und von Körperkontakt zählen zu den Vermeidungsstrategien. Deshalb bitte ich die Seminarteilnehmer, sich gegenseitig mit einem Handschlag zu begrüßen und dabei – anderes als üblich – die Hand des anderen eine Weile festzuhalten sowie dem Gegenüber dabei eine Weile in die Augen zu schauen, ohne wegzugucken und ohne zu reden. So etwas macht man normalerweise nicht unter Männern, schon ein langer Augenkontakt wird als zu intim wahrgenommen und zur Abwehr als „schwul" betitelt. Wenn man sich darauf einlässt, kommt natürlich zunächst Unsicherheit auf und manche verstecken sich hinter einer Maske, weil sie nicht wissen, wie sie mit der Situation umgehen sollen: Beispielsweise grinsen sie die ganze Zeit, obwohl es dafür gar keinen Anlass gibt, verulken die Situation oder setzen zum Schutz ein Mafiosi-Gesicht auf. Eine echte Begegnung zwischen Männern macht zunächst Angst und die meisten Männer haben kein Anleitung dafür bekommen, vielen fehlt jede Erfahrung. Umso intensiver ist es dann zu erleben, wenn Männer anfangen, sich darauf einzulassen und anderen Männern mit Offenheit und Interesse begegnen. Das beginnt zunächst mit einem Interesse, diese anderen Männer wirklich kennenzulernen, und der Bereitschaft, Meinungen, die aufgrund eines ersten Eindrucks entstehen, außen vor zu lassen.

Viele Männer sind es leid, stets Rücksicht auf Frauen zu nehmen: Ein falsches Wort, eine zu feste Berührung, ein blöder Witz, und schon gibt es ein Drama und eine endlose Diskussion über Befindlichkeiten. Nicht nur nett und lieb zu tanzen, sondern zu rempeln, zu pöbeln und mit viel Körperkontakt zu pogen, geht nur unter Männern. Wenn du dabei jemanden zu hart angerempelt hast, dann schnauzt er dich halt an oder rammt dir den Ellenbogen in die Seite, danach ist es wieder gut. Wenn jemand den Weg nicht freimacht, gibt es eine Rauferei, aber danach eine Umarmung. Positive Aggression ist das Stichwort: Du tanzt energiegeladen und provozierst Konflikte, die du sonst immer vermeidest. Dann entstehen Rempeleien und Kämpfe, die dich deine eigene Kraft und Wildheit fühlen lassen.

Echte Freundschaften aufbauen

Wie findet man einen echten Freund und wodurch entsteht überhaupt eine Männerfreundschaft? Für diesen Zweck gibt es keine Dating-Seiten im Internet und keine Apps auf dem Smartphone, denn damit kann man nur Sex-Kontakte oder Beziehungspartner finden, nicht aber Freunde. Schade eigentlich. Fest steht, dass eine Freundschaft nicht allein durch Zusammensitzen und Reden entsteht. Der Gedankenaustausch gehört sicherlich dazu, reicht aber nicht aus. Es müssen die emotionale und körperliche Ebene gemeinsamer Erfahrungen hinzukommen.

Gemeinsame Grenzerfahrungen in der Natur

Wir keuchten schon die ganze Zeit nebeneinander, irgendwann im gleichen Rhythmus. Der Kopf war leer, nur noch Schritte vorwärts und Atemzüge, wie in Trance. Es war schweinekalt, so dass jeder Atemzug in der Lunge wehtat, gleichzeitig schwitzte man. Eigentlich geht man am Berg hintereinander, aber wir wollten das letzte Stück bis zum Gipfel nebeneinander gehen und gleichzeitig dort ankommen. Denn das war der Lohn nach zwei harten Tagen des gemeinsamen Marschierens und Kletterns. Und dann das Gipfelkreuz. Meine Hand war etwas schneller, aber ich wartete eine Sekunde, damit wir es gemeinsam anfassen konnten. Dann fielen wir kraftlos und keuchend in den Schnee. Erst nach einigen Minuten beruhigten sich Herz und Atmung und ich fing unwillkürlich an zu lachen. Und Daniel fiel ein, keiner von uns wusste, warum. Es war einfach die Befreiung, die Freude, die Erleichterung. Er rollte auf mich und wir rollten zusammen lachend im Schnee rum. Erst dann machten wir die Dinge, die „man am Gipfel so macht": Wir genossen die Aussicht und machten Fotos von uns am Gipfelkreuz. Nach diesem Erlebnis wusste ich, dass Daniel ein echter Freund ist, auf den ich mich verlassen kann.

Freundschaften entstehen durch gemeinsame körperliche Grenzerfahrungen. Man kämpft mit seinem inneren Schweinehund und will manchmal aufgeben, aber der andere macht einem Mut. Entscheidend ist dabei, dass man sich voll und ganz auf den anderen verlassen kann und dass jeder auch für den anderen mitdenkt. Die Intensität und auch die zeitliche Dauer des gemeinsamen Erlebnisses sind dabei durchaus mitentscheidend. Man durchlebt intensive Emotionen, hat keine Ablenkungen und verfolgt ein gemeinsames Ziel. Gerade unvorhergesehene Probleme, die man meistern muss, und Grenzerfahrungen, die man gemeinsam macht, schweißen zusammen. Solche Erfahrungen sind archaisch. Unzählige Generationen von Männern haben sie vor uns bereits gemacht. Beispiele dafür sind eine Kanutour in der Wildnis, Wanderungen in entlegenen Gebieten oder ein stürmischer Segeltörn.

Gemeinsame Projekte

Während Frauen ihre Freundschaft mit der besten Freundin beim gemeinsamen Shopping oder auch beim endlosen Quatschen im Café pflegen und genießen, empfehle ich für Männer einen anderen Weg. Männer sind einfach anders gestrickt als Frauen. Rumsitzen und Nichtstun sind auf jeden Fall keine gute Basis für eine Männerfreundschaft, ebenso wenig wie der gemeinsame Besuch von Wellness-Einrichtungen, Sauna oder Spaßbad, ohne vorher gemeinsam aktiv gewesen zu sein. Was Männer verbindet, ist die Ausrichtung auf ein gemeinsames Ziel. Das hat Männer schon in der Geschichte zusammengeschweißt und es sind Freundschaften daraus erwachsen, vor allem natürlich, wenn die gemeinsame Aufgabe mit Erfolg abgeschlossen wurde. Dies beinhaltet meist eine körperliche Tätigkeit: Eine Reise, einen Kampf, der Bau eines Hauses, einer Brücke oder eines Teiches, die Konstruktion eines Geräts, das durchgeführte Projekt ... Im gemeinschaftlichen Planen und Tun bemerkt man, ob man sich gegenseitig unterstützt und ergänzt oder sich eher gegenseitig behindert und bremst. Das ist es, was letztendlich für die Freundschaft zählt. Man taucht zusammen in den Flow ein, also ins Schaffen oder in die körperliche Aktivität, erreicht miteinander ein Ziel und feiert es dann ausgiebig.

Planen. Durchführen. Feiern.

Beim gemeinsamen Planen zeigt sich, ob man kompatible Werte hat und sich gegenseitig respektiert und ergänzt. Dies ist eher ein mentaler Prozess, bei dem sich aber bereits zeigt, ob man zueinander passt oder nicht. Plant man konstruktiv zusammen oder geht man in Konkurrenz und versucht sein „Ego" glänzen zu lassen, indem man nur seine eigenen Ideen und Vorstellungen gelten lässt?

Die Durchführung besteht dann in einer gemeinsamen sportlichen Aktivität, einem Wettkampf, einer Reise, einer handwerklichen Tätigkeit oder auch einem künstlerischen oder sozialen Projekt. Hierbei stellt sich heraus, ob man auch im Tun miteinander Freude hat und sich gegenseitig unterstützt. Handelt es sich um anspruchsvolle Projekte mit Grenzerfahrung, kommt das verbindende emotionale Element noch stärker dazu: Jeder erlebt den anderen ungeschminkt in einer Ausnahmesituation. Beim Bergsteigen, bei einer Expedition, im Sturm auf einer Jacht oder in einer anderen Gefahrensituation zeigt sich, ob man sich auf den anderen verlassen kann.

Und nach dem Erreichen des Ziels ist die dritte Phase wichtig: das gemeinsame Feiern. Man gibt sich gegenseitig Anerkennung und entspannt im Genuss des gemeinsamen Erfolgs. Diese dritte

Phase ist nur dann wirklich gut und prägend für die Freundschaft, wenn er auch etwas zu feiern gibt. Einfach nur Party machen, Wellness oder Abhängen ist eher kontraproduktiv für die eigene Männlichkeit und auch für die Freundschaft, denn es fehlen die beiden Phasen davor. Das haben leider viele Männer in unserer feminisierten Wellness-Gesellschaft noch nicht verstanden, denn Mama hat uns immer nur beigebracht: „Übertreib es nicht! Sorge für dich. Entspann dich!" Das Baden im Pool, den man selbst montiert hat, macht eben mehr Spaß. Das gemeinsame Bier schmeckt nach dem Wettkampf besser. Und die Sauna nach der Bergtour ist etwas ganz anderes als einfaches Entspannen am Abend nach dem Seilbahnausflug zum Gipfel.

Einige „meiner" Herzenskrieger haben dieses Prinzip im Training erlernt und setzen es erfolgreich um: Links mit Beispielen dafür auf www.maennlichkeit-geniessen.de.

Gegenseitige Hilfe

Arne und ich saßen in der Lounge und unterhielten uns, da kamen zwei Frauen rein und setzten sich uns schräg gegenüber. Die große Blonde hatte es mir sofort angetan, ich war von ihr fasziniert. Das merkte auch mein Freund Arne, weil ich unserem Gespräch nicht mehr besonders aufmerksam folgte. „Sie gefällt dir wirklich?" „Ja, Wahnsinn. Die muss ich kennenlernen." Nun ist es so, dass Arne eher derjenige ist, der problemlos auf Frauen zugeht, ich dagegen tue mich damit etwas schwer. Die Begleitung der schönen Blondine war leider ziemlich pummelig und definitiv nicht Arnes Fall. Aber Freundschaft ist Freundschaft. Er schob mich vor sich und ich war gezwungen jetzt voranzugehen. Ich weiß nicht mehr genau, was ich sagte, um die beiden anzusprechen, aber besonders gehaltvoll wird es nicht gewesen sein. Es entstand eine Pause, in der Arne sagte: „Gerwin ist übrigens Gedankenleser." Er wusste, dass ich mich mit Hypnose beschäftige. Ich wollte schon widersprechen, da fragte Emma, die Blondine: „Ach, wirklich?" Und schon spürte ich Arnes Hand im Rücken, mit der er mich seitlich dirigierte, so dass ich mich neben sie setzen konnte. Arne fing geschickt ein Gespräch mit der anderen Frau an und nahm sie unter einem Vorwand mit zu „unserem" Sofa. Ich unterhielt mich angeregt mit Emma und es knisterte auch zwischen uns, so dass wir uns den halben Abend unterhielten. Arne hielt das Gespräch mit der anderen die ganze Zeit am Laufen, obwohl er bestimmt keinen Spaß daran hatte. Als wir endlich aufstanden, um uns zu verabschieden, und wir vier wieder zusammenstanden, fragte Arne die andere Frau nach ihrer Telefonnummer, nicht ohne einen diskreten, aber vorwurfsvollen Blick in meine Richtung. Denn er hatte wohl mitbekommen, dass wir noch keine Telefonnummern ausgetauscht hatten. Zum Abschied warnte er Emma noch augenzwinkernd vor mir, weil ich so ein guter Verführer sei. Sobald wir vor der Tür waren, boxte mir Arne schmerzhaft in die Seite: „Mein Gott, wie kann man sich denn so doof anstellen? Dir muss man ja alles beibringen!" Er hatte für mich den halben Abend angeregt mit einer Frau diskutiert, die ihn überhaupt nicht interessierte. Das ist echte Freundschaft.

Verbindlichkeit, Anteilnahme und klare Ansagen

Den Unterschied zwischen einem Treffen mit Bekannten und einer echten Männerfreundschaft macht die Verbindlichkeit aus. Man kann sich auf den anderen verlassen und umgekehrt. Jeder ist sich selbst eben nicht immer der Nächste. Es stärkt die Freundschaft, wenn man erlebt hat, dass der Freund etwas für einen riskiert oder aufgibt.

Ich hatte eine kleine Party für das Wochenende organisiert und mich wirklich darauf gefreut, einige Leute nach längerer Zeit wiederzusehen. Doch am Freitag davor rief mich mein bester Freund Thorsten an und sagte mir, dass sein Vater gestorben sei. Ich spürte, wie verstört er war. Ich delegierte einige Aufgaben, um früher aus dem Büro loszukommen, und fuhr direkt zu ihm. Schon nach kurzer Zeit erkannte ich, dass er meine Hilfe brauchte, auch bei einigen praktischen Dingen, mit denen seine Mutter und seine Schwester überfordert waren. Ich sagte also kurzentschlossen die Party ab, beschwichtigte meine Freundin, die ein Drama deswegen veranstalten wollte, und blieb am Wochenende bei Thorsten. Das war definitiv weder ein schönes noch ein leichtes Wochenende. Aber ich würde es jederzeit wieder so machen und hoffe, dass in so einer Situation auch für mich ein guter Freund da sein wird. Die Stunden des Schweigens, seine Erzählungen über den Vater und die gemeinsame Totenwache und Trauer haben unsere Freundschaft sehr vertieft. Seit dieser Zeit habe ich das Gefühl, dass wir uns in vielen Situationen ‚einfach so' verstehen, ohne Worte.

Eine echte Freundschaft braucht oft diesen Einsatz. Aber natürlich geht es nicht nur darum, die schwierigen Momente miteinander zu teilen. Wahre Männerfreundschaft zeigt sich auch dann, wenn du dich über den Sieg eines Freundes freuen kannst, obwohl du selbst verloren hast. Einfach für ihn, um ihm mit deinem Frust seine Freude nicht zu verderben.

Wertschätzung

Zeige einem Freund deine Anerkennung und Wertschätzung, so dass er merkt, dass dir die Freundschaft etwas bedeutet. Ich beobachte bei Männern sehr häufig folgendes Verhalten: Beim Aussuchen eines Geschenkes für die Freundin (und sogar bei einer kurzen Affäre) verwenden Männer viel Mühe, Zeit und Geld. Für Freunde wird einfach nebenbei etwas gekauft. Das zeugt nicht von Wertschätzung für die Freundschaft. Der Preis eines Geschenks ist nur ein Aspekt, vor allem geht es um die Mühe und die Gedanken, die man sich beim Kauf macht, um etwas wirklich Passendes zu finden oder den anderen gar zu überraschen. Es lohnt sich wirklich, dein Verhalten diesbezüglich einmal zu überprüfen. Trage dir also auch die Geburtstage von guten Freunden in deinen Kalender ein.

Viele Männer unterbrechen ein Gespräch oder eine Tätigkeit, wenn sie von ihrer Freundin eine Nachricht auf dem Smartphone erhalten, um sie zu lesen und so schnell es geht darauf zu antworten. Dahinter steht oft ein Bedürfnis nach Anerkennung von Frauen oder auch eine Hörigkeit der eigenen Partnerin gegenüber. Doch das ist jetzt nicht das Thema. Ich möchte hier das Verhalten von Männern aufzeigen, denen ein Freund eine Nachricht gesendet hat. Diese Nachricht wird häufig erst Stunden später gelesen und Tage später beantwortet, manchmal sogar überhaupt nicht. Das zeugt nicht von Wertschätzung dem Freund gegenüber, und auch nicht von Respekt. Beide Verhaltensweisen halte ich für übertrieben. Überprüfe also deine Gewichtung und deine Reaktionen gegenüber Freundinnen und Freunden. Sei verbindlich gegenüber Freunden. Verbindlich kann durchaus auch eine Absage sein wie „Hab gerade keine Zeit.“. Oder „Lass uns Montag telefonieren.“. Es geht darum, dass der andere eine verbindliche Antwort erwarten kann und damit spürt, dass er wichtig für dich ist.

Klartext reden

Anders als mit oberflächlichen Bekannten kann und sollte man mit seinen echten Freunden Klartext reden, wenn es nötig ist. Dasselbe sollte man diesen auch zugestehen. Wenn ein Freund in Gefahr ist, einen großen Fehler zu machen oder sich selbst zu schaden, dann hat es nichts mit Freundschaft zu tun, wenn man ihn nicht damit konfrontiert, weil man ihn „damit nicht belasten will“. Ursache sind vielmehr die eigene Feigheit, ein heikles Thema anzusprechen, die Angst vor einem Konflikt oder einfach Bequemlichkeit.

Mark: Olaf und ich kennen uns seit unserer Schulzeit, wir wissen fast alles voneinander, auch was Frauen, Sex und Beziehungskrisen betrifft. Olaf hat leider kein gutes Gespür in Bezug auf die Auswahl seiner Partnerinnen, ich finde, er geht zu sehr nach Äußerlichkeiten. Klar ist das seine Sache, aber wer sieht schon gerne seinen besten Freund leiden und hört sich ewig das Gejammer an! Jetzt hat er mir stolz seine neue Eroberung Nicole präsentiert: bildhübsch, aber eine arrogante Narzisstin. Er tut alles für sie, und das bemerkt sie und nutzt es aus. Ich finde es unerträglich, wie er sich ihr unterordnet und Verhaltensweisen akzeptiert, die er bei niemand anderem dulden würde. Also sagte ich ihm meine ehrliche Meinung hinsichtlich Nicole und seines Verhaltens. Er fühlte sich angegriffen und dachte, ich wäre neidisch auf sein ‚Model‘ – der Abend endete mit einem Streit. Doch ich wollte das nicht so stehen lassen und rief ihn am nächsten Tag an. Ich sagte ihm, dass es mir leidtue, wenn er sich angegriffen fühle oder ich mich zu sehr einmische. Aber als bester Freund wolle ich ihn nicht ‚ins offene Messer‘ laufen lassen. Ich nahm ihm das Versprechen ab, sich mit Nicoles Ex zu treffen, über den sie auch in meiner Anwesenheit erbärmlich herzog, ein Verhalten, das gar nicht geht. Nach einigem Nachhaken machte er das wirklich. Als wir uns dann nach einigen Wochen wieder trafen, wollte er mich in einen ‚Baggerschuppen‘ mitnehmen. Ich sagte: ‚Hey, Olaf, wenn das Nicole erfährt, wird sie platzen vor Eifersucht!‘ Olaf: ‚Soll sie ruhig, ich hab mich von ihr getrennt. Ihr Ex ist ein feiner Typ und er hat mich dringend und aufrichtig vor ihr gewarnt. Wenn nur die Hälfte der Storys wahr ist, die er mir erzählt hat, dann hat sie wirklich kein Herz.‘ Wow, das beeindruckte und erleichterte mich: ‚Okay, lass uns das feiern!‘ Olaf: ‚Ja, am besten suchen wir meine nächste Freundin zusammen aus!' Gelächter beiderseits, ich war sehr erleichtert und freute mich aufrichtig für Olaf.

Nimm Warnungen und Kritik eines Freundes ernst. Natürlich musst du dich nicht immer danach richten, es ist schließlich dein Leben und er kann sich irren, aber bedanke dich bei ihm für ein ehrliches Feedback und versprich ihm, zumindest intensiv darüber nachzudenken.

Wenn dich in eurem Kontakt etwas stört oder ärgert, dann sprich auch das direkt an. Ein Freund muss das verkraften können. Ansonsten sammelt sich unterdrückter Ärger an und belastet die Freundschaft. Einen fairen Streit sollte jede Freundschaft aushalten, meiner Erfahrung nach wird sie dadurch sogar gestärkt. Sei also ehrlich mit Freunden. Auch das solltest du ihnen zumuten und es umgekehrt selbst von ihnen erwarten können. Einem Bekannten präsentiert man eine Ausrede, warum man die Verabredung absagt, nicht aber einem Freund. Lügen oder Halbwahrheiten schaffen auf Dauer eine Distanz zwischen euch.

Körperkontakt

Suche Körperkontakt mit einem Freund. Ich weiß, das klingt komisch – du sollst natürlich weder kuscheln noch Sex haben mit ihm. Findet Rituale wie eine Umarmung, die länger als eine Sekunde dauert. Macht körperliche Aktivitäten oder treibt Sport zusammen – es ergibt sich oft von selbst was, wenn man im Schwimmbad zusammen rauft oder ringt. Hier tun sich die allermeisten Männer sehr schwer und sind komplett auf Frauen fixiert und damit von ihnen abhängig. Frauen haben weniger Probleme, eine Freundin im Arm zu halten, sie zu streicheln oder zu massieren. Das natürliche Bedürfnis jedes Menschen nach Körperkontakt stillen Frauen meist nicht nur mit Männern, sondern auch mit Frauen. Das ist ein Grund, warum sie oft weniger abhängig und bedürftig in Beziehungen sind als Männer. Das Ganze beginnt mit Kleinigkeiten: Fasse deine Freunde öfter an. Gewöhne dir an, einen Freund an der Schulter zu berühren, wenn du ihm etwas zeigen willst. Boxe ihn auf den Arm oder die Brust, wenn du ihm deine Anerkennung zeigst. Macht aus Jux Armdrücken am Tisch im Restaurant und bittet das übrige Publikum um Einsatz. Mache eine „Räuberleiter", um ihm zu helfen, eine Glühbirne zu wechseln. Fasse seinen Fuß an, wenn er sich

dort verletzt hat, und verarzte ihn. Massiere ihm den Nacken, wenn er verspannt ist oder creme deinem Freund den Rücken im Freibad ein.
Ich beobachte oft, dass Freunde sich distanziert und fast gefühllos berühren – und das auch nur, wenn es sein muss. Was würdest du von einem Liebespaar denken, das sich so verhält? Die meisten Männer haben schon als Säugling und Kind einen eklatanten Mangel an Körperkontakt mit dem Vater, dem Bruder, dem Onkel oder Besuchern erlebt. Dem gegenüber steht das oft übergriffige Betatschen und Verhätscheln eines Babys durch alle anwesenden Frauen: Praktisch jede Frau darf es begrapschen, in den Arm nehmen oder küssen, egal ob es will oder nicht. Hast du schon einmal erlebt, dass ein männlicher Verwandter oder Besucher der Familie so etwas macht? Wenn du bei einem Säugling oder Kleinkind mit einer Stoppuhr die Zeiten des Körperkontakts mit Frauen einerseits und mit Männern andererseits messen würdest, was wäre das Ergebnis? Meist 95 zu 5 Prozent, in vielen Fällen 99 zu 1 Prozent und in einigen Fällen 100 zu 0 Prozent. Leider gibt es ausschließlich Studien, die beweisen, dass eine verlässliche emotionale und körperliche Bindung zwischen Säugling bzw. Kind und Mutter für die gesunde Entwicklung des Kindes enorm wichtig ist.

Studien zum Thema Körperkontakt und Bindung mit dem Vater gibt es nicht – auch das ist eine deutliche Aussage und zeigt, wo unsere Gesellschaft steht. Es fehlt nämlich jegliche Wertschätzung der Vater-Kind-Beziehung, so dass diese noch nicht einmal eine wissenschaftliche Untersuchung wert ist. Wenn überhaupt, dann wird der Vater nicht als primäre, sondern stets nur als optionale sekundäre Bezugsperson gesehen, die jederzeit austauschbar ist. Und Körperkontakt zwischen Vater und Sohn ist immer noch eine Ausnahme. In einigen Fällen versuchen Mütter sogar diesen zu verhindern, um den alleinigen Einfluss und die alleinige Kontrolle über das Kind zu behalten. Das beantwortet auch eine eventuelle Frage über die Ursachen von Unsicherheit oder Abneigung im Körperkontakt mit Männern.

Nicht wenige Männer haben gravierende Probleme damit, einen anderen Mann in den Arm zu nehmen bzw. Körperkontakt zu suchen oder gar eine emotionale Beziehung aufzubauen, was auch die oft extreme emotionale und sexuelle Abhängigkeit von

Frauen erklärt. Denn ein Junge wird durch (Körper-)Kontakt mit anderen Männern zu einem Mann. Bei alleinigem Körperkontakt mit anderen Frauen bleibt er für immer ein Muttersöhnchen. Dies ist eine Erklärung, warum es so viele verweichlichte und von Frauen abhängige Männer gibt – und es werden immer mehr. Eine vaterlose und männerkontaktarme Gesellschaft produziert genau diese Entwicklung – und sie ist gewollt. Wenn auch du so aufgewachsen bist, dann gehe das Thema an und beginne deine Konditionierung zu verändern! Suche bei jeder Gelegenheit Körperkontakt mit Männern, nicht nur mit deinen Freunden.

Hier einige Beispiele:

- Wenn du in einem Gedränge an einem Mann vorbeiwillst, fasse ihn freundschaftlich an der Schulter und schiebe ihn weg, wobei du Augenkontakt suchst und etwas Freundliches sagst.
- Wenn du dich an eine Theke setzt, dann fasse den Mann auf dem Platz neben dir zur Begrüßung freundschaftlich an der Schulter an.
- Gib Männern zur Begrüßung und Verabschiedung die Hand. Halte sie dann etwas länger als üblich fest und halte den Augenkontakt. Dadurch entsteht Verbindlichkeit.
- Lass dich von einem Mann massieren oder körperlich behandeln (Muskeln dehnen, Yogapositionen korrigieren etc.).
- Tanze mit Männern und finde männliche Formen dafür. Von arabisch und hinduistisch geprägten Ländern kann man sich da einiges abgucken.
- Umarme Männer, wenn sich eine Gelegenheit dazu bietet.
- Massiere einmal zusammen mit einem Freund eine Frau. Das muss nicht sexuell sein, es bringt euch aber auf eine ganz neue Art in Kontakt miteinander.
- Mache einen Kampfsport, bei dem du viel und innigen Körperkontakt mit Männern hast: Ringen, Brazilian Jiu-Jitsu, Judo etc.
- Dusche nach dem Sport nackt zusammen mit anderen Männern, nicht allein.

Männergesellschaft(en)

Die reinen Männergesellschaften sterben allmählich aus, weil immer weniger Männer sie wertschätzen und immer mehr Männer ein Problem damit haben, Frauen auszugrenzen. Schon längst sind Fußssballstadien, Boxveranstaltungen, Kampfsportstudios, das Militär, der Straßenbau und selbst der renommierte Männer-Club Rotary keine Männerdomänen mehr. Demgegenüber haben Frauen umgekehrt nun überhaupt kein Problem damit, Männer auszugrenzen: Es gibt Frauenparkplätze, Frauentage in der Sauna, Frauen-Yoga, Frauen-Fitnesss-Studios, Frauen-Cafés, Frauen-Discos, Frauenberatungsstellen etc.

Männergesellschaften zeichnen sich nicht nur durch die Abwesenheit von Frauen aus. Es sollte auch um Inhalte, Verhaltensweisen, Regeln, Rituale und einen Kontakt unter Männern gehen, der bei Anwesenheit von Frauen nicht möglich wäre. Um die Zeit unter Männern wirklich wertschätzen und genießen zu können, müssen meist einige Vorbedingungen erfüllt sein.

Sven: Früher war ich mit Männern unterwegs, weil man zusammen Sport gemacht hat oder miteinander reden wollte – kamen Frauen dazu, war das eher positiv und erwünscht. Nach den Männerseminaren hat sich dies für mich völlig verändert: Dort habe ich ein solch positives und starkes Gemeinschaftsgefühl unter Männern gespürt, dass schon der Gedanke an eine Frau störend und ablenkend war. Heute treffe ich mich bewusst mit einigen Männern, um etwas zu unternehmen, zu feiern oder gemeinsam tanzen zu gehen. Je mehr wir auf der Tanzfläche in einer Disco wirklichen Spaß und auch Körperkontakt untereinander haben, umso irritierter sind alle Frauen und umso mehr wollen sie in Kontakt mit uns treten. Wenn wir sie nicht beachten und weiterhin nur aufeinander bezogen sind, wild, verrückt und witzig-sexy miteinander tanzen, werden sie immer aufdringlicher. Früher war ich immer irgendwie bedürftig und unbewusst auf der Suche nach Aufmerksamkeit und Anerkennung durch Frauen. Heute weiß ich, wie ich sie mir von Männern auf ganz andere Weise holen und diesen natürlich auch zurückgeben kann. Diese Freiheit und männliche Unabhängigkeit wirken dann meist wie ein Magnet auf Frauen – oft fragen sie, ob wir schwul seien oder Drogen genommen hätten. Schon mehrmals habe ich mit einer Frau dann eng umschlungen getanzt und wild geknutscht und bin anschließend zurück zu meinen Freunden gegangen.

Ich schätze mittlerweile aber auch ein ruhiges Zusammensein mit einem Freund, zum Beispiel bei einer gemeinsamen Kanutour. Die Entdeckung von Männerfreundschaft und Männergemeinschaften hat mein Leben ungemein bereichert und mich unabhängiger von Frauen gemacht.

Die permanente unbewusste Fixierung auf Frauen ist meist auf eine emotionale Abhängigkeit von Frauen und eine nicht gelöste Mutterbindung zurückzuführen. Es reicht bereits aus, sich das klarzumachen, wenn man in einer Männergesellschaft die weibliche Bestätigung vermisst – es ist eine vielleicht lebenslang antrainierte Abhängigkeit und Gewohnheit. Und es ist nicht immer gesund, alten Gewohnheiten zu folgen, nur weil es sich richtig und vertraut anfühlt. Wann hast du zuletzt eine Zeit nur unter Männern verbracht? Gibt es Rituale und Gemeinsamkeiten, die mit Frauen nicht möglich sind? Viele haben als Jugendliche eine Jungenclique gehabt und einiges zusammen unternommen. Doch meistens ist diese dann zerfallen, wenn Mädchen ins Spiel kamen. Vor allem fehlt es oft an kreativen Ideen für Männergemeinschaften: Sprüche klopfen, Alkohol, Drogen, Rumgegröle, sinnlose Zerstörung oder Umweltverschmutzung, hirnlose und gefährliche Mutproben – all dies sind keine besonders konstruktiven Männerrituale. Suche also neue Inhalte und bewusste Rituale, die dich in der Gemeinschaft von Männern stärken. Denn es braucht starke körperliche und emotionale Erlebnisse. Verbringe beispielsweise deine Zeit gemeinsam mit Männern in der Natur, ausgerichtet auf eine gemeinsame Aktivität: eine Kanufahrt, Radtour oder Bergwanderung, ein Segeltörn, Survival-Training, eine Holzhütte bauen, gemeinsam renovieren oder etwas reparieren etc.

Was kannst du tun, um ein besseres Gefühl für Männergemeinschaften zu bekommen und um zu lernen, dich dort wohl zu fühlen? Suche traditionelle Männergesellschaften auf – nicht unbedingt, um ihnen beizutreten, sondern um sie kennenzulernen und dich inspirieren zu lassen. Sei dabei offen für andere Kulturen, Religionen und soziale Schichten. Geh in einen türkischen Hamam und lasse dich dort von einem Mann massieren, besuche eine Moschee nur für Männer, nimm an einer Männergruppe oder einem Männerseminar teil, suche dir eine reine Männersportgruppe, singe in einem Männerchor, geh tanzen in einer Gay-Disco (keine Angst, keiner wird dich zu Sex zwingen!), lasse dich von einem gesellschaftlichen Männer-Club einladen, besuche Veranstaltungen, die explizit für Männer ausgeschrieben sind.

Männliche Lebensfreude zu genießen, bedeutet: Entdecke, was nur unter Männern möglich ist. Pflege deine Männerfreundschaften und sorge für gemeinsame Erlebnisse! Tritt einer Männergemeinschaft bei oder gründe eine.

Mache deine Familie zu DEINER Familie

Verbringe einmal einen Tag oder sogar ein ganzes Wochenende nur mit den Männern deiner Familie: Vater, Großvater, Bruder, Söhne ... Das ist vielleicht gegenüber den gewöhnlichen gemischten (und oft todlangweiligen) Familientreffen eine organisatorische Herausforderung, doch sie lohnt wirklich. Du wirst deine männlichen Familienmitglieder ganz anders wahrnehmen und neue Dinge von ihnen erfahren. Suche für diesen Zweck einen besonderen Rahmen durch einen möglichst abgeschiedenen und ungestörten Ort wie etwa eine Almhütte, ein Ferienhaus, ein Hausboot ... Und statt Medienkonsum und Hightech sollten einfache, praktische Dinge zusammen unternommen werden, wie Feuer machen, Kochen, Abwasch, Wandern, Schwimmen. Sorge vor allem dafür, dass die permanente und alles dominierende Medienwelt außen vor bleibt: keine Handys oder Smartphones und kein permanentes Fotografieren – kommuniziere das im Vorfeld und stelle dadurch sicher, dass ihr ohne Ablenkung auf euch konzentriert bleibt.

Andreas: Meine beiden Söhne waren noch monatelang begeistert von dem Männer-Wochenende auf der Alm mit meinem Bruder, dessen Sohn und unserem Vater vor vier Jahren. Wir waren dort nur für uns, denn der Ort war wirklich abgelegen. Eine ziemliche Schlepperei war es, das Essen da hinaufzutransportieren, und Vater hatte mit dem Anstieg zu kämpfen. Aber die absolute Ruhe und Abgeschiedenheit dort waren es wert. Es gab zum Glück noch nicht mal Handyempfang, sonst hätte ich meinen Bruder bestimmt nicht davon abhalten kön-

nen, seine besorgte und alles kontrollierende Frau ständig anzurufen. Die Kinder haben sich erstaunlich schnell damit abgefunden, dass wir ihnen verboten hatten ihre Playstation und Co. mitzunehmen. Wir haben nichts Spektakuläres gemacht: Holz gehackt, das Feuer am Brennen gehalten, eine Tür zusammen repariert, Wasser geholt und zusammen gekocht. Wir waren ohne den Vater zusammen auf einem kleinen Gipfel gegangen. Die Kinder haben währenddessen miteinander gespielt. Wir haben uns Geschichten erzählt, gesungen, waren einfach still miteinander und schauten ins Feuer, selbst die Jungen. Es entstand eine nie dagewesene Verbundenheit unter den Männern meiner Familie. Es wurde zu einem jährlichen Ritual. Alle waren todtraurig, dass es dieses Jahr ausfallen musste, weil unser Vater im Krankenhaus lag. Ich hoffe sehr, dass er wieder fit wird und wir nächstes Jahr wieder daran anknüpfen können, notfalls tragen wir ihn zusammen hoch.

Ich könnte einige solcher Geschichten von Männern erzählen, die als Herzenskrieger den Kontakt zum Vater und dann zu den anderen männlichen Familienmitgliedern intensiviert bzw. teils überhaupt erst einmal aufgenommen haben. In allen Fällen waren sie enorm stolz darauf, und ihre Söhne werden es ihnen für immer danken. Denn die Jungen brauchen dringend den Kontakt zum Vater, zum Großvater und allgemein zu männlichen Vorbildern. Wenn räumliche oder emotionale Distanz zu überwinden ist oder ungelöste Konflikte im Weg stehen, dann bemühe dich, dies in Angriff zu nehmen und die Männergemeinschaft in deiner Familie zu stärken. Manchmal passieren wundersame Dinge, wenn keine Frau dabei ist.

Hannes: Ich ertrage die Art meines Vaters einfach nicht, der stets und immer sagt: ‚Frag die Mama.' Er will nichts entscheiden, macht nichts ohne sie und kommt mir oft vor wie jemand, der seine eigene Meinung und sich selbst aufgegeben hat. Das bringt mich abwechselnd zur Weißglut und zur Verzweiflung. Das Vorhaben, meinen Vater allein zu treffen, schien mir deshalb reichlich unrealistisch. Ich schenkte ihm zum Geburtstag eine Einladung nach Köln zum Karneval. Denn dort hat er seine Studienzeit verbracht und immer davon geschwärmt. Wie durch ein Wunder sagte Mutter, dass sie nicht mitfahren wolle, und Vater willigte ein. Ich hatte nicht damit gerechnet, dass es so einfach wäre. Der Karnevalszug und das Drumherum war dann das Eine, ich genoss aber eigentlich mehr die Zeit mit meinem Vater allein: in der Bahn, beim Frühstück oder zwischendurch. Da blühte er richtig auf und brachte mich und manchmal auch die Anwesenden zum Lachen – so kannte ich ihn nur von früher, als ich klein war. Er drehte manchmal richtig auf und machte zum Teil so gewagte Späße mit den Mitreisenden im Zug, dass es mir manchmal schon fast peinlich war. Das hätte ich ihm nicht zugetraut. Wir sind uns wieder nähergekommen und ich bin froh, den Rat beherzigt zu haben, meinen Vater nicht mit seinem Verhalten in Bezug auf Mutter zu konfrontieren. Die nächste Aufgabe besteht jetzt darin, meinen Vater mit meinem Bruder wieder zusammenzubringen, denn seit Jahren sind sie zerstritten und haben keinen Kontakt mehr. Eine riesige Herausforderung für mich, auf die ich mich gerade vorbereite.

Ich wünsche Hannes, dass er es schafft, obwohl es letztendlich natürlich nicht in seiner Hand liegt. Aber er würde es irgendwann bitter bereuen, es nicht wenigstens aufrichtig versucht zu haben. Denn nach all den Jahren der intensiven Männerarbeit wage ich zu behaupten: Du kommst nicht vollständig in die männliche Kraft und kannst sie nicht richtig genießen, wenn es offene schwere Konflikte oder Kontaktabbrüche in deiner Familie gibt. So etwas wird immer eine Belastung sein, die dich auf irgendeine Weise herunterzieht. Wenn du es aber schaffst, die Familie wieder zusammenzubringen, dann wirst du dauerhaft stolz darauf sein. Es ist jedoch wichtig, sich von unrealistischen Erwartungen zu befreien: Vielleicht bekommen Hannes Bruder und sein Vater niemals so einen intensiven Kontakt miteinander, wie er ihn mit beiden hat. Wenn sie aber wieder miteinander reden und sich gegenseitig so weit respektieren, dass die gemeinsamen Treffen nicht durch sie belastet werden, ist schon viel gewonnen.

Gemeinschaft stiften oder mittragen

Wenn du im Alter zwischen 25 und 60 Jahren bist, nimm es in die Hand, die Gemeinschaft unter Männern in deiner Familie zu stärken und entsprechende Treffen zu organisieren. Es fängt damit an, dass du deinen Opa, Vater, Bruder oder Onkel zunächst einmal allein triffst und die Zeit nur unter Männern mit ihm genießt. Schenk ihm zum Geburtstag, statt eines überflüssigen Konsumprodukts, lieber eine Einladung für etwas, das ihr zu zweit miteinander unternehmt und das ihm Freude bereiten könnte. Und dann begeistere den Mann für die Idee eines Männertreffens in der Familie. Übernimm die Initiative und Führung, anstatt dich von deiner Familie zurückzuziehen oder über die langweiligen Familientreffen zu jammern. Sorge dafür, dass die Gemeinschaft deiner Familie erhalten bleibt, anstatt zuzuschauen, wie die Fliehkräfte zunehmen und jeder seinen eigenen Weg geht. Wenn du Familientreffen und klassische Feiern mit Essen und Smalltalk langweilig findest, dann dreh deshalb nicht deiner Familie den Rücken zu. Finde neue Formen des Zusammenseins und begeistere die anderen dafür. Übernimm die Führung und Verantwortung dafür, dass die Treffen für alle positiv und stärkend sind. Wenn das nicht die angemessene Rolle für dich in der Familienkonstellation ist, dann motiviere deinen Vater, Onkel oder Bruder dies zu übernehmen. Natürlich ist es prima, wenn du als Alphatier die Führung übernimmst. Vielleicht gibt es aber schon ein Alphatier in der Familie und dein Platz ist eher der des Unterstützers in der zweiten Reihe – auch das ist okay. Noch ein Wort zu deiner Führungsrolle: Ich empfehle, den Vater und Großvater zu respektieren und sich nicht über sie zu stellen. Das heißt aber nicht, dass du nicht auch in respektvoller Weise eigene Ideen und Wünsche einbringen oder beispielsweise die Organisation oder die Finanzen übernehmen kannst. Das gilt besonders dann, wenn du in der Familie derjenige bist, der gut organisieren kann oder in der besten finanzielle Situation ist, um die anderen einzuladen.

Führung heißt Alphatier sein

Führung bedeutet nicht, dass deine Familie nach deiner Pfeife tanzen muss oder alle deine Vorschläge akzeptieren sollen. Du engagierst dich und versuchst die verschiedenen Bedürfnisse und Wünsche unter einen Hut zu bringen. Natürlich kannst du eigene Vorschläge machen und versuchen, diese allen schmackhaft zu machen. Es geht hier aber um soziale Kompetenz und nicht um dein Ego. Wirkliche Größe als Mann bedeutet die Zeit mit der Familie auch bei einem dir verhassten Schützenfest zu genießen oder als Atheist Weihnachtslieder mit den anderen Familienmitgliedern zu singen, wenn diesen das wichtig ist. Gib deine Impulse rein und animiere alle, einmal Neues auszuprobieren. Aber auch du musst umgekehrt Bereitschaft zeigen, dich auf sie einzulassen. Wenn ich als Buddhist zur kirchlichen Trauung eines Freundes eingeladen werde, gehe ich natürlich hin, ihm und der Freundschaft zuliebe. Und ich enthalte mich aller Kommentare dazu, denn ich respektiere, dass es ihm wichtig ist.

Es geht oft nicht nur um das Was, sondern auch um das Wie. Wenn dich etwa bei einem Familientreffen das Jammern über Krankheiten, Smalltalk über Wetter und Verkehr oder Schimpferei über die Politik nerven, dann mach dir bewusst: Du bist kein Opfer. Du musst keine innere Widerstandshaltung aufbauen, trotzig werden oder dich ganz zurückziehen. Übernimm stattdessen die Führung, aber nicht, indem du den anderen deine Gesprächsthemen aufdrängst. Gehe lieber respektvoll und psychologisch geschickt vor. Wenn alle im Wohnzimmer sitzen und reden, dann geh mit den Kindern spielen – das ist sowieso meist wertvoller. Wenn du zurückkommst, haben die anderen ihr Thema ausdiskutiert. Nun eröffnest du eine neue, interessante Diskussion. Sorge dafür, dass dabei möglichst viele mit einbezogen werden, und lass keine Ablenkungen zu. Du übernimmst sozusagen indirekt die Moderation. „Jan und Bruno haben gerade zusammen gerauft. Sag mal, Vati, haben wir das auch damals gemacht, sind wir Männer alle als Kinder Raufbolde gewesen?"

Die Kunst dabei besteht darin, auf die Wünsche und Bedürfnisse der anderen Familienmitglieder einzugehen, sich aber auch abzugrenzen, wenn man sich sehr langweilt oder wirklich nicht will. Je mehr man selbst eigene Ideen einbringt oder die Planung und Organisation übernimmt, umso entspannter wird man meist auch mit den verhassten Feiern und Fressgelagen umgehen. Bring dich ein und engagiere dich, denn du bist nicht mehr der kleine Junge, der du mal warst. Oft fehlt es einfach nur an einem entschiedenen Mann, der beherzt die Führung übernimmt und die anderen aus ihrer Routine reißt. Denn auch andere sind von klassischen Familienfeiern angeödet, wissen aber nicht, wie es anders gehen könnte.

Das Rezept: Mache deine Familie wirklich zu DEINER eigenen Familie, indem du Verantwortung übernimmst! Bring die Männer deiner Familie zusammen.

SOHN UND VATER SEIN – Stärke deine Wurzeln und Früchte!

Den Kontakt mit dem Vater genießen

Manche Wahrheiten sind für Männer so fundamental und werden doch von so vielen immer wieder verleugnet und vergessen, dass ich sie immer wieder neu herausstellen und erklären muss. Dazu gehört die Bedeutung des Vaters. Denn dieser ist die wichtigste Person im Leben eines Mannes. Männer, die einen wirklich herzlichen und innigen Kontakt mit ihrem Vater haben, können das bestätigen: Sie spüren, dass der Vater Rückhalt gibt und Verwurzelung bietet. Sie sind stolz auf ihren männlichen Ursprung und gehen deshalb aufrechter und männlicher durchs Leben. Vor allem aber genießen sie die Zeit, die sie mit ihrem Vater verbringen. Sie spüren die Wahrheit in dem Lied „Draußen vor der Tür" der Toten Hosen aus Düsseldorf: „Es gibt viele Freunde, aber nur einen Vater." Nicht etwa, dass sie tiefgehende Gespräche mit dem Vater führen und er ihnen Lebensweisheiten weitergibt – darum geht es nicht. Sie erleben, wie wichtig es ist, mit dem Vater zusammen Zeit zu verbringen. Es ist dabei gar nicht so entscheidend, was man zusammen unternimmt oder beredet. Den heutigen Anspruch an Väter, Freund, Berater und Coach zu sein, halte ich vielfach für überzogen und unangemessen – für diese Funktionen gibt es andere Männer. Der Vater bereichert durch seine Präsenz, durch die Liebe, die einen mit ihm verbindet, und die Dankbarkeit, die man ihm gegenüber zum Ausdruck bringt. Denn ohne unsere Väter gäbe es dich und mich nicht. Und zu wesentlichen Teilen sind wir eine Kopie des Vaters. Diese hat sich zwar hoffentlich weiterentwickelt und ist zwar durch die Lebensweise einer anderen Generation geprägt. Wenn man sich aber intensiver mit sich und seinem Vater beschäftigt, wird man gleiche Persönlichkeitsstrukturen und Lebensthemen finden. Wer dies akzeptiert, hat viel verstanden und ist – so paradox das klingen mag – auf dem besten Weg, unabhängiger von den elterlichen Prägungen zu werden.

Meine Erfahrung in der Arbeit mit mittlerweile weit über 10 000 Männern ist aber folgende: Immer mehr Männer haben entweder nur selten, einen problematischen oder gar keinen Kontakt zu ihrem Vater. Und immer mehr Männer wollen auch gar keinen Kontakt mit ihm haben oder verleugnen ihren Vater sogar. Manche schämen sich auch für ihre väterliche Herkunft. Natürlich kann man so leben und muss deswegen nicht todunglücklich sein. Meine Erfahrung ist aber: Diesen Männern fehlt eine entscheidende Kraft im Leben, die vom Segen des Vaters ausgeht. Sie werden niemals ganz Mann sein. Und sie werden es schwer haben, die Vaterrolle ganz auszufüllen. Doch dazu später. Auffällig ist für mich, dass ich mittlerweile mit einer großen Treffsicherheit schon nach kurzer Zeit erkenne, ob ein Mann einen guten Kontakt zum Vater hat oder nicht. Denn wer seinen Vater ablehnt oder ihm Vorwürfe macht, keinen Kontakt zu ihm hat oder gar ganz ohne ihn aufgewachsen ist, zeigt bestimmte Auffälligkeiten. Muttersöhnchen, selbstkritische Männer mit niedrigem Selbstwertgefühl, Männer, die beständig in Konflikt mit Autoritäten sind, Männer, die ihr Leben nicht in die Hand nehmen, Männer, die in ihrer Beziehung abhängig von ihrer Partnerin sind, unentschlossene und aggressionsgehemmte Männer – diese Männer haben oft ein Vaterproblem. Sie sehen ihren Vater durch die Augen ihrer Mutter und sind dieser emotional viel näher als ihm. Sie rebellieren noch immer unbewusst gegen den Vater und Vaterfiguren in ihrem Leben. Sie schämen sich für ihre Wurzeln und ihr Mann-Sein. Sie sind auf Frauen fixiert und tun sich schwer mit echten und verbindlichen Männerfreundschaften. Diese Zusammenhänge werden meist nicht erkannt oder aber geleugnet. So verstehen es viele Männer nicht, wenn sie z. B. in einer Beratung ihr Beziehungsproblem lösen wollen und ich darauf insistiere, dass sie zuerst das Vaterthema bearbeiten müssen. Wer nicht verankert in seiner Männlichkeit ist, wird auch keine Führung in der Partnerschaft haben. Eine kurzfristige Strategie verlängert hier nur das Leiden. Oder jemand braucht Unterstützung bei einer wichtigen Lebensentscheidung und ich schicke ihn zu seinem Vater, um diesen um Rat zu fragen. Denn sein Rat hat eine andere Qualität als die eines Freundes oder Therapeuten.

Wer ein ewiger Zweifler ist, der kann entscheiden, was er will: Am Ende wird es nie „richtig“ sein.

Wen ich dazu bewegen kann, sich einmal von Mutters Ansichten über den eigenen Vater zu lösen, und wer bereit ist, diesen wirklich neu kennenzulernen, der erlebt manchmal dramatische Überraschungen.

Heiko: Ich war immer überzeugt, dass mein Vater ein unsozialer, egoistischer Kerl ist, der meine Mutter schlecht behandelt und die Familie verlassen hat. Er hat sich einen Dreck um die Kinder geschert und noch nicht einmal für sie bezahlt. Und so hatte ich seit meiner Kindheit keinen Kontakt mehr zu ihm. Ein aus heutiger Sicht extrem vorwurfsvoller und ungerechter Brief, den ich vor einigen Jahren an ihn schrieb, blieb unbeantwortet. Es war nicht leicht, mich davon zu überzeugen, dass ich mich mein ganzes Leben lang geirrt haben sollte. Aber Bjørn blieb beharrlich und bestand darauf, dass ich meinen Vater kontaktieren müsse, bevor ich weiter am Training teilnehmen könne. Irgendwann habe ich ihn wirklich besucht – und ich war geschockt, als ich seine Version der Geschichte hörte.

Meine Mutter hatte mich komplett angelogen. Er schilderte mir eine fast hundertprozentig gegensätzliche Begebenheit, in der meine Mutter einen Liebhaber hatte und er von ihr rausgeworfen wurde. Sie wollte eine neue Familie gründen und ihren Ex daher aus ihrem Leben haben. Mein Vater bemühte sich um den Kontakt mit uns Kindern, aber meine Mutter tat alles, um diesen zu unterbinden. Mit ihren Schauermärchen über ihn sorgte sie schließlich dafür, dass auch wir ihn nicht mehr besuchen wollten. Sie vollzog eine regelrechte Gehirnwäsche mit meinem Bruder und mir und redete uns alle positiven Erinnerungen an Vater aus. Wenn wir Sehnsucht nach dem Vater äußerten, wurden wir bestraft – wenn wir ihren Hasstiraden zustimmten, wurden wir belohnt. Ich war nach den Erzählungen meines Vaters, der noch dazu so überhaupt nicht in das Bild passte, dass ich (oder eher meine Mutter) von ihm hatte, wie in einer Schockstarre: Er war sehr bewegt, freute sich aufrichtig, dass ich ihn besuchte, und wollte möglichst viel über mich erfahren. Als mein Onkel, zu dem wir als Kinder auch keinen Kontakt hatten bzw. haben durften, alles, was mein Vater berichtet hatte, bestätigte, war ich total am Ende. Ich heulte um meinen Vater und hasste meine Mutter. Ich fuhr zu ihr und kon-

frontierte sie mit dem, was ich von meinem Vater erfahren hatte. Ihre Reaktion voller Leugnungen, Lügen und Beschimpfungen meines Vaters war so abscheulich, dass ich ihr befahl, den Mund zu halten und sie mit sehr eindeutigen Worten damit konfrontierte, dass sie mir meinen Vater weggenommen und mich und meinen Bruder ein Leben lang belogen und benutzt hatte. Ich nahm alle Sachen mit, die ich noch bei ihr untergebracht hatte, und machte die Tür hinter mir zu. Zuhause zog ich mich tagelang zurück und heulte nur noch wie noch nie in meinem Leben. Meine Mutter war es dann, die den Kontakt zu mir mit Vorhaltungen wegen meiner mangelnden Dankbarkeit abbrach und meinen Bruder vor mir und meinem Vater warnte. Sie versuchte massiv, ihm ein schlechtes Gewissen zu machen und drohte indirekt mit Suizid, wenn er sie ‚auch noch verlassen würde'. Zum Glück reagierte Bjørn in der nächsten Coachingstunde gelassen auf mein familiäres Drama: ‚Gut, dass du die Wahrheit endlich erfahren hast. Und noch besser, dass dein Vater noch lebt und du hoffentlich noch viel Zeit mit ihm verbringen kannst. Und kümmere dich um deinen Bruder, anstatt in Selbstmitleid zu versinken.' Das war nicht das, was man so von einem Therapeuten erwartet, aber die Ohrfeige saß. Ich schleifte meinen Bruder durch Aufbringen meiner gesamten Überzeugungskraft gegen seinen Willen zu meinem Vater, damit auch er sich die Geschichte anhören möge. Es dauerte noch einige Zeit, bis er sich vollends aus den Fängen meiner Mutter befreien und einen Kontakt zu meinem Vater aufbauen konnte. Heute besuche ich meinen Vater regelmäßig und ich freue mich, dass er trotz seines Alters so fit ist. Ich rufe ihn täglich an, vielleicht aus dem Wunsch heraus, die verlorene Zeit ohne ihn nachzuholen. Der Kontakt mit ihm tut mir gut: Ich bin innerlich ruhiger und selbstbewusster geworden und nehme auch Männer ganz anders wahr.

Vielleicht erscheint dir Heikos Geschichte extrem – ich könnte aber locker ein Buch mit Fällen füllen, in denen die Mutter den Kontakt zum Vater verhinderte oder bewusst zerstörte. Entscheidend aber ist natürlich dein Verhältnis zu deinem Vater. Auch wenn du aus weniger problematischen Familienverhältnissen kommst und Kontakt zu deinem Vater hast, stell dir trotzdem folgende Fragen:

Hast du regelmäßig Kontakt mit deinem Vater?
Liebst du ihn und sagst du es ihm auch?

Sprichst du mit Stolz und Respekt über ihn?
Genießt du die gemeinsame Zeit mit deinem Vater?
Gibst du deinem Vater etwas von dem zurück, was du von ihm bekommen hast?

Wenn du diese Fragen aufrichtig mit Ja beantworten kannst, dann: Herzlichen Glückwunsch!

Gibt es noch Vorwürfe, alte Wut oder Rebellion gegen ihn?
Erwartest du eine Entschuldigung von ihm?
Wartest du noch auf Anerkennung von ihm?
Schuldet er dir noch etwas?
Musst du unterschiedliche Meinungen ausdiskutieren?

Wenn du diese Fragen aufrichtig mit Nein beantworten kannst, dann gratuliere ich dir ebenfalls. Wenn nicht, empfehle ich dir den Kontakt mit deinem Vater zu suchen. Bemühe dich darum, ihn und seine Sichtweise der Dinge kennenzulernen. Wenn lange kein oder nur oberflächlicher Kontakt zu ihm bestand, mache dir aber deutlich: Du bist nicht sein Richter! Und auch nicht sein Therapeut! Und dein Vater ist dir keine Rechenschaft schuldig. Wenn du ihn zum Verhör bestellen willst, lass es lieber gleich sein. Dann steckt eine arrogante Haltung deinerseits dahinter, die einen wirklichen Kontakt zu ihm unmöglich macht.

Adrian: Ich war bereit meinem Vater jenseits der gelegentlichen Familienfeste mit Smalltalk einmal wirklich von Mann zu Mann zu begegnen. Ich wollte wissen, warum er uns damals ins Internat gesteckt hatte, was eine schwierige Zeit für mich war. Das Gespräch gestaltete sich schwierig und es entstand eher eine Situation, in der ich ihm Vorhaltungen machte und er sich rechtfertigte. Das war keine Basis für einen echten Kontakt. Erst als ich dieses Thema später für mich löste und erkannte, dass er aus Liebe gehandelt und das Beste für mich gewollt hatte, war ein anderer Kontakt möglich. Mittlerweile habe ich ein prima Ritual entwickelt, um meinen Vater alleine zu treffen: Wir gehen regelmäßig zu Fußballspielen ‚seines' Vereins in der Regionalliga. Er wollte nie alleine gehen und meine Eltern wohnen etwas entfernt. Mittlerweile haben wir dort einen ‚Ehrenplatz' und er ist dort als ehemaliger Spieler gern gesehen. Obwohl ich mich nicht sonderlich für Fußball interessiere, sind diese Treffen für mich sehr bereichernd, denn mein Vater erzählt bei diesen Gelegenheiten gerne aus seinem Leben. Mittlerweile ist es mir eine Ehre, ihm diese Freude zu bereiten und bei den Spielen ‚seines' Vereins dabei zu sein.

Wenn es für dich darum geht, mehr Freude an deiner Männlichkeit zu entwickeln, baue einen guten Kontakt zu deinem Vater auf, solange dieser noch lebt. Wenn er schon gestorben ist, bemühe dich darum, ihn zu verstehen, und ehre wenigstens sein Lebenswerk.

Dein Vater ist der wichtigste Mann in deinem Leben!
Lerne deinen Vater wirklich kennen und pflege die Beziehung zu ihm.

Freude am Vater-Sein

Vielleicht bist du schon Vater oder willst es einmal werden. In einer Zeit, in der – zumindest in unseren Breitengraden – viele Menschen glauben, dass Väter überflüssig sind und eine Mutter oder die Frauen einer Kita genauso gut die Kinder erziehen können, ist diese Rolle nicht leicht. In meiner Arbeit bin ich aber zu der Erkenntnis gelangt, dass der Vater sowohl für Jungen als auch für Mädchen genauso wichtig ist wie die Mutter. Fehlt der Vater mit seiner körperlichen, emotionalen und geistigen Präsenz als Bezugsperson im Alltag, ergeben sich zwangsläufig Defizite in der Entwicklung der Kinder zu reifen Erwachsenen. Diese Defizite spiegeln sich besonders häufig im Beziehungsverhalten, aber auch im Selbstwertgefühl, in der Selbstliebe und der Verantwortlichkeit wider. Mit meiner Ansicht stehe ich im krassen Gegensatz zum Mainstream der Psychologie, der Pädagogik und insbesondere auch der Politik. Denn dort wird eine „Entvaterung" auf verschiedenen Ebenen bewusst vorangetrieben: Entwertung und Entrechtung von Vätern, fehlende Beratung und keine juristische Unterstützung für Väter, geringe Würdigung der Vaterschaft und Reduzierung des Vaters auf seine Rolle als Erzeuger, Förderung einer Loslösung der Kinder von den Eltern in viel zu frühem Alter durch Kitas, Ausgrenzung jeglichen männlichen Einflusses in der Erziehung und Bildung in Kindergarten und Grundschule ...

Die Entfremdung vom Vater ist ein gezielt verfolgtes langfristiges politisches Konzept, das nach Jahrzehnten massive Auswirkungen zeigt. Die von mir bereits 2007 in meinem Buch „Männlichkeit leben“ aufgezeigten Missstände haben sich bis heute eher verschlimmert und meine damals aufgestellten Prognosen zur Entwertung von Männlichkeit sind leider teils zu optimistisch gewesen. Unsere Gesellschaft betreibt eine ideologisch und politisch geförderte „Entvaterung“ der Kinder und eine Zerstörung der Familienbindung, die vor allem Jungen zu unsicheren, ängstlichen und manipulierbaren „nice guys“ macht. In verschiedenen Artikeln auf meiner Website www.maennlich.de gehe ich ausführlicher darauf ein.

Ich möchte mich aber an dieser Stelle an dich als (potenziellen) Vater wenden. Um die Vaterrolle gut auszufüllen, ist es wesentlich, dass du ein gutes Verhältnis zu deinem Vater entwickelt hast und mit ihm in Frieden bist. Warum ist das wichtig? Ungelöste Themen und Konflikte werden von einer Generation an die nächste weitergegeben. Wenn du das einmal konkret erleben willst, mache eine Familienaufstellung – dort wird dies oft in verblüffender Deutlichkeit sichtbar. Das bedeutet konkret: Wenn du selbst schlecht über deinen Vater redest, dann werden deine Kinder dein Verhalten irgendwann kopieren und dich genauso behandeln. Wenn du deinen Kindern ihren Großvater wegnimmst, indem du den Kontakt zu ihm verhinderst, dann wird dir mit deinen Enkeln vermutlich dasselbe Schicksal blühen. Also sorge dafür, dass du einen guten und herzlichen Kontakt zu deinem Vater hast, bevor du Kinder in die Welt setzt. Nur so können sie Stolz auf ihre Familie und ihre Wurzeln entwickeln. Der Opa und natürlich auch die Oma sind wichtig für die Kinder – alle Kinder lieben ihre Großeltern. Du tust deinen Kindern Gewalt an und nimmst ihnen einen für ihre Entwicklung wichtigen Kontakt, wenn du sie von den Großeltern fernhältst. Sie müssen diese natürlich nicht jede Woche sehen, vor allem, wenn sie in weiter Entfernung leben, aber es sollte ein Kontakt bestehen und du solltest deinen Kindern ein positives Bild von deinen Eltern vermitteln. Das gilt übrigens auch für die Eltern deiner Frau. Deshalb empfehle ich in meinem Buch „Abenteuer männlicher Verführung“ keine Frau zu schwängern, deren Eltern du ablehnst: Denn diese werden die Großeltern deiner Kinder. Du musst sie nicht lieben und nicht alles gutheißen, was sie tun, aber du solltest ein freundliches und entspanntes Verhältnis zu ihnen aufbauen. Genieße es zu erleben, wie deine Kinder ihre Großeltern lieben und deren Nähe genießen. Förderst du sie darin, dann gibst du ihnen etwas Entscheidendes für ihr Leben mit, was viel wichtiger ist als intellektuelle Bildung. Sie lernen, ihre eigenen Wurzeln zu lieben, Stolz auf ihre Herkunft zu entwickeln sowie alte Menschen und Autoritäten zu respektieren und zu würdigen. Vielleicht ist dir auch schon einmal aufgefallen: Selbst „schwierige" Kinder verhalten sich bei den Großeltern ausgeglichener und sind dort oft entspannter als bei den Eltern. Das kann ihnen keine Erzieherin in der Kita und keine Lehrerin in der Schule beibringen.

Vater und Sohn

Wenn du einen Sohn hast, dann erziehe ihn so, dass du ihn darin unterstützt, ein Mann und kein Muttersöhnchen zu werden. Am besten, du fängst damit schon zu Beginn an. Nimm deinen Sohn bei der Geburt als Erster in den Arm, vor der Hebamme! Das hat eine äußerst starke und für das Leben prägende, nicht nur symbolische Wirkung: Männerhände begrüßen ihn auf dieser Welt. Und es ist die allererste körperliche Erfahrung des Neugeborenen. Halte ihn an deiner Brust und sprich leise mit ihm, zumindest für ein paar Minuten, begrüße ihn auf dieser Welt. So ist sein Vater das Erste, was er fühlt, hört und riecht. Danach kann er an Mamas Brust. Aus eigener Erfahrung kann ich sagen, dass diese ersten Minuten des Lebens etwas Magisches und Wundervolles haben: genieße sie als Vater mit dem Neugeborenen. Denk darüber nach, vielleicht kannst du dir dann vorstellen, wie tief und nachhaltig so etwas wirkt: Es stellt eine ganz entscheidende Weiche für das Leben des zukünftigen Mannes. Jeder, der sich intensiver mit Entwicklungspsychologie beschäftigt, weiß, wie wichtig sich die ersten Momente, Tage und Wochen im Leben auswirken. Begleite also auch die ersten Lebenstage und -wochen deines Sohnes als Vater, um eine primäre emotionale und körperliche Beziehung zu ihm aufzubauen. Oder reicht es dir, eine sekundäre, austauschbare Bezugsperson für deinen Sohn zu sein? Und umgekehrt: Wie sieht die Prägung eines Jungen aus, der zu Beginn seines Lebens nur Frauen um sich hat, Mutter, Hebamme, Au-pair-Mädchen,

Tanten etc.? Trage deinen Sohn schon als Säugling im Tragetuch herum, anstatt ihn körperlich distanziert im Kinderwagen zu schieben. Wickle, bade, berühre oder massiere deinen Sohn und sprich viel mit ihm. Singe für ihn, so dass er sich an deine männliche Stimme gewöhnt. Das kannst du auch schon während der Schwangerschaft deiner Partnerin machen, denn das Kind in ihrem Bauch kann dich bereits hören und spüren. Spiele körperlich mit ihm und nutze jede Gelegenheit zum Körperkontakt. So prägst du deinen Sohn in positiver Form für sein Leben als Mann – das ist wichtiger als alle Spielsachen, Klamotten, Urlaube und alles, was du ihm sonst Gutes tun willst! Und der Körperkontakt mit deinen Kindern tut auch dir als Mann gut. Natürlich solltest du dasselbe auch mit einer Tochter tun, wenn du eine hast. Kinder, vor allem die Jungen, leiden darunter, wenn sie „übermuttert" und „untervatert" werden. Wenn du also Kinder hast, dann beuge dem vor! Ich selbst habe all dies intensiv mit meinen beiden Söhnen praktiziert.

Männer-Rituale

Malte: Mein Sohn wurde diesen Sommer eingeschult und der betreffende Morgen war geprägt von straffen Protokollvorgaben meiner getrennt von mir lebenden Frau. In all dem Trubel habe ich es mir nicht nehmen lassen, den kleinen Henri mit meinem Vater in die Mitte zu nehmen – wir zwei haben ihn ganz bewusst Hand in Hand in einer kleinen Prozession zwischen all den anderen Menschen auf seinem Weg zur Kirche und dann zur Schule zu begleitet. Das war ein starker Moment, der uns allen eine unglaubliche Ruhe und Kraft beschert hat. Trotz aller Zwänge ein kleines Männerritual zu haben, war einfach wundervoll.

Zeit mit den eigenen Kindern verbringen

Wenn du Kinder in die Welt setzt, frage dich, warum du das tust. Aus Imagegründen oder um einen Erben zu haben? Oder weil alle das so machen? Oder möchtest du ihnen etwas weitergeben, was dir am Herzen liegt, und eine intensive Beziehung zu ihnen haben? Bei manchen Vätern frage ich mich ernsthaft, weshalb sie Kinder gezeugt haben. Sie nehmen sich kaum Zeit für diese, spielen nur selten mit ihnen und wissen fast nichts über sie, weil sie nur mit ihrer Arbeit, ihren Hobbys oder dem Konsum beschäftigt sind.

Kennst du den Unterschied zwischen Mutter und Vater? Die Mutter weiß, welche Kleider- und Schuhgröße die Kinder haben, kennt Geburts- und Namenstage, das Impfdatum, das Lieblingsessen und -spielzeug, die Freunde und Freundinnen und noch etwa tausend Details über die Kinder. Der Vater weiß nur, dass kleine Menschen bei ihm wohnen.

Wenn ich Männer mit etwas Lebenserfahrung frage, was sie in ihrem Leben am meisten bereuen, dann sagen erschreckend viele: „Ich hätte mehr Zeit mit meinen Kindern verbringen sollen." Es ist bitter festzustellen, dass man als Vater nicht präsent war, weil man stets unterwegs oder energetisch ausgelaugt war, abends gestresst oder müde nach Hause kam und nicht mehr für die Kinder da sein konnte oder wollte. Und am Wochenende standen meist andere Interessen oder gesellschaftliche Verpflichtungen im Vordergrund. Das ist wirklich traurig, denn wer sich auf seine Kinder und ihre Welt einlässt und wirklich mit ihnen spielt, der erlebt viel Lebensgenuss. Ich habe noch niemals einen Mann getroffen, der gesagt hat „Ich habe zu viel Zeit mit meinen Kindern verbracht und war beruflich dadurch nicht erfolgreich genug". Sich vorzunehmen, mehr Zeit mit den Kindern zu verbringen, ist das eine, das andere aber, auch die Konsequenzen zu tragen. Konkret bedeutet es nämlich in vielen Fällen weniger zu arbeiten und dadurch weniger Geld zu verdienen. Denn es geht nicht nur um Zeit, sondern auch um Energie, die man eben nicht unbegrenzt zu Verfügung hat. Wenn man abends von einem anstrengenden Job nach Hause kommt, braucht man eine Zeit der Regeneration und kann sich eben nicht immer mit voller Aufmerksamkeit den Kindern widmen. Bestimmte selbstständige Berufe oder Führungspositionen lassen sich nicht einfach zeitlich reglementieren, da steht manchmal eine Grundsatzentscheidung an. Diese ist auch davon abhängig, ob deine Frau oder Lebenspartnerin ihren Fokus auf Kinder und Familie oder auf die Karriere legt. Diese Frage solltest du für dich klären und dann ausgiebig erörtern, wenn du eine Frau für eine Familiengründung suchst. Sie ist wichtiger als die nach den Hobbys, der Körbchengröße oder den sexuellen Vorlieben der zukünftigen Mutter deiner Kinder. Eine Frau, die es heute wagt, sich für die Familie und gegen eine Karriere zu entscheiden, sieht sich oft mit massiver Kritik konfrontiert: Sie gilt als angepasst, altmodisch, unterwürfig und erntet dafür Verachtung oder Mitleid. Was passiert genau mit Kindern, die früh „weggegeben" werden und mit ihren Eltern zu wenig Zeit verbringen, um eine starke emotionale Verbindung aufzubauen?

Eine gezielte Entfremdung von den Eltern erzeugt willige und angepasste Menschen mit niedrigem Selbstwertgefühl. Das lässt sich leicht nachprüfen, wenn man mit Menschen zu tun hat, die im Waisenhaus aufgewachsen sind oder schon als Säuglinge in eine Kita gegeben wurden und wenig Zeit mit ihren Karriere-Eltern verbrachten. Psychologische Untersuchungen zeigen sehr deutlich, welche fatalen und teils irreparablen Schäden eine fehlende oder unstete Bindung zu den Eltern zur Folge hat. Aufgrund meiner Arbeit speziell im Bereich des Selbstwerts und des Beziehungsverhaltens kann ich bestätigen, dass die primäre Beziehung zu den Eltern in den ersten Lebensjahren nachhaltig prägend ist. Viele spätere Probleme damit, sich selbst zu lieben und verbindliche (Liebes-)Beziehungen einzugehen, sind auf eine mangelnde oder problematische Beziehung zu den Eltern in der Kindheit zurückzuführen.

Wenn du zwar Kinder, aber gleichzeitig deine Ruhe haben und an deiner Karriere feilen möchtest, solltest du deine Entscheidung lieber noch einmal überdenken. Denn Kinder brauchen die körperliche und emotionale Präsenz der Eltern als liebende Bezugspersonen und Vorbilder. Glaubst du etwa, dass jemand, der Kindererziehung als Job macht, deine Kinder genauso lieben kann wie du? Kinder haben einen natürlichen Impuls, die Eltern zu kopieren, um grundlegende Dinge von ihnen zu lernen. Und es macht einfach einen Riesenspaß, das mitzuerleben: Dein Sohn beobachtet dich beim Zähneputzen und kopiert deine Art, das zu tun. Er schaut, wie du deinen Penis nach dem Pinkeln „abschlackerst" und versucht es nachzumachen. Er lässt sich mit demselben Stöhnen in den Sessel fallen und pfeift genauso falsch wie du deine Lieblings-Melodie. Doch damit dies passiert, musst du Zeit mit deinen Kindern verbringen, und zwar Zeit ohne Ablenkung, Medienkonsum und ein pädagogisch überfrachtetes Programm. Wenn du bzw. beide Elternteile deshalb weniger arbeiten, kann durch Verzicht auf Luxusprodukte, Markenklamotten und Hightech-Spielzeug gespart werden. Deine Kinder haben von deiner ungeteilten Präsenz als Vater tausendmal mehr als von allen Konsumgegenständen.

Übernimm die Vaterrolle in der Erziehung!

„Frag Mama" ist keine gute Antwort, wenn dein Kind etwas von dir will. Nur Muttersöhnchen delegieren die Erziehung an die Partnerin und wundern sich dann irgendwann, dass sich ihre Kinder von ihnen entfremdet haben. Entscheide dich für einen Erziehungsstil und kläre diesen auch mit deiner Partnerin ab. Und dann bringe deinen Kindern das bei, was dir wichtig ist im Leben. Sei als Vater in der Erziehung präsent, als ein Gegenpol zur mütterlichen Seite. Ein Säugling braucht natürlich zunächst überwiegend die mütterliche, nährende und beschützende Fürsorge. Aber beginne als Vater rechtzeitig damit, dein Kind auch für Abenteuer und Herausforderungen zu begeistern, anstatt es immer nur zu verhätscheln. Spätestens wenn dein Kind im Kleinkindalter ist, kannst du es darin fördern, die Welt zu entdecken und immer wieder Neues und Unbekanntes zu erforschen. Setz dich dabei manchmal gegen eine überängstliche Mutter durch, die das Kind stets beschützen will. Und erfreue dich daran, wie deine Kinder mutiger und abenteuerlustiger werden. Dafür musst du als Vater den Rahmen absichern und das Kind als Vorbild motivieren. Wenn du ein ängstlicher, weichgespülter Vater bist, dann wird es dir schwerfallen, deinem Sohn Mut, Abenteuerlust und Risikobereitschaft beizubringen. Wenn er dich aber zum Beispiel mit dem Bike Sprünge machen sieht, wird er dich unbedingt kopieren wollen. Dann ist es die Aufgabe des Vaters, für den kleinen Bub einen angemessenen und sicheren Rahmen zu schaffen, um etwa einen kleinen Parcours aufzubauen und die nötige Hilfestellung zu bieten, damit der Sohn diesen gefahrlos mit dem Roller überwinden kann. Dazu gehört auch, sich gegen eine ängstliche und überfürsorgliche Mutter durchzusetzen, die das Ganze verbieten will, weil er sich beim letzten Sturz eine Prellung oder Schürfwunden zugezogen hat. Denn jeder Mann weiß, dass so etwas einfach dazugehört. Es macht aus dem Jungen einen mutigen Krieger und keinen Jammerlappen. Wer seine Kinder in Watte packt und sie stets überwacht und beschützt, macht sie zu überängstlichen und unselbstständigen Menschen.

Wer unter Selbstzweifeln, Entscheidungsproblemen und mangelnder Begeisterungsfähigkeit leidet, ist meist schon als Kind nicht darin gefördert worden, sich selbst Spiele auszudenken und eigene Grenzen auszutesten und zu überwinden.

Überlasse wichtige Entscheidungen in Bezug auf dein Kind nicht anderen „Autoritäten“. Aus Faulheit, Dummheit oder Unsicherheit richten sich Männer bei der Erziehung und der Gesundheit ihrer Kinder oft nach dem Mainstream. Finde für diese Bereiche gemeinsam mit deiner Partnerin einen eigenen Stil. Oft musst du diesen dann gegen die Ansichten von „Experten“, Verwandten und Freunden verteidigen. Das beginnt schon während der Schwangerschaft: Überlasse Entscheidungen über Vorsorgeuntersuchungen und die äußerst wichtige Frage, wie die Geburt ablaufen soll, nicht allein den Ärzten. Denn wie ein Kind ins Leben kommt, ist absolut prägend für seinen weiteren Lebensweg. Du kannst als Vater eine wichtige Rolle dabei übernehmen, vorausgesetzt, du setzt dich im Vorfeld mit dem Thema auseinander und lässt dich nicht an den Rand drängen. Nur wenige Männer trauen sich, auch bei der Geburt die Partner aktiv zu unterstützen und zu führen, da sie eher verängstigt, unwissend und hilflos als Zuschauer dabei sind und brav alles tun, was die „Experten“ raten. Oft sind sie eher eine Belastung für die Frau als eine Hilfe. Wenn du nicht den Empfehlungen für Impfungen und zahlreiche Untersuchungen überängstlicher Ärzte und Mütter folgen willst, lass dich nicht einschüchtern. Wenn du dein Geld nicht für überflüssige und stylische Konsumprodukte wie Kinderwagen und Zubehör ausgeben willst, sondern dein Kind lieber in einem einfachen Tuch mit Körperkontakt herumträgst, setze dich in dieser Frage gegebenenfalls auch gegen die Geschenke der Verwandtschaft durch. Finde deinen Erziehungsstil, begeistere deine Partnerin davon und mach dein eigenes Ding, Mann!

Wer Angst vor Konflikten hat, kann seine Kinder nicht verteidigen. Nur allzu oft erlebe ich, wie Väter es zulassen, dass ein Arzt wichtige Entscheidungen in Bezug auf das Kind trifft und nicht sie selbst oder dass ihren Kindern ungesundes Essen von anderen gegeben wird, obwohl sie das nicht wollen. Sie reden sich damit heraus, keine schlechte Stimmung erzeugen zu wollen, meist ist es aber schlichte Feigheit vor dem Konflikt. Sie dulden Strafmaßnahmen für ihren Sohn, wenn er im Kindergarten gerauft hat, was sie eigentlich positiv finden. Sie beschützen den Jungen nicht vor den Übergriffen durch die Erzieherinnen. Ich beobachte häufiger Mütter als Väter, die sich mit Ärzten, Erzieherinnen und Lehrerinnen anlegen, um ihre Kinder zu verteidigen. Liebe Väter, dann dürft ihr euch nicht wundern, wenn eure Partnerinnen irgendwann maskuliner und dominanter sind als ihr und jeden Respekt vor euch verlieren. Und die Kinder verlieren ihn auch, denn sie wissen, dass Papa ein Schlappschwanz ist und nur Mama sie beschützen kann.

Das Kind in der Badewanne: „Mama, wo ist der Waschlappen?“
Mutter: „Der ist Zigaretten holen.“

Wenn du selbst Kinder hast, dann frage dich, ob du ein Konzept für ihre Erziehung hast und es auch verteidigst. Sind deine Kinder stolz auf den Mut und die Entschiedenheit ihres Vaters? Fühlen sie sich durch ihn beschützt? Oder schämen sie sich eher aufgrund seines Unbeteiligtseins oder seiner Feigheit?

Ich erinnere mich, dass ich mir als Junge einen Tacho für mein Bonanza-Rad kaufte. Das war damals etwas Besonderes und recht teuer, weshalb ich länger dafür gespart hatte. Stolz montierte ich ihn selbst und zeigte ihn herum. Nach einer Nachmittagsschulstunde musste ich entsetzt feststellen, dass er gestohlen worden war. Ein älterer Junge, der mich schon öfter schikaniert hatte, machte dazu eine blöde Bemerkung und ließ durchblicken, dass er wisse, wer der Dieb war. Ich fuhr nach Hause. Mein Vater war ausnahmsweise früher von der Arbeit zurück. Als er hörte, was passiert war, war er empört. Wir fuhren sofort zurück zur Schule, wo der erwähnte Jugendliche noch mit einer Gruppe Gleichaltriger auf dem Schulhof stand. Mein Vater stellte ihn zur Rede, doch als er nur eine freche Antwort erhielt, packte er ihn am Kragen: „Du kommst mit zur Polizei, wenn du mir nicht sofort sagst, wer den Tacho geklaut hat!“ Die anderen Jungen trollten sich und allein bekam der Jugendliche Angst. Also zeigte er uns das Haus, in dem der Junge wohnte, der den Tacho gestohlen haben sollte. Seine Eltern leugneten den Diebstahl, aber der Junge gab schließlich unter Tränen seine Tat zu. Die Eltern baten meinen Vater eindringlich nicht die Polizei zu rufen, was er unter der Bedingung akzeptierte, dass der Junge den Tacho wieder an meinem Fahrrad anbringen würde. Der vorher erwähnte Jugendliche wartete noch vor dem Haus. Als wir rauskamen, zitierte ihn mein Vater zu sich: „Da du die Wahrheit gesagt hast, passiert dir nichts. Solltest du meinen Sohn auch nur einmal anfassen, gibt es richtig Ärger. Verstanden?" „Ja", sagte er kleinlaut. Zuhause fragte ich meinen Vater: „Papa, warum hast du nicht die Polizei gerufen? Die haben doch was Kriminelles gemacht." Mein Vater: „Sie haben ihre Lektion bekommen. Es ist außerdem eine Familie, die nur wenig Geld hat, und der Junge wünscht sich auch so einen Tacho." So wütend und aggressiv er vorher gewesen war, bemerkte ich doch, dass er keinen Hass und keine Rachegefühle in sich trug. Ich hatte etwas Wichtiges für das Leben gelernt und war unendlich stolz auf meinen Vater.

Heute würde ein Vater wahrscheinlich eine Anzeige erhalten, wegen Übergriffs dem Jugendlichen gegenüber. Vermutlich würde diese ohne Folgen bleiben, aber im Fall eines monatelangen Gerichtsverfahrens wäre das Ergebnis wohl ein Vergleich, bei dem beide Familien den vielfachen Preis des Tachos an Anwalts- und Gerichtskosten zu zahlen hätten.

Riskiere also etwas für deine Kinder und zeige ihnen, was Männlichkeit bedeutet, so dass sie auch stolz auf dich sein können. Mische dich ein und beschütze deine Kinder! Überlege dir, welche männlichen Werte und Verhaltensweisen du deinem Sohn beibringen willst, und verteidige diese vor allem gegen weibliches Erziehungspersonal!

Zusammen ins Abenteuerland

Nimm deine Kinder mit ins Abenteuerland! Damit meine ich nicht notwendigerweise einen der kommerziellen Vergnügungsparks. Es geht darum, ihnen als Vater die Welt der Aufregung, Abenteuer und Mutproben zu eröffnen. Kreiere kleine Grenzerfahrungen für sie, bei denen sie Ängste überwinden und Selbstsicherheit entwickeln können. Das muss natürlich altersgerecht sein und du musst für einen entsprechenden Rahmen sorgen, der ernsthafte Verletzungen, aber auch frustrierende Überforderungen verhindert. Mache regelmäßig in den Augen der Kinder gefährliche und spannende Sachen. So lernen sie mit den eigenen Ängsten umzugehen und diese zu überwinden. Das lässt sie stolz werden und stärkt das eigene Selbstvertrauen. Fordere sie heraus und freue dich mit ihnen an ihren Erfolgen! Genieße es, wie deine Kinder durch deine Motivation und Unterstützung über sich selbst hinauswachsen. Lobe sie dafür und tröste sie, wenn sie etwas nicht schaffen. Manchmal braucht es eben mehrere Anläufe. Speziell wenn deine Partnerin eher ängstlich ist. Dann ist es wichtig, dass du dich gegen sie durchsetzt. Ansonsten werden deine Kinder zu überbehüteten Angsthasen. Auch wenn Jungen stärker gefordert werden sollten – Aggression, Kraft, Ausdauer und Mut zu entwickeln, tut den Mädchen in etwas geringerem Umfang auch gut. Achte jedoch auf unterschiedliche Maßstäbe für Jungen und Mädchen: Schließlich sollen die Jungen später keine Weicheier und die Mädchen keine Machos werden. Finde also als Vater deine eigene Art und Weise mit Kindern zu spielen und sie herauszufordern.

Wesentlich dabei ist immer der körperliche Aspekt, der in unserem Bildungssystem viel zu kurz kommt. Denn neue Erfahrungen müssen körperlich verankert werden. Es macht einen großen Unterschied, ob ein Kind stolz darauf ist, eine Kletterwand bezwungen zu haben, oder in einem Computerspiel auf Level X angekommen ist. Suche also für Kinder und auch für Jugendliche Herausforderungen, die körperlicher Natur sind.

Hier einige Beispiele für den Alltag, die natürlich nicht nur für die eigenen Kinder gelten:

- Lasse Kinder auf deine Schultern klettern, während du sie festhältst.
- Motiviere sie, hilf ihnen und sichere sie beim Klettern. Ein Freund von mir hat zuhause eine kleine Kletterwand (mit einer Matratze darunter), die er jeden Monat nach oben erweitert.
- Geh mit Kindern in einen Klettergarten.
- Wirf ein Kleinkind in die Luft und fang es sicher wieder auf.
- Bring schon einem Säugling Schwimmen und Tauchen bei.

- Zeig Kindern, wie man unter Wellen im Meer durchtaucht und Bodyboard fährt.
- Nimm dein Kind beim Schwimmen mit ins offene Meer, wenn es eine Schwimmweste trägt und du entsprechend sicher bist.
- Mache einen Wettkampf, wer am längsten unter Wasser bleiben kann.
- Sporne Kinder an, ihr Bestes zu geben, indem du kleine Wettkämpfe veranstaltest. Konkurrenz ist auch förderlich und es darf durchaus Gewinner und Verlierer geben.
- Nimm dein Kleinkind auf dem Stand-up, Surfbrett, Kiteboard, Kanu, Schlitten, Gleitschirm etc. mit. Das setzt voraus, dass du entsprechend sicher bist und angemessen fährst.
- Lasse deine Kinder Seilbahnen, hohe Rutschen, hohe Schaukeln etc. ausprobieren (nachdem du sie überprüft hast). Führe sie langsam an immer höhere Geräte heran und sichere sie dabei entsprechend ab.
- Bring ihnen Roller-, Skateboard-, Inliner- und Radfahren bei sowie Tricks und Stunts dazu.
- Raufe mit deinen Kindern und zeige ihnen kleine Tricks.
- Bringe ihnen Boxen und Tritte gegen einen Boxsack bei.
- Bring sie in Kontakt mit (ungefährlichen) Tieren, vor denen sie Angst haben.
- Nimm sie mit in die Sauna und bring ihnen bei, die Hitze auszuhalten.
- Bring ihnen bei, kurz ins eiskalte Wasser zu springen.
- Zeig ihnen, wie man mit richtigem Werkzeug umgeht.
- Hilf ihnen bei Nachtwanderungen, im Keller und Höhlen die Angst vor dem Dunkeln zu überwinden.
- Bringe Kindern das Springen ins Wasser bei: sowohl vom Beckenrand als auch von einem hohen Sprungturm oder Felsen aus.
- Zeige ihnen, wie man einen Autoscooter oder einen Kart lenkt.
- In Ländern, in denen nicht alles gesetzlich verboten ist, was irgendwie gefährlich sein könnte, kannst du deine Kinder auch auf dem Motorrad, Quad, Jetski oder Buggy

mitnehmen oder sie selbst lenken lassen – vorausgesetzt, du bist wirklich sicher und achtsam dabei.
- Zeig deinen Kindern, worauf es beim Springen ankommt. Irgendwann wirst du selbst üben müssen, um ihnen beizubringen, wie man sich auch bei Sprüngen aus großer Höhe abrollt, ohne sich zu verletzen. Nimm den zunehmenden Mut und die zunehmende Sportlich keit deiner Kinder als Anlass, selbst sportlicher und mutiger zu werden, so dass sie zu dir aufschauen können. Den Vater als schlaffen, feigen Sack zu erleben, ist nicht wirklich angenehm – weder für dich noch für die Kinder.
- Für ältere Kinder musst du dir entsprechend Provokanteres einfallen lassen. Dabei kannst du auch zunehmend den Aspekt der Ausdauer und Kondition miteinbeziehen. Diese kannst du bei Wanderungen, Bergbesteigungen, Seeüberquerungen, Radtouren oder im Wildwasser mit ihnen trainieren.

Noch etwas: Kleine Unfälle gehören zum Leben dazu. Wenn etwas vollkommen ungefährlich ist und man sich dabei garantiert nicht verletzen kann, ist es langweilig. Zumindest aus männlicher Sicht. Speziell Jungen sehen das auch so, viele sind sogar stolz auf ihre kleinen Verletzungen. Setz dich auch hier gegen überängstliche Mütter, Erzieherinnen und Verwandte durch. Dein Job ist es dabei, große Risiken bzw. ernsthafte Verletzungen oder Gefahren auszuschließen. Verfalle nicht dem Wahn der Sicherheitsmaximierung unserer feminisierten Gesellschaft, sondern vermittle deinen Kindern eine positive Haltung gegenüber Gefahr, Wagnis und Herausforderung.

Stelle dich dem Mainstream entgegen, der Kinder zu ängstlichen und manipulierbaren Menschen erzieht, indem jedes Risiko und jegliche Gefahr verhindert, Kreativität durch Perfektion ersetzt und auch Selbstorganisation und Selbstverantwortung der Kinder durch Freizeit nach Terminkalender ersetzt werden. Von Eltern total kontrollierte und überwachte Kinder werden später auch totale staatliche Kontrolle und Überwachung als normal empfinden. Hier ein schöner und wahrer Text dazu, Autor unbekannt:

Wenn du als Kind in den 50er-, 60er- oder 70er-Jahren lebtest, ist es zurückblickend kaum zu glauben, dass du so lange überlebt hast. Als Kinder saßen wir in Autos ohne Sicherheitsgurte einfach so auf den Sitzen, ohne Kindersitze oder Sitzschalen, und natürlich in Fahrzeugen ohne Airbags. Die Fläschchen aus der Apotheke konnten wir ohne Schwierigkeiten öffnen, genauso wie die Flasche mit dem Bleichmittel. Türen und Schränke waren eine ständige Bedrohung für unsere Fingerchen. Auf dem Fahrrad trugen wir nie einen Helm und Reflektoren gab es nicht. Wir tranken Wasser aus Wasserhähnen und nicht aus Flaschen. Wir bauten Wagen aus Seifenkisten und entdeckten während der ersten Fahrt den Hang hinunter, dass wir die Bremsen vergessen hatten. Damit kamen wir nach einigen Unfällen klar. Wir verließen morgens das Haus zum Spielen, blieben den ganzen Tag weg und mussten erst zu Hause sein, wenn die Straßenlaternen angingen. Niemand wusste, wo wir waren, und wir hatten nicht mal ein Handy dabei. Wir haben uns geschnitten, brachen uns die Knochen und schlugen uns Zähne aus. Niemand wurde deswegen verklagt. Es waren eben Unfälle. Niemand hatte Schuld, außer uns selbst. Keiner fragte nach „Aufsichtspflicht“. Kannst du dich noch an „Unfälle“ erinnern? Wir kämpften und schlugen einander manchmal bunt und blau. Damit mussten wir leben, denn es interessierte die Erwachsenen nicht. Wir aßen Kekse, dick mit Butter bestrichenes Brot, tranken sehr viel und wurden trotzdem nicht fett. In der Landwirtschaft wurden damals noch viele Hände gebraucht. Dazu gehörten auch viele Kinderhände. Wer Glück hatte, durfte sogar beim Ernten den Trecker fahren, denn auf den Feldern wurde nicht kontrolliert, wie alt der Fahrer war. Es gab viele Freibäder mit „natürlichem“ Wasser und es hat uns nicht umgebracht. Wir tranken mit unseren Freunden aus einer gemeinsamen Flasche und niemand starb an den Folgen. Wir fuhren allein in den Ferien mit der Bahn aufs Land und stiegen dabei mehrfach ohne Begleitung um. Ich glaube wir sind alle immer irgendwie angekommen. Am Zielort wurden wir zu Fuß abgeholt, damit die paar Kilometer Weg zum Hof interessanter für uns wären. Wir hatten nicht: Playstation, Nintendo 64, X-Box, Wii, Videospiele, 400 Fernsehkanäle, Filme auf Video, Surround Sound, eigene Fernseher, Computer, Internet-Chat-Rooms. Wir hatten Freunde. Wir gingen einfach raus und trafen sie auf der Straße. Oder wir marschierten zu ihnen nach Hause und klingelten. Manchmal brauchten wir gar nicht zu klingeln und gingen einfach hinein. Ohne Termin und ohne Wissen unserer Eltern. Keiner brachte uns und keiner holte uns ab … wie war das nur möglich? Wir dachten uns Spiele aus mit Holzstöcken und Tennisbällen.

Außerdem aßen wir Würmer. Und diese lebten nicht in unseren Mägen für immer weiter. Wir spielten auf verwilderten Grundstücken mit Resten von Gebäuden und unheimlichen Kellern. Manchmal waren wir in dem hinter Büschen versteckten Rest eines Bunkers. Überall gab es dort scharfe Kanten und freistehende Metallteile, denen wir möglichst ausgewichen sind. Spielen auf Baustellen war auch damals verboten, doch solange wir nicht erwischt wurden, waren wir einfach vor Ort. Der Neubau der U-Bahn war unsere Mutprobe: Wer wagt es als Erster, durch den unfertigen Tunnel zu gehen und bei der nächsten Station wieder rauszukommen? Beim Straßenfußball durfte nur mitmachen, wer gut war. Wer nicht gut war, musste lernen, mit Enttäuschungen klarzukommen. Zu Weihnachten verdienten wir uns etwas Geld, indem wir Tannenbäume zu den Häusern trugen. Die bisweilen kilometerlange Strecke war dabei eine Herausforderung, die wir annahmen. Auf den Straßen waren in manchen Wintern Schneeballschlachten und andere Winterfreuden normal. Man blieb einfach draußen, auch wenn einem richtig kalt war. Manche Schüler waren nicht so schlau wie andere oder sie hatten einfach einen schlechten Tag. Sie rasselten durch Prüfungen und wiederholten Klassen. Das führte nicht zu emotionalen Elternabenden oder gar zur Änderung der Leistungsbewertung. Unsere Taten hatten manchmal Konsequenzen. Wenn einer von uns gegen das Gesetz verstieß, war klar, dass die Eltern ihn nicht aus dem Schlamassel heraushauen würden. Im Gegenteil: Sie waren der gleichen Meinung wie die Polizei. Trotzdem hat diese Generation eine Fülle von innovativen Problemlösern und Erfindern mit Risikobereitschaft hervorgebracht. Wir hatten Freiheit, Misserfolg, Erfolg und Verantwortung. Mit all dem wussten wir umzugehen. Und du gehörst auch noch dazu? Herzlichen Glückwunsch!

Ich persönlich spiele liebend gern mit Kindern. Meine Wohnung ist ein reiner Kinderspielplatz mit Geräten, die sonst eher für Erwachsene gedacht sind. Am Strand haben mir schon oft zwei einheimische Jungen geholfen, mein Kite-Material zu tragen. Ich ließ sie mit an der Steuer-Bar hängen und machte mit ihnen zusammen kleine Sprünge mit dem Kite, was ihnen etwas Angst, aber auch viel Spaß machte. Natürlich kann man sich auch dabei verletzen. An einer Flachwasserlagune konnte ich einen wirklich perfekten und geübten Kiter dazu überreden, einen etwa 5-jährigen Jungen aus der Familie, der sehnsüchtig zuschaute, einmal mitzunehmen. Er stellte ihn vor sich auf das Board und der Junge hielt sich an seinen Beinen fest. Zuerst recht langsam, aber dann immer schneller ging es übers Wasser, bis er sogar kleine Sprünge machte. Das Leuchten in den Augen des Jungen war danach heller als die Sonne am Äquator. Ich bemühe mich stets darum, Kinder in der Familie oder auch die von Freunden zu kleinen Herausforderungen zu motivieren. Natürlich gelingt das nicht immer, vor allem, wenn die Eltern ängstlich sind und die Kinder stets „pampern". Interessant finde ich aber, dass die Kinder, die sich zunächst manches noch nicht trauen, dann beim nächsten Besuch bei mir darauf bestehen, es nochmal zu probieren. Es gibt einen natürlichen Drang in jedem Menschen, Ängste zu überwinden und Herausforderungen zu meistern. Und den kannst du bei Kindern fördern. Genieße die Freude und den Stolz der Kleinen, durch deine männliche Motivation und Unterstützung Dinge zu tun, die sie sich vorher nicht trauten.

Eine wichtige Zutat zum Rezept, dein Leben als Mann zu genießen, lautet also: Mische maßgeblich in der Erziehung deiner Kinder mit. Baue und kreiere Spiele und Aktivitäten mit Kindern, und nimm sie mit ins Abenteuerland!

BEGEISTERUNG – Entzünde das Feuer in dir und anderen!

Die Fähigkeit, sich für etwas zu begeistern, stellt einen wunderbaren Aspekt der Männlichkeit dar. Der Ausdruck „Feuer und Flamme sein" zeigt, dass es hier um den Feuer-Aspekt im Mann geht. Mann brennt für etwas, das man dann mit Begeisterung verfolgt, austüftelt oder praktiziert. Doch worauf bezieht sich diese Begeisterung? Sie kann alle möglichen Bereiche des Lebens betreffen: den Beruf, neue Projekte oder eine Erfindung, den Sport, die Gründung oder Leitung einer sozialen Gemeinschaft oder Gruppe, politisches, soziales oder ökologisches Engagement ... Die Welt von heute ist so, wie sie ist, weil viele Männer begeistert und voller Leidenschaft Entdeckungen und Erfindungen gemacht und soziale Erneuerungen vorangetrieben haben.

Woran erkennst du, dass du begeisterungsfähig bist? Menschen, die begeistert sind von dem, was sie tun oder planen, sind in der Lage andere damit anzustecken. Wenn sie über „ihr Ding" sprechen, spürt man die innere Erregung und die emotionale Beteiligung: Die Augen leuchten, die Körperspannung und das Energieniveau sind hoch und derjenige sprudelt – meist gestenreich – nur so heraus. Man spürt, dass der Mensch liebt, was er tut, und dabei extrem engagiert ist. Man hört gerne zu und lässt sich von der Leidenschaft entflammen, vielleicht sogar motivieren mitzumachen oder sich zumindest zu interessieren. Ist auch der Zuhörer begeisterungsfähig, dann wird er bereit sein, etwas Neues auszuprobieren.

Was begeistert dich? Machst du jeden Tag mehrere Dinge, die du gerne tust, die dich faszinieren oder die du mit Passion verfolgst? Lebensqualität heißt, das zu tun, was du gerne und mit Freude machst.

Ich erlebe immer mehr Männer, die diese Fähigkeit, sich zu begeistern, verloren haben: Sie machen ihren Job lustlos, eher aus Routine und einem Gefühl des Zwanges heraus. Trotz ihres schönen Autos können sie den Weg zur Arbeit nicht genießen. Sport machen sie auch eher etwas gelangweilt, weil „es gesund und notwendig“ ist. Das Essen wird nebenbei reingelöffelt, um den Hunger zu stillen. Der Gang ist langsam, der Atem flach und die Stimme eher leise und emotionslos, so dass man wenig Interesse am Zuhören hat. Bei so einem gelangweilten und „unenergetischen“ Lebensgefühl wundert es nicht, dass dann auch der Sex ein routinemäßiges Nullachtfünfzehn-Programm ist – mit der Motivation, die Frau zufriedenzustellen. Willst du so leidenschaftslos durch dein Leben schlurfen? Bei manchen Männern hat man den Eindruck, sie wären versklavt und müssten selbst in der Freizeit Dinge tun, die ihnen keinen Spaß machen. Höre auf ein Langweiler zu sein, der emotionslos wie ein Pauschaltourist am Strand entlangschlurft und sich in seinen Liegesessel fallen lässt, weil er ihn reserviert hat und alle es so machen.

Wenn dies auf dich zutrifft, dann steige aus dieser Routine aus. Beginne zu realisieren, dass niemand anderes deine Lebensumstände gewählt hat als du selbst! An kaum einem anderen Ort der Welt hat man so viele Freiheiten wie in Mitteleuropa, sein Leben nach eigenem Ermessen zu gestalten. Hör auf, Opfer eines Lebens zu spielen, das du selbst gewählt hast! Du bist der Regisseur deines Lebens. Aber um etwas selbst zu erschaffen, um also Schöpfer deines Lebens zu werden, brauchst du zunächst Begeisterung. Ideen und Projekte, die mit Begeisterung umgesetzt werden, sind es, die die Welt voranbringen.

Wenn du eindrucksvoll erleben willst, was Begeisterung ist, dann schau einmal einem Kind beim Spielen zu. Am besten in der Natur und nicht am Computer, denn der stumpft eher ab. Beobachte Kinder, wie sie im Sand herumtollen, Ball spielen oder neue Spiele erfinden. Du wirst den Enthusiasmus erkennen, mit dem sie bei der Sache sind. Die „perfekten“ Spielsachen der Erwachsenen wecken eher nur eine kurze Freude, anders als die selbst erfundenen oder selbst gestalteten Dinge, die genug Raum für Fantasie und eigene Kreativität lassen. Diese Form der Begeisterung lässt das Energieniveau steigen und erfüllt einen mit Lebensfreude. Alles, was wir mit Passion tun, ist erfüllend und befriedigend –

sogar ein Stück weit unabhängig vom Ergebnis. Denn der Spaß an der Sache ist es im Nachhinein oft wert gewesen, auch wenn die Idee im Endeffekt nicht funktionierte. Oder glaubst du, dass Kinder Sandburgen für die Ewigkeit bauen? Wenn die Flut die Burg zerstört hat, wird am nächsten Tag eine neue gebaut – und am übernächsten wieder eine. Begeisterung bezieht sich also nicht nur auf das Ergebnis (auf das man natürlich stolz sein kann), sondern auf den gesamten Prozess des Tuns. Die Zeit, die du für das investierst, was du mit Engagement und Freude getan hast, ist auch dann nicht umsonst oder wertlos gewesen, wenn das Ergebnis negativ ist. Übrigens: Erfolgreiche Menschen tun das, was sie tun, mit absoluter Leidenschaft und stecken andere damit an. Langeweile oder „Dienst nach Vorschrift" hat noch niemanden beliebt, erfolgreich oder reich gemacht.

Die gelangweilten Söhne ohne Vater

Die Gründe für mangelnde Begeisterung

Wie ich bereits ausgeführt habe, ist die Mutter im Leben eines Jungen diejenige, die ihn versorgt und absichert. Der Vater ist derjenige, der Abenteuergeist, Risikobereitschaft und auch Begeisterung im Jungen weckt – durch Sport, Naturerlebnisse oder andere gemeinsame Aktivitäten. Findet eine einseitige weibliche Prägung durch die Mutter oder andere weibliche Bezugspersonen statt und fehlt die väterliche Präsenz, wird im Jungen häufig auch keine Begeisterung geweckt. Denn ein Junge braucht eben andere Impulse als ein Mädchen und kann beim Puppenspielen, Singen oder Basteln für ihn wesentliche Erfahrungen nicht machen. Der Vater ist derjenige, der mit dem Jungen rauft oder fischt, mit ihm Drachen steigen lässt oder ihn mit ins Kajak nimmt. Der Sohn spielt mit ihm Fußball oder er darf zuschauen, wie der Vater Eishockey spielt. Er hilft ihm, ein ferngesteuertes Schiff zu reparieren oder eine Hütte zu bauen. All diese Tätigkeiten gemeinsam mit dem Vater sind dazu geeignet, die Begeisterung im Jungen zu wecken, etwas zu bauen oder eine Sportart zu erlernen. Ich habe meinen Sohn stets mitgenommen: auf dem Fahrrad, auf einem Surfbrett (natürlich bei wenig Wind und nur im Flachwasser), im Kajak, bei Bergbesteigungen (zu Beginn eher auf Hügel), beim Schlittenfahren, beim Irgendwo-Runterrutschen, beim Schnorcheln und dann beim Tauchen, in die Schwitzhütte, zum Holzhacken, Feuermachen und Übernachten im Wald ... und bei vielen weiteren aufregenden und teils gefährlichen Dingen. Das ist die Aufgabe eines Vaters und mir hat sie viel Freude bereitet. Wer das alles als Junge nie erleben konnte, weil er in Mamas Komfortzone blieb, dem fehlt ein wesentlicher Teil seiner Kindheit und Sozialisation als Mann. Er wird als erwachsener Mann Mühe haben, sich zu begeistern und Neues auszuprobieren. Ihm wird es schwerer fallen als anderen, neue Ideen und Pläne zu entwerfen und sein Leben spannend und aufregend zu gestalten. Er wird Herausforderungen als Bedrohung erleben und bei Rückschlägen oder Kritik schnell aufgeben. Und man erkennt diese Männer auch daran, dass sie gelangweilt in ihrer Komfortzone verharren – angeödet von ihrem Leben und letztendlich sich selbst. Ihnen fehlt das Feuer der Begeisterung und die Willenskraft der Umsetzung. In diesem Fall muss man die betreffende Entwicklungsphase nachholen. Zum Glück gibt es heute unzählige Kursangebote, in denen alle möglichen Sportarten, Aktivitäten, Outdoortrainings etc. vermittelt werden. Hier kann man als Teilnehmer wieder zum Jungen werden, der sich vom Trainer begeistern und führen lässt. Dieser motiviert und schafft den sicheren Rahmen für neue Erfahrungen. Wenn dir also Begeisterung fehlt, suche dir Trainer, die diese in dir wecken und dir zu neuen Erfahrungen verhelfen.

Natürlich kann man nicht bei allen Arbeiten und zu jeder Zeit hundertprozentig engagiert sein: Bei der Steuererklärung oder beim Aufräumen ist es sicherlich schwierig, die Begeisterung zu halten. Aber diese „Zuarbeiten“ gehören eben zu jedem Job und man tut sie, um letztendlich das zu realisieren, was einem am Herzen liegt.

Der Flow-Effekt

Der sogenannte Flow-Effekt tritt ein, wenn man etwas Gleichförmiges mit Begeisterung und hundertprozentiger Präsenz tut. Wenn ich auf dem Wasser bin, entweder auf einem Kiteboard oder auf einem Segelboot, den Wind spüre, die Gischt, die Sonne und die Weite, spüre ich Glück und Freiheit. Bei Starkwind und hohen Wellen ist das wie ein Kampf mit den Elementen: Ich bin absolut präsent, um auf jede Windbö oder Welle mit den Armen, den Beinen oder einer Gewichtsverlagerung zu reagieren. Nach einiger Zeit tritt eine Art Trance ein: Ich spüre, ohne hochzugucken, wo der Kite steht, ich spüre den Wind und jede Welle. Ich bin der Kite und der Wind und die Welle, mein Körper reagiert wie von selbst und luvt an oder fällt ab, balanciert aus und ich rase jede Welle hoch und runter. Irgendwann bin ich erschöpft und denke „Einmal noch raus und zurück". Und dann noch einmal und noch einmal, bis ich irgendwann wirklich zu abgekämpft bin. Der betreffende Zustand wird „Flow" genannt: Der Kite fährt mich, mein Geist schwebt sozusagen als Drohne darüber und schaut mir beim Kiten zu. Es gibt keine Zeit mehr, keinen Anfang und kein Ende. Ich bin Teil des Windes und des Meeres und könnte gefühlt ewig weiterfahren.

Dasselbe kann man beim Laufen, Radfahren, Schwimmen oder Skifahren erleben. Doch nicht nur im Sport, sondern auch in der Kunst kann man in den Flow eintauchen: beim Musizieren, beim Malen oder Schnitzen. Auch bei manchen handwerklichen oder planerischen Arbeiten erreicht man diesen Zustand, der zutiefst befriedigend ist.

Im Kontakt mit einem Menschen kann man zum Beispiel beim Paartanz einen gemeinsamen Flow erleben. Ein gewisses Niveau und Sicherheit beim Führen vorausgesetzt kann man hier mit der richtigen Partnerin und der passenden Musik zu einer Einheit verschmelzen und stundenlang tanzen. „Die Musik tanzt uns" ist der Eindruck dabei, es gibt keine rationalen Entscheidungen für bestimmte Figuren und auch kein „Ich" und kein „Du" mehr. Und natürlich ist dasselbe auch in der Massage oder beim Sex möglich, wenn dieser denn lang genug andauert – also eher beim tantrischen Sex.

Auch als Gruppe ist dieser Flow erlebbar: Dann wird aus der Volleyballmannschaft „ein einziger Körper" – jeder spürt sozusagen im Voraus, was die anderen Mannschaftsmitglieder tun werden. Dasselbe Gefühl, eine Einheit zu bilden, kann man beim Rudern, Segeln oder Wandern in einer Gruppe erleben. Auch eine wirklich aufeinander eingespielte Arbeitsgruppe kann in einen solchen gemeinsamen Schaffensprozess eintauchen, wenn jeder sein Ego und seinen Geltungsdrang zurück stellt und „sich selbst vergisst“ – zugunsten einer Gemeinschaft, die Hand in Hand arbeitet.

Die Glücksforschung belegt diese subjektiven Empfindungen: Wer sich im selbstvergessenen Flow befindet, erlebt das als zutiefst befriedigend. Der Gesundheitsforscher und Psychologe mit dem unaussprechlichen Namen Mihályi Csíkszentmihályi hat herausgefunden, dass die meisten Menschen sogar bei der Arbeit glücklicher sind als in ihrer Freizeit. Als Auslöser und wesentliche Basis für Glücksgefühle nennt er den Flow-Effekt, bei dem die Menschen in ihrer Tätigkeit aufgehen.

Welche Zutaten braucht es, um in diesen Flow-Zustand zu gelangen? Zunächst muss man sich selbst ein Ziel setzen, das einen herausfordert – Unterforderung erzeugt Langeweile, Überforderung hingegen Stress oder Angst. Man muss sich für die Aufgabe, die Tätigkeit oder den Sport absolut begeistern und das Ganze mit Konzentration und Leidenschaft verfolgen. Das bedeutet engagiert, aber nicht verkrampft auf das Ziel fixiert zu sein. Dann kann man in einen Trancezustand eintauchen, bei dem man sich selbst und die Zeit vergisst und ganz mit der Aufgabe verschmilzt. In diesem Zustand hat man erwiesenermaßen die kreativsten Ideen, arbeitet am effektivsten und wächst über seine körperlichen oder geistigen Grenzen hinaus. Deshalb muss die betreffende Aufgabe auch eine Herausforderung darstellen. Segelt man bei lauer Brise, joggt man langsam wenige Kilometer oder macht man eine Routine-Aufgabe, dann ist es schwierig, in diesen Zustand zu gelangen. Grundsätzlich gilt: Wer körperlich gefordert oder zumindest aktiv ist, kann den Flow-Zustand leichter erreichen.

Zusammenfassend gehören also folgende Aspekte zu einem Flow-Zustand dazu: ein selbst gestecktes Ziel, wofür man motiviert ist und das eine angemessene Herausforderung darstellt. Man braucht Konzentration, Spannung und Selbstvergessenheit, um in eine Art Trance-Zustand zu gelangen.

Höre auf, etwas halbherzig zu tun!

Egal, was du tust – versuche dich dafür zu begeistern. Du wirst vielleicht einwenden: „Ich kann doch nicht jeden Morgen begeistert aufstehen, mir begeistert die Zähne putzen, mich begeistert anziehen oder begeistert frühstücken!" Nun, dann erinnere dich daran, als du das letzte Mal in einem fremden Land in Urlaub warst. Wie war der erste Morgen dort? Mit welchem Gefühl bist du in dem fremden Zimmer aufgestanden? Wie war das Zähneputzen mit einer Zahncreme, bei der du nur hoffen konntest, dass die fremdartigen Schriftzeichen auf der Tube nicht „Bodylotion" oder „Wundcreme" bedeuten? Wie hast du dich beim Anziehen gefühlt, den Blick aus dem Fenster in die Natur gerichtet? Und wie hast du das Frühstück erlebt, mit einem Buffet voller dir unbekannter Speisen und zahlreichen internationalen Hotelgästen? Was war der Unterschied zu deinem Alltag? Wahrscheinlich warst du einfach präsenter bei der Sache und nicht in Gedanken woanders. Das Gefühl, dass ein schöner oder spannender Tag vor dir liegt, an dem du tun und lassen kannst, was du willst, war vielleicht auch entscheidend. Denk darüber nach, ob das wirklich nur im Urlaub möglich ist. Entscheide dich dafür, die Dinge, die DU AUSWÄHLST, auch mit Freude zu tun. Mache nichts halbherzig, das senkt dein Energieniveau und verkürzt dein Leben! Warum? Du verschenkst wertvolle Lebenszeit und wirst als frustrierter und gelangweilter Mensch früher sterben, weil du keine Energie, keine Projekte und keinen Lebenswillen mehr hast. Die meisten Menschen sterben aus Langeweile, nicht durch einen Unfall oder eine Krankheit. Sie haben im Alter keine Freude mehr an ihrem Leben, sie vegetieren nur noch vor sich hin. Doch diese Menschen hatten auch mit 40 oder 50 schon ein langweiliges Leben. Die restlichen Jahrzehnte waren dann eher ein Warten auf den Tod mit täglichen Routinegewohnheiten. Menschen, die in ihrem Leben vieles mit Begeisterung getan haben, verlieren diese Fähigkeit auch im Alter nicht. Anstatt abgegrenzt und gelangweilt im Fernsehsessel die Stunden zu zählen, lernt man immer noch Neues und will der Welt etwas geben. Dafür gibt es viele Beispiele. Mein Nachbar ist 83 Jahre alt und schraubt noch selbst an seinem Wohnmobil, der Solaranlage und seinen E-Bikes herum. Er kümmert sich um alle Reparaturen selbst und fährt mit dem Wohnmobil zusammen mit seiner Frau jedes Jahr im Winter für mehrere Monate nach Portugal. Im Sport-Kapitel schildere ich einige beeindruckende Beispiele von Männern, die in hohem Alter noch Dinge tun, die selbst viele junge Männer nicht schaffen.

Was bringst du in die Welt?

Sei nicht schon mit 30 oder 40 ein Rentner in spe, der an seinen Ruhestand denkt! Du bist nicht auf der Welt, um nur den Status quo zu sichern und dich am Leben zu halten. Männlichkeit zu leben heißt, die eigenen Fähigkeiten und Qualitäten zu entwickeln und der Welt zu Verfügung zu stellen. Es bedeutet, stets an sich zu arbeiten, um die eigenen Fähigkeiten zu perfektionieren und Potenziale zu entwickeln. Begeisterung und Aggression sind die Grundlagen für einen Veränderungswillen, die Welt besser, bewusster, angenehmer oder fröhlicher zu machen. Wenn du deine Potenziale kennst, wirst du viel Energie investieren, um sie zu befreien und in Taten umzusetzen.

Hör auf von der Welt etwas zu fordern, was dir deine Eltern nicht oder nicht genug gegeben haben. Wenn du erwachsen bist, bist du für dich selbst verantwortlich, und nicht mehr deine Eltern. Hör auf, dir Sorgen darüber zu machen, dass du zu wenig (Geld, Essen, Liebe, Anerkennung etc.) von der Welt bekommst. Dinge nur deshalb zu tun, damit man Anerkennung oder Geld dafür erhält, ist erbärmlich und erniedrigend. Es wird dich niemals glücklich und auch nicht erfolgreich machen. Ja, in einer verrückten Welt der Finanzspekulation, des Waffenhandels und anderer unsozialer Tätigkeiten kann man durchaus mit Gier reich werden, aber garantiert nicht glücklich. Das Gefühl, ein erfülltes Leben zu führen, hat etwas damit zu tun, der Welt etwas von sich zu geben und sie so zu bereichern. Wenn du anfängst, mit Engagement Dinge für andere zu tun, Produkte für sie herzustellen oder Dienstleistungen anzubieten, von denen du überzeugt bist, dass sie gut für die anderen sind, bist du auf dem richtigen Weg. Wenn du das Ganze aus Überzeugung und nicht wegen finanzieller oder emotionaler Anerkennung tust, wirst du auch langfristig Freude daran haben. Wenn ich meine Seminare geben oder auch dieses Buch schreiben würde, um berühmt zu werden oder Lob und Geld zu bekommen, dann wäre schon der Ansatz falsch. Jeder Teilnehmer und auch du als Leser würdest das spüren und dich ärgern, dieses Buch gekauft zu haben. Ich schreibe es, weil ich überzeugt davon bin, anderen Männern mit meinem Wissen zu helfen.

Stell dir einen Maler vor, der ein Bild malt, das 10 000 Euro kosten soll: Wenn er das Bild mit dieser Motivation malen würde,

wäre es grottenschlecht. Und das Konzert eines Musikers, der auf der Bühne steht, weil er einen Vertrag zu erfüllen hat, kannst du dir schenken. Und ich persönlich bringe mein Auto auch nicht in eine Werkstatt, in der jemand lediglich „Dienst nach Vorschrift" macht, sondern dahin, wo engagiert gearbeitet wird. Und wenn ich ein neues Sportgerät kaufe, tue ich das dort, wo der Verkäufer mir zuhört und selbst begeistert von verschieden Neuerungen und Entwicklungen auf dem Markt erzählt. Das heißt, ich versuche mich auch im Alltag mit Menschen zu umgeben, die das, was sie tun, mit Liebe und engagiert tun.
Die Auswahl für die Teilnehmer meiner Männerseminare ist streng – unter anderem deshalb, weil ich dort keine halbherzigen Teilnehmer haben möchte, sondern Männer, die bereit sind sich zu 100 Prozent für neue, manchmal gefährliche und auch anstrengende Grenzerfahrungen zu begeistern.

Leidenschaft!

Man kann im persönlichen Kontakt spüren, ob ein Mann seine Arbeit mit Herzblut und Leidenschaft macht oder ob er nur „Dienst nach Vorschrift" ableistet. Das ist unabhängig davon, ob er Arzt, Tapezierer oder Gärtner ist. Jemand, der das, was er tut, mit Enthusiasmus und Engagement betreibt, versetzt sich mit ungeteilter Aufmerksamkeit in die Problemstellung hinein, die zu lösen ist. Er aktiviert alle seine Ressourcen und denkt mit, also über das eigentliche Problem hinaus. Um bei den eben erwähnten Berufen zu bleiben: Ein leidenschaftlicher Arzt lässt sich ganz auf den Patienten ein und versucht die tieferen Ursachen für eine Krankheit oder ein Leiden zu verstehen – das bedeutet auch Fragen nach dem Alltag des Patienten und seinen Verhaltensweisen zu stellen. So fahndet der Arzt nach dem Ursprung des Problems und kann es vielleicht dauerhaft beheben, anstatt nur ein Symptom zu behandeln – selbst wenn das mehr Geld bringen würde. Ein konkretes Beispiel: Jemand möchte seine Zähne aus ästhetischen Gründen korrigieren lassen. Ein Zahnarzt, der nicht wirklich engagiert ist, wird ihm eine Zahnspange verkaufen und anpassen und ihn eventuell vorher in Bezug auf die verschiedenen Modelle beraten. Ein passionierter Zahnarzt wird nach dem Grund für die Fehlstellung forschen und z. B. eine Zungenfehlfunktion beim

Schlucken feststellen, die die Zähne nach außen drückt. Solange diese nicht behoben wird, nützt eine Zahnspange nichts. Er schickt den Patienten also zum Logopäden, um die Zungenbewegungen zu verändern.

Ein Tapezierer, der seinen Beruf mit Passion ausübt, tapeziert und streicht nicht einfach nur nach Kundenwunsch, sondern er denkt mit. Zum Beispiel weist er darauf hin, dass er die Rigipsplatten zwar streichen kann, dies aber nicht perfekt aussehen wird, da an den anderen Wänden Raufasertapete ist. Anstatt unnötig zu tapezieren, schlägt er eine Farbe vor, die die Struktur der Rauhfasertapete imitiert, damit der Raum wirklich schön und harmonisch aussieht. Der Gärtner, der seine Passion lebt, pflegt und pflanzt nicht einfach nur nach Vorschrift. Er versucht, aus jedem Garten ein einmaliges, zum Kunden passendes Kunstwerk zu machen. Dafür muss er sich eingehend mit dem Kunden und auch mit dem Garten beschäftigen. Bei Fragestellungen, die man nicht sofort lösen kann, wird er sich auch nach Feierabend noch Zeit dafür nehmen: Kollegen um Rat fragen oder im Internet bzw. in Fachartikeln eine Lösung suchen.

Man kann aus jedem Beruf und jeder noch so langweilig scheinenden Tätigkeit eine Passion machen. Wenn ich Kartons für das Altpapier mit den Kindern zerkleinere, ist das eine tolle Schlacht, die Spaß macht. Beim Putzen lege ich Musik auf und lasse mir witzige Sachen mit Besen und Sauger einfallen.

Es gibt Männer, die einen Job haben, der alle kreativen Möglichkeiten bietet, die aber dennoch nur ein langweiliges Mittelmaß fabrizieren. Gelebte Männlichkeit bedeutet für mich, stets und bei allem, was ich tue, mit dem Herzen dabei zu sein und über mich hinauszuwachsen. Daher gebe ich mein Geld (also meine Energie und Anerkennung) vorzugsweise Menschen, die ihre Arbeit mit Leidenschaft tun, selbst wenn sie etwas mehr für ihre Waren oder den Service verlangen als andere. Ein Verkäufer, der mir nicht nur etwas andrehen will, sondern wirklich mitdenkt und verstehen will, was genau ich wofür brauche, der intelligente Fragen stellt und mich optimal berät, ist meiner Ansicht nach sein Geld wert: Ich bezahle dann nicht nur das Produkt, sondern auch seine engagierte und vielleicht auch noch originelle Beratung. Einmal musste ich im Geschäft laut lachen, weil mir ein „verrückter" Verkäufer gestenreich und leidenschaftlich die Vorteile eines neuen Klimageräts anpries – er hatte wirklich Ahnung, erklärte spannende technische Details und Forschungsergebnisse und war von dem Konzept des neuen Produkts absolut begeistert. So etwas ist ansteckend und bringt Freude. Ich persönlich glaube, dass Qualität und Genialität sich auf Dauer durchsetzen, auch wenn sie teurer sind.

Die Zutaten für das Rezept „Lebensgenuss" sind also Engagement, Leidenschaft, Passion und Enthusiasmus. Tu möglichst viel in deinem Leben mit Begeisterung und umgib dich mit Menschen, die das auch tun, um dich von ihnen anstecken zu lassen.

Strebe stets nach Perfektion

Im Mittelmaß zu verweilen, um in der Komfortzone seine Ruhe zu haben, erhöht weder die Lebensfreude, noch stärkt es die eigene Männlichkeit. Eine Regel in meinem Karate-Dojo lautet: „Strebe nach Perfektion." Arbeite also stets daran, dich zu verbessern und neue Potenziale in dir zu wecken. Aber mache es nicht verbissen. Freue dich auch über noch nicht perfekte Ergebnisse. Das ist das Geheimnis, warum Menschen von meinen Seminaren begeistert sind, denn sie sehen, dass ich auch nach 25 Jahren noch genauso mit Leidenschaft dabei bin wie beim ersten Mal. Selbst Seminare, die ich im Grundkonzept schon viele dutzend Male gemacht habe, „erfinde" ich immer wieder neu. Ich überdenke stets kritisch das Konzept und frage mich, was ich noch verändern oder verbessern kann. Ich bin meistens nur zu maximal 95 Prozent zufrieden, denn irgendein kleines Detail, das ich besser oder zumindest anders machen könnte, gibt es immer: das Timing, die Wortwahl, die Sitzordnung, ein Musikstück. Manchmal sind es Kleinigkeiten, aber sie haben durchaus eine Wirkung im Gesamtkonzept. Meine Seminare leite ich mit akribischer Perfektion und höchstem Anspruch an mich selbst, an mein Team und an das verwendete Material. Und das spüren die Teilnehmer, auch wenn sie nur einen Bruchteil von der aufwendigen Konzeption und Logistik mitbekommen. Ich schätze Menschen, die das genauso machen. Die Shows des Cirque du Soleil sind deshalb so erfolgreich und berühmt, weil sie bis ins Detail perfekt choreografiert sind. Ein Verkäufer eines Satelliten-Notrufsystems rief mich einmal an, um mir zu sagen, dass er vergessen habe, mir ein anderes und für mich vielleicht passenderes Gerät vorzustellen. Dabei ging es nicht um finanzielle Vorteile für ihn: Er hatte einfach den Anspruch, ein perfekt passendes Gerät für seine Kunden anzubieten. Mein Zahnarzt schrieb mich einmal an, um mich auf ein neues Produkt für die Zahnreinigung hinzuweisen, das speziell in meinem Fall Vorteile biete. Er hatte einen Fachartikel dazu gelesen und dabei an mich gedacht, seine Mail enthielt sogar den betreffenden Link zur Bestellung im Internet. Das sind Menschen, die an ihrer Perfektion arbeiten. Sie sind auch diejenigen, die Erfolg im Leben haben. Vieles, was einfach und schlicht aussieht, ist das Ergebnis jahrelangen harten Trainings und permanenter Unzufriedenheit mit dem Ergebnis. Spitzensportler, die scheinbar mit Leichtigkeit Höchstleistungen abrufen, oder andere, die mit einer guten Idee Erfolg hatten, haben lange daran gearbeitet. Das bedeutet, auch Misserfolge und negative Ergebnisse für sich positiv auszuwerten, um an sich zu arbeiten. Auch wenn sich das für manche nur nach Anstrengung und Stress anhört: Wirklicher Genuss und Stolz stellen sich nicht ein, wenn man mittelmäßige Arbeit abliefert, sondern nur wenn man selbst ehrlich und aufrichtig stolz auf sich sein kann, weil man eine Meisterleistung vollbracht hat. Der Applaus und das Lob des Publikums sind schön und wichtig, aber letztendlich nicht so viel wert wie der Sekt, den man auf sich selbst trinkt. Denn das normale Publikum oder die Kunden bekommen manche Fehler oder Unzulänglichkeiten gar nicht mit, wenn das Gesamtkunstwerk oder das Ergebnis stimmt. Es gibt ein männliches Gen, und das heißt: Genuss an der Perfektion. Wer dieses Gen hat, der weiß, wovon ich spreche. Es betrifft die eigene Perfektion, aber auch den Genuss von perfekten Leistungen oder Produkten anderer.

Bleib dran!

Begeisterung ist das erste Strohfeuer, das lodert und Hitze erzeugt. Das ist wichtig, um mit einer neuen Sache zu beginnen. Du denkst sozusagen Tag und Nacht an dein neues Projekt und liest alles darüber. Du lebst dann für das, was du tust, und sprichst mit allen darüber. Der erste Schritt ist also getan, um dein Leben erfolgreicher und glücklicher zu machen. Doch bekanntermaßen verbrennt Stroh schnell – du musst dafür sorgen, dass die Holzscheite Feuer fangen, damit das Ganze dauerhaft wird. Daran scheitern viele Männer – übrigens auch wieder vor allem diejenigen, die als Kind von ihrem Vater nicht gelernt haben, stetig eine Sache zu verfolgen. Dranzubleiben, auch wenn es anstrengend wird, führt zum Erfolg. Rückschläge, Unfälle oder auch Kritik von anderen muss man zu verkraften lernen, um „sein Ding“ zu machen. Als Jugendlicher bin ich Radrennen gefahren und war immer mit dem Rennrad unterwegs, obwohl alle Jungs in meiner Klasse ein Mofa hatten. Natürlich war das „uncool“ und ich wurde dafür gehänselt, aber mein Vater motivierte mich stets, mir selbst treu zu bleiben und weiter zu trainieren. Er kaufte mir ein Spitzen-Rennrad und ich war damit sogar schneller als die frisierten Mofas. Und das verschaffte mir Anerkennung. Mein Sohn wollte mit 13 nicht mehr zum Klavierunterricht. Er fand das langweilig und wollte lieber etwas anderes in seiner Freizeit machen. Ich bestand aber auf dem Klavierunterricht und stellte ihm zu Weihnachten ein E-Piano in Aussicht. Das motivierte ihn, und mit 15 kam er einmal zu mir und bedankte sich für meine Unnachgiebigkeit damals, denn jetzt gründete er als Pianist seine eigene Band. Er war froh, drangeblieben zu sein.

An mangelnder Kontinuität scheitern viele Männer mit guten Ideen und Projekten. Bei vielen Sportarten, Künsten und Hobbys braucht man geraume Zeit, bis man das manchmal frustrierende und anstrengende Anfängerniveau verlassen hat und sich erste Erfolge einstellen. Wer sich mit seiner Gitarre durch langweilige Tonleitern, die Harmonielehre und Fingerübungen gequält hat, der weiß, wovon ich spreche. Aber wenn man zum ersten Mal ein Konzert gibt und den Applaus des Publikums hört, spürt man, dass es sich gelohnt hat, jahrelang zu üben. Wer beim Einradfahren aufgibt, nachdem er ein paarmal auf die Nase gefallen ist, wird nicht in den Genuss des entspannten Fahrgefühls kommen. Und wer sich beim Laufen nicht an manchen „schlechten Tagen“ durch die Kilometer gequält hat, wird niemals in einen Laufrausch kommen. Wer sich mit einer fremden Sprache nicht zeitweise rumgequält hat und nicht in viele sprachliche „Fettnäpfchen“ getreten ist, wird niemals ein Sprachniveau der flüssigen Kommunikation erlangen.

Um also in den Zustand des Flows zu gelangen, muss man vorher auch durch anstrengende und langweilige Phasen gehen und nicht aufgeben. Die schwierigste Phase ist die, bis zum mittleren Level oder, sagen wir mal, bis zur „oberen Mittelschicht" zu gelangen. Denn erst dann läuft einiges sozusagen von selbst. Man kann sich dann durchaus auf seinen Lorbeeren ausruhen – zumindest phasenweise. Denn man hat eine bestimmte Sicherheit und Erfahrung erlangt, mit denen man nicht mehr so leicht aus der Ruhe zu bringen ist.

Berufliche Selbstständigkeit

Die Fähigkeit zur Kontinuität zeigt sich vor allem in der beruflichen Selbstständigkeit. Ich habe schon einige Männer beraten, die beschlossen hatten, selbstständig zu werden, um „ihr Ding" zu machen. Neben der Erfahrung und dem Know-how ist die nötige Begeisterung für die Sache wichtig. Doch wie sieht es mit dem langfristigen Engagement aus? Der erste Schritt ist meistens leicht, das Strohfeuer brennt, ab dem zweiten Schritt wird es dann allerdings anstrengend. Das erste Seminar, der erste Eröffnungstag oder die erste Verkaufsveranstaltung sind kein Problem, denn die Begeisterung brennt und viele möchten das neue Angebot kennenlernen. Doch mit Neugierigen allein macht man keinen Umsatz. Und der Anfängerbonus ist nicht beliebig wiederholbar, genau wie man kein Feuer mit Stroh allein am Brennen halten kann. Je nachdem, um was für ein Projekt es sich handelt, braucht man mehrere Jahre der Kontinuität, bis es etabliert ist und man „Glut erzeugt" hat, auf die man vertrauen kann. Es hat etwa sieben Jahre gedauert, bis wir von den Seminaren unseres LoveCreation-Instituts leben konnten, weil diese recht sicher stattfanden und die Einnahmen kalkulierbar wurden. Erst ab diesem Zeitpunkt haben wir Urlaub gemacht, was vorher undenkbar war. Und erst dann konnten wir uns den Luxus leisten, eine Bürokraft einzustellen und Flyer in die Druckerei zu geben, anstatt sie selbst zu drucken. Der Laden lief – zwar noch nicht rund, aber das Feuer war so leicht nicht mehr zu löschen. Denn wir hatten einen Namen, Referenzen gesammelt und genügend Teilnehmer, die uns weiterempfahlen. Diese ersten sieben Jahre halten nur etwa fünf Prozent der Menschen mit einem neuen Projekt durch.

Es braucht also Kontinuität, um das Feuer in Gang zu halten. Du musst das Feuer der Begeisterung durchtragen, auch wenn es regnet und stürmt oder dir jemand ins Feuer pinkelt. Denn Schwierigkeiten und auch Widersacher gehören dazu. Je erfolgreicher dein Projekt ist, umso zahlreicher und fieser werden deine Neider und Feinde. Wenn du genial bist, werden andere dich kopieren oder versuchen dich zu vernichten, zu korrumpieren oder aufzukaufen. Nur wenn du aus solchen Angriffen lernst und deine Schwachpunkte bearbeitest, wirst du erfolgreich sein.

Deine Vision

Wie schaffst du es also, zu den fünf Prozent zu gehören, die erfolgreich „ihr Ding" machen und auch nach Jahren noch dranbleiben? Begeisterung allein reicht dafür eben nicht aus, denn es werden dir immer wieder neue Dinge begegnen, die dich begeistern und die attraktiver erscheinen als dein Projekt. Wenn du in einer schwierigen Phase deines Gesangsunterrichts bist, werden dir plötzlich alle möglichen Musikinstrumente interessanter als dieser erscheinen. Wenn du als Heilpraktiker gerade wenig Klienten in deiner neuen Praxis hast, erhältst du oft gerade dann besonders attraktive Jobangebote. Wenn niemand deine Spezial-Software kaufen will, lernst du zufällig jemanden kennen, der im Gaming-Bereich erfolgreich ist und aktuell einen Companion sucht. Sprich die Verlockung, etwas anderes zu machen, ist oft größer als der Wille, den Herausforderungen und auch den Rückschlägen eines Projektes standzuhalten. Es ist wie in einer Beziehung: Egal wie attraktiv deine Partnerin ist – irgendwann tauchen immer interessantere und schönere Frauen auf und es wäre leichter, eine neue Affäre zu beginnen, als die Beziehungsflaute durchzustehen. Was dir in solchen Situationen hilft, ist der Glaube an deine Vision. Du brauchst ein klares Bild von dem, was du einmal erreichen willst. Und das muss nicht nur sexy aussehen, sondern auch gut riechen, lecker schmecken und gut klingen. Sprich die Vorstellung von dem, was du erreichen willst, muss so konkret wie möglich sein. Das betrifft kleine Projekte wie die Einrichtung einer Wohnung oder große, langfristige wie den beruflichen Erfolg. Nur wenn du eine Vision vor Augen hast, für die du brennst und an die du glaubst, wirst du in den schwierigen Phasen nicht verzweifeln.

Steck andere an!

Auf meiner Website www.maennlichkeit-geniessen.de findest du einige lustige Videos, in denen ein Einzelner eine ganze Menschengruppe zum Lachen, zum Tanzen oder auch zum Weinen bringt. Diese Beispiele aus der Freizeit kannst du auf den beruflichen Bereich übertragen. Führungsqualität bedeutet, Menschen für etwas zu begeistern, das sie zunächst aus sich selbst heraus nicht tun würden. Dafür braucht man Selbstbewusstsein, Leidenschaft und viel Feuer. Diese Fähigkeit ist eine Definition von Macht. Und Macht ist lustvoll. Es ist das Gefühl der Freiheit und inneren Stärke, von dem was man tut, hundertprozentig überzeugt zu sein. Sich von nichts und niemandem ablenken zu lassen. Und es ist die Freude darüber, dass man andere Menschen emotional erreichen oder zu etwas motivieren kann, was sie sich sonst nicht trauen würden.

In Rio de Janeiro gibt es eine Startrampe für Drachenflieger, hoch auf einem Hügel über dem Strand von São Conrado gelegen. Der Franzose Jules bietet dort Tandemflüge an, was an sich zunächst nichts Besonderes ist. Er hat sich aber auf Menschen spezialisiert, die Höhenangst haben und diese überwinden wollen. Mit einem mentalen Training und mit seiner wirklich mitreißenden Art, mit der er das Fliegen beschreibt, schafft er es, absolut ängstliche und zweifelnde Menschen dazu zu bewegen, mit ihm zu fliegen. „Jemandem, der absolut nicht fliegen wollte und schon auf der Rampe Angst bekam, nach der Landung in die Augen zu schauen, ist das Schönste für mich." Damit spricht er mir aus der Seele, denn auch die meisten Teilnehmer meiner Seminare tun bei mir Dinge, die sie sich nicht hätten träumen lassen, und wachsen dabei enorm über sich selbst hinaus. Es verhält sich damit so, wie mein Fluglehrer es beschrieb, als ich ihn nach den zu absolvierenden „Emergencys" fragte: „Wenn ich dir erzähle, was wir da machen, meldest du dich vom Unterricht ab. Wenn es so weit ist, wirst du aber viel Freude daran haben." Genauso war es: Adrenalin pur bei manchen Notfall-Übungen in der Luft, aber auch enormer Stolz und ein Glücksgefühl, wenn man das (letztendlich unrealistische) Gefühl hatte, nur knapp dem Tod entronnen zu sein.

Eine Zutat für das Rezept „Lebensgenuss“ lautet also: Motiviere und begeistere andere Menschen und hilf ihnen, Ängste, Faulheit und Begrenzungen zu überwinden.

Widersacher und Shitstorms

Ich habe in den letzten Abschnitten beschrieben, dass persönliches Engagement, Herzblut und Kreativität zu Erfolg führen und auch die eigene Lebensqualität verbessern. Qualitativ hochwertige Spitzenprodukte und konkurrenzlose Meisterleistungen haben jedoch auch einen entscheidenden Nachteil: Sie rufen Neider und Konkurrenten auf den Plan und provozieren Angriffe jeder Art. Das ist vermutlich ein wichtiger Grund für viele, sich doch lieber im Mittelmaß zu verstecken und nicht aufzufallen. Denn wer sich nicht von der Masse abhebt, der ist auch weniger angreifbar. Wer Erfolg hat oder sogar Marktführer ist, der wird hingegen attackiert: Wer Dinge anders macht und sein eigenes Ding macht, der macht sich angreifbar. Und die Zuschauer reagieren dabei nach dem Motto „David gegen Goliath“ – fast alle verbünden sich mit David, niemand mit Goliath. Wer ein machtvoller Schöpfer ist, der riskiert damit immer auch ein Sich-Verbünden der Unterlegenen untereinander. So etwas nennt sich „Shitstorm“. Jeder, der „sein eigenes Ding“ macht, damit mit diesem erfolgreich ist und klare Positionen in der Öffentlichkeit bekennt, der wird einen solchen früher oder später erleben. Ich weiß, wovon ich schreibe, denn meine Partnerin Leila Bust und ich haben als führendes Institut und Autoren im Bereich Persönlichkeitsentwicklung bereits zahlreiche Anfeindungen erlebt, teils von Konkurrenten, teils aber auch von Menschen, die uns eigentlich viel zu verdanken haben. Wer Erfolg hat und mächtig ist, wer Führungskraft oder Vorbild für andere ist, der wird sich im Laufe seines (Berufs-)Lebens oftmals Angriffen, Intrigen und Verleumdungen ausgesetzt sehen, das zeigt auch ein Blick in die Geschichte: Neben dem Archetyp des Königs, der Führung übernimmt, gibt es zum einen zwar immer diejenigen, die dankbar dafür sind und dies auch zeigen, andererseits gibt es immer auch die „ewigen Rebellen und Nörgler“ – meist unzufriedene und selbst wenig erfolgreiche Menschen. Sie suchen bei jedem „König“ die Fehler, um sich selbst möglichst groß herauszustellen und sich als Richter aufzuplustern. Dann versuchen sie als „Rebellionsführer“

Verbündete gegen den König um sich zu sammeln. Denn sie gehen in Konkurrenz zum König und wollen als Meuterer dessen Position einnehmen – sie sagen das aber natürlich nicht öffentlich.

Es lohnt sich in diesem Zusammenhang aber etwas Politikgeschichte zu studieren, um hier ein Muster zu erkennen: Die Rebellionsführer wurden in vielen Fällen die nächsten Könige, und meist nicht die besseren! Um gegen den König zu mobilisieren, brauchen die Widersacher aber eine gewisse Öffentlichkeit. Diese ist heutzutage durch die „sozialen Netzwerke", die meist alles andere als sozial sind, in perfekter Weise gegeben: Dort können feige und hinterhältige Menschen einen Shitstorm inszenieren, ohne selbst Gefahren einzugehen. Im Internet werden dann falsche Sachverhalte oder Zusammenhänge in dramatisch aufgebauschter Form dargestellt, Beleidigungen und Lügen schaukeln sich hoch, genährt durch frustrierte Nörgler oder Neider. Dort werden Dinge gepostet, die man einem Gegenüber Auge in Auge so niemals so sagen würde. Schon bald geht es gar nicht mehr um Inhalte, sondern um hochgekochte Emotionen und einen Kampf gegen den „König", Kapitän, Chef, Marktführer, Trainer, Autor etc. – also gegen den Mächtigen. Das Ganze wird dann häufig als „der gerechte Kampf des Volkes gegen die Herrschenden und Unterdrücker" hochstilisiert. Das Objekt des Shitstorms kann eine bekannte Einzelperson, ein Paar, eine Gruppe oder auch ein Unternehmen sein. Der Anlass ist oft absolut nichtig:

Eine Musikgruppe, die mittelalterliche Musik auf entsprechenden Events spielte und zahlreiche Fans hatte, bekam ein Angebot, Musik in kommerziellem Rahmen zu machen, um davon auch wirklich leben zu können. Bedingung war jedoch, dass sie ihren Musikstil anpassen würden. Man kann Verständnis dafür haben, dass die Gruppe das Angebot annahm, oder man kann den Wechsel der Musikrichtung kritisieren und sich gegebenenfalls einfach von der Band abwenden. Die Fans jedoch fühlten sich verraten und sahen ihre Ideale an „die Kapitalisten" verkauft. Als Rache zettelten sie einen Shitstorm im Internet an und machten dabei die Musiker und deren Musik schlecht, reisten ihnen aber dennoch weiterhin von Konzert zu Konzert hinterher: diesmal, um dort mit Pfiffen und Buh-Rufen zu stören.

An diesem von außen betrachtet doch recht lächerlich anmutenden Beispiel kann man einige Grundregeln eines Shitstorms erkennen: Die Rebellion geht oft von einem „inneren Kreis" aus, von Fans, Anhängern oder nahen Mitarbeitern. Diese werden anmaßend und oft größenwahnsinnig, indem sie sich über die Führung erheben und maßgeblich mitbestimmen wollen. Zu diesem Zweck werden Informationen gegen die Führung gesammelt, mit denen man in emotionaler Weise diejenigen aufgestachelt, die eine kritische Haltung zur Führungsetage haben. Dann werden eigene Probleme und Themen hemmungslos auf das „Königshaus" projiziert. Das Ziel der angezettelten Meuterei ist die Schwächung des „Königs", um selbst ein Mitspracherecht zu bekommen, oder sogar das Absetzen der gesamten „Monarchie". Dies ist das uralte Spiel, das sich seit Menschengedenken in immer neuen Facetten wiederholt: Der König regiert sein Königreich und baut seine Macht aus, die Rebellen versuchen ihn anzugreifen und zu stürzen.

Die Frage ist nun: Wie geht man mit solchen Widersachern, Neidern, Kritikern oder einem richtigen Shitstorm um? Denn so etwas kann einem nicht nur die Freude an der eigenen Arbeit verderben, sondern einen auch am eigenen Engagement oder Projekt zweifeln lassen. Betrachte das Ganze einmal in einem geschichtlichen Zusammenhang – dann wird deutlicher, worum es geht. Ich weiß, das sagt sich leicht, wenn man selbst gerade nicht in einem Shitstorm steckt. Es ist aber dennoch wichtig, eine überpersönliche Sicht auf die Situation einzunehmen.

Hierbei gibt es natürlich verschiedene Aspekte in Bezug auf die eigene Reaktion:

juristisch:
Um sich juristisch abzusichern, sollte man einen Rechtsanwalt kennen, der sein Metier beherrscht und einem zur Seite steht. Manche wilde Drohungen, die einschüchtern sollen, erweisen sich nämlich schnell als juristisch nicht haltbar. Andere wiederum könnten möglicherweise einen teuren Prozess und einen damit verbundenen Imageschaden nach sich ziehen. In dieser Hinsicht gut informiert zu sein, ist daher wichtig.

Mitarbeiter und „engerer Kreis“:
Shitstorms entstehen oft aus dem Kreis der engsten Mitarbeiter und Vertrauten, die mehr Mitspracherecht oder auch die Position des „Königs“ einnehmen wollen. Hier braucht es im Vorfeld klare Regeln und Abgrenzung, um diese Gefahr zu minimieren. Strategien dafür sind:

- eine genaue Prüfung der Persönlichkeit der engsten Mitarbeiter sowie psychologische Tests
- ein regelmäßiger Austausch der Mitarbeiter, bevor sie zu mächtig werden
- die Einhaltung hierarchischer Strukturen
- die Abmahnung von Mitarbeitern, die ihre Kompetenzen übertreten
- kein Zur-Verfügung-Stellen von Kontakten (Kunden, Mitarbeiterlisten, Klienten etc.)
- strikte und regelmäßige Kontrolle von sozialen Netzwerken, Foren und anderen Interneteinträgen. Bei Negativ-Einträgen, Verleumdungen, Lügen etc. möglichst schnell professionell und emotionslos reagieren. Klare Position beziehen und Dinge richtigstellen. Werden Regeln verletzt, sollte man nicht zögern, autoritär durchzugreifen und die betreffenden Personen ausschließen.
- die Verantwortlichen persönlich zur Rede stellen und haftbar machen: Oft sind sie live nämlich nicht so mutig wie im unpersönlichen Internet
- in persönlichen Gesprächen abchecken, wer „Königstreuer“ ist und auf wen man sich hundertprozentig ver lassen kann. Diese Menschen um Unterstützung bitten, damit sie die Diskussion beeinflussen, die Rebellen direkt angreifen und die persönliche Motivation der Angreifer öffentlich machen. Hier ist gute psychologische Kriegs führung gefragt. Das Lager der Mitarbeiter oder Fans teilt sich dann nämlich in Pro und Kontra. Einflussreiche „Königstreue“ auf seiner Seite zu haben, ist in solch einer Situation wertvoll. Doch dafür muss man diesen den Ernst der Lage klarmachen und sie motivieren entschieden in den Meinungskampf einzugreifen.

- Stärke zeigen und konsequent durchgreifen. Besser, man kündigt drei Mitarbeitern oder verliert 30 Kunden, als dass alle am „König“ zweifeln und die Kritiker die Führung übernehmen. Ein schwacher König ist bald kein König mehr.

Oftmals wurden in der Geschichte nicht diejenigen erfolgreich, die eine gute Idee hatten, sondern andere, die sie kopierten und gut vermarkteten. Wer dein Werk kopiert, es unerlaubt nutzt oder gegen dich angeht, sollte deine Macht zu spüren bekommen. Stillhalten und abwarten ist hierfür meist keine gute Strategie. Gehe direkt auf den Drahtzieher zu, indem du persönlich mit ihm sprichst und klar deine Meinung zu seinem Verhalten zum Ausdruck bringst. Sei dabei hart, aber fair. Die geschützten Marken und Inhalte unseres LoveCreation-Instituts wurden beispielsweise schon mehrfach im Internet kopiert. Ich habe in diesen Fällen immer dem jeweils Betreffenden eine kurze Frist gesetzt, die Plagiate zu entfernen und eine Unterlassungserklärung abzugeben. Gleichzeitig habe ich ihm bei Weigerung mit gravierenden Konsequenzen gedroht. Wenn er das nicht einsah, habe ich „den Krieg erklärt“ und den Fall mit maximaler Schadensersatzforderung vor Gericht gebracht.

Oft lohnt es sich aber auch, bei öffentlicher Kritik mal eine Nacht darüber zu schlafen oder andere um Rat zu fragen. Satire und Gemecker in gewissem Rahmen muss man ertragen, wenn man berühmt, bekannt oder genial ist. Das müssen alle „Könige“ aushalten. Frage dich immer, wer der jeweilige Verfasser ist, und vor allem, welche Intention und wie viel Macht er hat. Ein Hofnarr darf dich ruhig mal durch den Kakao ziehen, dann kannst du vielleicht selbst über dich lachen.

Wenn du eine solche Krise überstanden hast, wirst du genauer wissen, wo deine Schwachstellen sind, wo du angreifbar bist und auf wen du dich wirklich verlassen kannst. Sichere diese Schwachpunkte also ab, sortiere die Kritiker aus und belohne die wirklich treuen Mitarbeiter oder Kunden.

Zum Trost: Auch wenn es einmal ganz dick kommt und man scheinbar von allen Seiten angegriffen wird, wie etwa der frühere Präsident des FC Bayern München Uli Hoeneß, der „Wetterfrosch“ Jörg Kachelmann oder der Politiker Rainer Brüderle, dann sollte man sich klarmachen, dass die fünf Prozent Kritiker deshalb so laut schreien, weil sie sich Gehör verschaffen wollen. Meist haben sie selbst ein unerlöstes eigenes Thema im Zusammenhang mit Macht, Neid, Betrug oder Sexismus, das sie dann auf den „Bösewicht" projizieren, um von sich selbst abzulenken. Die 70 Prozent zufriedene Kunden haben keinen Grund, sich zu Wort zu melden. Die 25 Prozent Fans reagieren nur teilweise auf die Kritik, denn sie sind von dieser nicht persönlich betroffen oder wollen sich nicht zur Zielscheibe machen. Dies gilt nicht nur für Selbstständige, Autoren, Musiker, Künstler, Lehrer, Chefs einer Firma oder eines Services etc., sondern auch für diejenigen, die einen Verein oder eine Initiative leiten – also für jeden, der die „Königsrolle" respektive eine Führungsposition innehat. Viele Konzerne fürchten Shitstorms aus gutem Grund, denn Foren im Internet und soziale Netzwerke lassen sich nicht kontrollieren. Ein weiterführender Artikel dazu findet sich auf meiner Website.

Für dein Rezeptbuch: Das Essen brennt an, der Strom fällt aus oder deinen Gästen schmeckt es nicht – das ist kein Grund, das Kochen an den Nagel zu hängen. Lass dir also nicht durch Neider, Widersacher und Rebellen die Freude an deinem Lebenswerk verderben. Angriffe und auch unfaire Kämpfer gehören einfach zum Leben dazu, sie machen dich letztendlich stärker.

Das Feuer der Begeisterung gehört zur männlichen Essenz. Entfache es immer wieder neu und tue, was du tust, mit Leidenschaft, Herzblut und Enthusiasmus. Und lass dir diesen nicht von Kritikern oder Widersachern vermiesen.

KREATIVITÄT – Erschaffe deine eigene Welt!

Wir leben zunehmend in einer Konsumgesellschaft, in der alles von anderen erfunden, produziert und vorgegeben wird. Man braucht sich um viele Themen keine Gedanken mehr zu machen, denn die Massenmedien bestimmen, was Mainstream ist und wonach man sich richten sollte. Das betrifft Essen, Wohnen, Unterhaltung, Freizeit, Urlaub, soziales Verhalten und die aktuell angesagte Meinung – eigentlich das gesamte Leben. Die Werbung sagt dir, welche Produkte und welchen Lifestyle du unbedingt brauchst, um gesellschaftlich anerkannt zu werden, um Erfolg bei Frauen zu haben und um glücklich zu sein. Und wenn du die betreffenden Produkte gekauft hast, brauchst du natürlich stets Updates, wie in der Mode, beim Auto oder bei anderen Konsumgütern.

Gleichzeitig umgeben wir uns mit immer mehr technisch ausgefeilten Produkten, deren Funktionen wir immer weniger verstehen. Wir programmieren oder bedienen Apparate, die andere erschaffen haben. Dies führt dazu, dass wir auf einer immer abstrakteren Ebene leben und immer weniger grundlegende körperliche Erfahrungen machen. Wir werden immer mehr zu Konsumenten und können die Dinge, die wir brauchen, nicht mehr selbst produzieren. Dies war jedoch während der gesamten Menschheitsgeschichte anders. Natürlich kann nicht jeder sein Gemüse selbst anbauen oder seine Kleidung selbst nähen. Aber du solltest so etwas zumindest einmal gemacht haben, um zu wissen, wie es geht. Das passive Konsumieren von Produkten und Dienstleistungen macht uns abhängig und faul und tötet die eigene Kreativität ab. Und je abstrakter unsere Lebensrealität und unsere „Spielzeuge“ für die Freizeit werden, umso komplexer wird die Realität, mit der wir uns umgeben und umso weniger wirkliche und anhaltende Freude kommt dabei auf. Ist dir das schon einmal aufgefallen? Je komplizierter und technisch ausgefeilter ein Produkt ist, umso kürzer hast du Spaß daran und umso schneller willst du ein Update davon haben. Selbst Kinder spielen mit einfachen Spielsachen wie einem Ball, einem Seil, Bauklötzen oder auch einem einfachen Roller wesentlich mehr und länger als mit elektronischem Hightech-Spielzeug. Spaß machen nämlich vor allem die Dinge, bei denen man körperlich aktiv ist und selbst kreativ sein, also Neues lernen und erfinden kann. Ist vom Programmierer oder Hersteller schon alles vorgegeben, vergeht schnell die Freude an einem Spielzeug. Es gibt dabei keinen Raum für eigene Kreativität, Erfindungsreichtum und Imagination. Diese Fähigkeiten werden eher bei einfachen Spielsachen gefördert.

Selbst ist der Mann

Fange an, nicht nur Fertigprodukte zu konsumieren und nicht nur Dinge zu kaufen, die andere hergestellt haben. Ich weiß, solche Dinge sind meist zeitsparender und billiger. Aber was machst du denn mit der gesparten Zeit und dem gesparten Geld? Noch mehr komplexe Produkte kaufen. Zum Beispiel für deine Küche: Dort steht ein Maschinenpark und anstatt zu kochen und handwerklich mit Messern und einfachen Geräten umzugehen, baust du Küchenmaschinen zusammen und programmierst und reinigst diese. Anstatt Fertiggerichte zu kaufen, koche selbst mit frischen Zutaten. Lerne ein Messer, eine Reibe oder Rührlöffel zu verwenden und den Backofen zu bedienen. Das ist nicht nur wesentlich gesünder und schmeckt nicht nur besser – du wirst das Essen auch mehr genießen, da du es selbst hergestellt hast. Auch wenn dein eigenes Rezept nicht so gut schmecken sollte wie geplant: Du hast „dein Ding“ gemacht.

Anstatt ein fertiges Gartenhaus zu kaufen, denke dir selbst etwas aus und plane ein Haus. Vielleicht musst du ein Buch dazu lesen oder dir jemanden suchen, der dich berät. Kaufe Holz und das nötige Baumaterial und kaufe oder leihe die erforderlichen Geräte. Und dann mach dich an die Arbeit. Wenn du Kinder hast, werden sie bei diesem Projekt begeistert mitmachen. Du wirst ein ganzes Wochenende damit verbringen (oder länger) und vielleicht auch das Doppelte zahlen wie für ein Fertighaus. Das Ergebnis wird auch nicht so perfekt sein wie bei diesem und vielleicht verletzt du dich auch etwas

beim Bau. Aber du sparst das Geld für Freizeitbeschäftigungen und wirst zusammen mit deinen Kindern stolz auf das selbstgebaute Gartenhaus sein – es ist für immer „euer Ding".
Anstatt eine Pauschalreise zu machen, plane selbstständig eine Reise. Suche dir ein Land aus, kaufe dir einen guten Reiseführer, lerne das Nötigste der Sprache und suche Kontakt mit Leuten, die dort bereits herumgereist sind – meistens geben diese gerne Tipps. Plane die ungefähre Route und checke Transport und Übernachtungen im Groben ab. Auf diese Art zu reisen machen die meisten nur als Studenten, wenn überhaupt. Danach konsumieren sie nur noch Pauschalangebote, in denen alles vom Veranstalter vorgegeben ist, und hängen im Resort herum, das wenig mit dem jeweiligen Land zu tun hat. Beim Herumreisen auf eigene Faust lernst du Land und Leute jenseits von Touristikattraktionen kennen und machst „dein Ding". Die Reise wird dir daher für immer in Erinnerung bleiben. Klar, sie ist aufregender, anstrengender, gefährlicher und vielleicht auch teurer als das All-Inclusive-Angebot. Ich bin jedoch mein Leben lang fast ausnahmslos so gereist und habe auf diese Weise viele Länder und Sprachen sowie die „normale" Bevölkerung kennengelernt. Pauschalurlaub kann ich immer noch machen, wenn ich über 100 bin oder nicht mehr gut laufen kann.

Vom Fan zum Star werden

Es liegt wohl in der Natur der Sache, dass es wesentlich mehr Fans als Stars gibt. Bundesliga-Vereine und manche Popstars haben mehrere Hunderttausend, manche sogar mehrere Millionen Fans. Was macht einen Fan aus? Er bewundert seinen Star (Musiker, Künstler, Sportler, Redner etc.) und konsumiert dessen Produkte bzw. schaut oder hört ihm zu. Er sucht die Nähe der anderen Fans, um sich als Teil einer Gemeinschaft zu fühlen und in der Masse unterzugehen. Er identifiziert sich mit den Werten, den Meinungen, der Kleidung und dem Verhalten seines Stars und kopiert dieses eventuell. In der Rolle des Fans gibt es keine Herausforderungen oder Gefahren, man entspannt und konsumiert einfach. Und es gibt keinerlei Verpflichtungen, man geht zum Konzert oder eben nicht.

Was macht einen Star aus? Er bekommt viel Anerkennung, Geld und Lob, aber muss natürlich auch Kritik, Neid und Angriffe verkraften. Im entscheidenden Moment ist er absolut allein mit Zweifeln, Rückschlägen oder Misserfolgen. Er braucht absolute Präsenz und hohe Energie auf der Bühne. Und er braucht viel Disziplin und Training – auch wenn er nicht vor der Kamera steht. Er ist aktiv und setzt Maßstäbe für sich und auch für andere. Er hat Alpha-Qualitäten und eine Vorbildfunktion. Jedes seiner Worte und jede seiner Handlungen werden auf die Goldwaage gelegt, jeder kleinste Fehler oder ein falsches Wort kann zu einem Shitstorm führen. Das heißt im Klartext: Wenn es darauf ankommt, kann er sich auf die meisten seiner Fans nicht verlassen. Er muss andererseits absolut verlässlich sein, denn ohne ihn läuft nichts. Stell dir vor ein Popstar wird krank oder „unpässlich" und das Publikum steht vor einer leeren Bühne! Oder vor einem Musiker-Freund, der ihn vertreten soll! Wie oft kann ein Musiker das machen, bis seine Karriere zu Ende ist? Dasselbe gilt für Redner, Seminarleiter und Moderatoren.

Frage dich, was du sein willst: Fan oder Star?

Fan oder Star zu sein, ist wie eine Lebenshaltung, verbunden mit der Frage, auf welcher Seite du lieber stehst. Ich gebe dir einige Beispiele: Ich selbst habe in meinem Leben nur sehr selten Spaß daran gehabt, anderen zuzuschauen, denn ich wollte lieber alles selbst machen. Als Jugendlicher nahm ich an Radrennen teil und segelte bei Regatten mit, aber ich wusste zur Verwunderung der anderen Teilnehmer zum Beispiel nicht, wer die Tour de France gewonnen hatte oder wer bei den entscheidenden Segel-Regatten Favorit war. Denn er war mir stets gleichgültig. Ich finde es heute noch todlangweilig und erlebe es als Zeitverschwendung, vor dem Fernseher zu sitzen, um anderen beim Sport zuzusehen. Ja, ich weiß, ich gehöre eher zu dem einen Prozent der männlichen Bevölkerung, der beim Fußball-Endspiel lieber auf der leeren Bundesstraße skatet oder das Auto auf der dann autofreien Autobahn mal richtig ausfährt. Wenn es um Sportsendungen geht, schaue ich mir allenfalls Tutorials an, mit dem Ziel, von den Cracks etwas zu lernen, um es dann selbst auszuprobieren. Fernsehen kann ich immer noch, wenn ich über 100 oder gebrechlich bin. Solange ich fit bin, mache ich lieber selbst Sport.

Viele hält der Umstand davon ab, dass sie sich mit den Stars vergleichen, was natürlich zu Frustration führt oder sie gar nicht erst mit dem Training anfangen lässt. Ich glaube, dass in Wirklichkeit meistens Faulheit der Grund ist, oder Angst – etwa bei Risikosportarten. Doch wenn du selbst den Hintern vom Sessel erhebst und trainierst, wirst du irgendwann unweigerlich Fans haben. Zwei Beispiele aus meiner jüngsten Vergangenheit: Als ich im Internet ein Video gesehen hatte, in dem jemand auf einem elektrischen Einrad fuhr, war ich davon so fasziniert, dass ich mir solch ein E-Wheel kaufte und damit trainierte. Natürlich muss man einige Zeit üben, um auch bei schwierigen Pisten, engen Kurven etc. das Gleichgewicht zu halten. Und natürlich legt man sich auch auf die Fresse – ausgerechnet in der Situation, wenn man keine Schutzkleidung trägt. Nach etwa einem Monat und einigen Narben konnte ich auf dem Einrad so fahren wie auf einem normalen Fahrrad: Ich kann mir dabei entspannt die Gegend anschauen und sogar telefonieren, trinken etc. Und während ich vorher eher kläglich und unsicher auf dem Einrad rumgehampelt bin, so dass jeder sicherheitshalber zur Seite ging, schaut jetzt jeder bewundernd und neugierig hin, wenn ich damit durch die Stadt fahre. In dieser Situation bin ich der „Star“ und die anderen die „Fans“, die mich andauernd darauf ansprechen.

Gestern gab es besonders hohe und unruhige Wellen hier in Fortaleza. Zusammen mit einem etwas böigen Wind waren dies eher schwierige Bedingungen zum Kiten: Die Anfänger quälten sich mit Hilfe ihrer Lehrer herum, um wenigstens mal für ein paar Meter auf dem Brett zu bleiben, während sie sehnsüchtig auf die Stars blickten, die vor ihren Augen atemberaubende Sprünge vollzogen. Ich habe dies im letzten Jahr zur Genüge erlebt und weiß, wie man sich fühlt, wenn man auch nach einer Woche endloser Versuche noch nicht vernünftig kiten kann. Ein paar gefahrene Meter lösen dann schon Euphorie aus, doch der vorbeirauschende „Profi“ holt einen mit einem atemberaubenden Sprung von diesem Erfolgsgefühl wieder herunter und man denkt: „Da komme ich niemals hin, die trainieren bestimmt schon seit Jahren täglich.“. Heute düse ich mit über 40 km/h an den Anfängern vorbei, und mache zumindest einfache Sprünge (und immer öfter auch mit einer guten Landung) und sehe, wie die Beginner neidisch gucken.

Natürlich ist nach oben hin noch viel Luft, in jeder Hinsicht. Aber für die Anfänger gehöre ich schon jetzt zu den „unteren Stars". Mit „Star" meine ich hier natürlich nicht „Prominenter", sondern jemanden, der wegen einer Fähigkeit bewundert wird.

Ähnlich erging es mir beim Gitarrespielen, als ich mich in Rio beim Bossanovalernen mit den komplizierten Jazz-Akkorden rumquälte. Und auch beim Erlernen des brasilianischen Zouk – ein erotischer Paartanz: Egal, wie lange man trainiert, im Vergleich zu den Brasilianern fühlt man sich wie ein Holzstock. Trotzdem macht es natürlich einen Riesenspaß. In Deutschland aber wird man für etwas „Bossanova-Geklimper" auf der Gitarre und einige Grundfiguren im Zouk-Tanz schon bewundert.

Mir geht es bei diesen Dingen eigentlich nicht darum, angehimmelt zu werden, ich habe einfach Spaß an solchen Aktivitäten. Damit will ich sagen: Lass dich durch die Stars motivieren, aber vergleiche dich nicht mit ihnen. Wenn das, was „dein Star" macht, dir gefällt, dann lerne es selbst. Und freu dich an deinen eigenen Fortschritten. Früher oder später wirst du so auch für andere zum Star, also zu jemandem, der das Instrument, die Sportart, das Handwerk etc. beherrscht. Dafür braucht man nur ein mittleres Niveau zu erreichen – du musst nicht überall in der Oberklasse mitspielen. Ich habe nicht den Anspruch, die Sprünge und Wellenritte der Cracks zu erlernen. Auch mit meinem E-Wheel werde ich wohl nie die Tricks der asiatischen Jungs drauf haben und ein Konzert im Bossanova ist ebenfalls nicht geplant. Es geht um den Spaß am Tun. Lerne die Dinge, die du bei deinen „Fans" bewunderst, selbst!

Vom Statisten zum Regisseur werden

Hör auf, ein Statist zu sein oder eine langweilige Nebenrolle in einem Film zu spielen, den jemand anderes geschrieben hat. Werde selbst zum Regisseur deines „Lebensfilms" und entwirf selbst die Rolle, die du darin spielen willst. Wenn diese dir nicht mehr gefällt, kannst du sie jederzeit wechseln. Hör auf, wie gebannt auf die Ereignisse auf der Leinwand zu schauen und darauf zu reagieren. Stehe auf und bediene selbst den Projektor. Du bist der Ursprung dessen, was dir in deinem Leben begegnet, die Menschen und Ereignisse reagieren auf dich. Wer dies einmal in der Tiefe verstanden hat, wird niemals wieder zum Opfer werden! Also frage dich, ob du mit dem Script deines Lebens zufrieden bist – ansonsten schreibe es um. Mach „dein eigenes Ding", Mann!

Kreativer Schaffensprozess: als Junge oft schon abtrainiert

Jeder Mann hat den Drang, die Welt zu verändern und ihr seine eigene Prägung zu geben. Es gibt einen ureigenen männlichen Instinkt, Dinge zu entdecken, zu erfinden, zu bauen, zu verbessern oder zu gestalten. Männer haben den allergrößten Teil der Welt, in der wir leben, entdeckt, erfunden, konstruiert und immer wieder verbessert. Das betrifft die Entdeckung neuer Länder, alle technischen Errungenschaften, die uns täglich umgeben, künstlerische Werke, medizinische und chemische Neuerungen etc. Es sind zum größten Teil Männer, die mit ihrer Kreativität, ihrer Erfindungsgabe oder ihrem Forschergeist die Welt so angenehm und sicher gemacht haben, wie sie heute ist. Denn wer will schon jeden Morgen seine Kuh selbst melken, um Milch zum Frühstück zu haben? Welches Frühstück denn eigentlich? Schau dir dein Frühstück an und überlege einmal, welche Heerscharen von findigen Köpfen beteiligt waren, damit all diese Dinge jeden Morgen auf deinem Frühstückstisch stehen. Ganz zu schweigen von der Musik, die du dir beim Frühstück anhörst, und den Neuigkeiten, die du dabei liest. Natürlich ist das nicht alles nur positiv, denn vieles geht auf Kosten unserer Umwelt. Das ist jedoch ein anderes Thema, auf das ich an anderer Stelle eingehen werde. Aber möchtest du wie in der Steinzeit leben? Männer sind seit Urzeiten diejenigen, die die Welt verändern und verbessern wollen – jeder auf seine Art und mit seinen Fähigkeiten.

Dieser Instinkt ist bei jedem kleinen Jungen zu beobachten. Siehst du Jungen am Strand einfach faul in der Sonne liegen? Nein, sie bauen Burgen, und das bis zur Perfektion. Kennst du Jungen, die sich damit zufriedengeben, im Wald einfach spazieren zu gehen? Nein, sie bauen dort lieber eine Bude oder ein Baumhaus. Kennst du Jungen, die mit ihrem Fahrrad mit Schutzkleidung und Helm nur die Straße auf und ab fahren? Nein, sie bauen sich Sprungschanzen und versuchen Treppen herunterzufahren, oder einen steilen Hügel im Wald. Kennst du Jungen, die ein Lego-Modellauto nach der Anleitung zusammenbauen? Nein, sie versuchen die Bauteile anders zusammenzusetzen, um etwas Neues zu bauen. Nur leider ist heute viel mehr vorgegeben als zu früheren Zeiten – man kann nicht einfach so z.B. mit den Legosteinen alles Mögliche neu erfinden. Kennst du Jungen, die im Urlaub brav auf der Terrasse des Ferienhauses spielen? Nein, sie entdecken die neue Gegend und strolchen herum.

Schon als Junge hat man den permanenten Impuls, Neues zu entdecken, zu erforschen oder auszuprobieren. Diesem liegen Neugier, Schaffensdrang und Aggressivität zugrunde. Doch heutzutage wird dieser Impuls meist unterdrückt von einer ängstlichen Mutter oder überfürsorglichen Erzieherinnen, die an jeder Ecke eine Gefahr sehen. Sie sorgen dafür, dass Jungen kein Risiko eingehen, sich nicht dreckig machen oder verletzen und immer unter ihrer Kontrolle bleiben. Sie geben den Jungen stattdessen „weibliches" Spielzeug, das eher für Mädchen adäquat ist und mit dem sie ihre Fähigkeiten nicht richtig entfalten können. Bei Jungen, die dann mit Hyperaktivität auf die Unterdrückung ihrer Aggression und ihres Entdeckergeistes reagieren, wird meist ADHS (Aufmerksamkeits-Defizit-Hyperaktivitäts-Störung) diagnostiziert. In der Therapie wird ihnen dann der letzte Rest ihrer männlichen Aggressivität und Schaffenskraft aberzogen, so dass sie sich schließlich mit „Malen nach Zahlen" und Gruppenspielen unter weiblicher Aufsicht zufriedengeben.

In einem kleinen Video braucht Professor Hüther, einer der bekanntesten Hirnforscher der Universität Göttingen, keine vier Minuten, um darzulegen, dass es ADHS gar nicht gibt: Es ist vielmehr eine bequeme Ausrede für Eltern und Lehrer, um eine völlig fehlgeleitete Erziehung und Bildung nicht zu hinterfragen. Die Leidtragenden sind dabei vor allem die Jungen. Weitere Infos unter www.maennlichkeit-geniessen.de

All dies sind Methoden, um Jungen daran zu hindern, ihre Männlichkeit zu entwickeln. Sie werden so später zu „nice guys", die lieb, brav, ängstlich und angepasst sind und versuchen, es Frauen „recht zu machen". Bar jedes eigenen Gestaltungswillens, ohne Aggression, Biss und Potenz". Für eine Gesellschaft, die einem sicheren Überwachungsstaat entgegengeht, sind dies natürlich perfekte Bürger und Mainstream-Konsumenten. Hinter dieser gesamtgesellschaftlichen Entwicklung steckt aber nicht nur ein weibliches Über-Behüten und eine totale Kontrolle durch die Mutter – die Männer werden sich später nicht wehren, wenn ihre Partnerin jeden Schritt kontrolliert und sie emotional abhängig sind. Auch wenn der Staat alles überwacht, was sie tun und sagen, wird es ihnen als normal erscheinen. Schon als Junge zuhause, in der Kita und in der Schule wurde „zu ihrer eigenen Sicherheit" jeder Schritt überwacht und alles, was irgendwie interessant oder spannend (aber natürlich auch gefährlich) war verboten. Und auf eine Art ist das die perfekte Erziehung für Männer, die später ein lauwarmes, angepasstes Leben in einem Überwachungsstaat haben, das bis ins Kleinste geregelt und vorgegeben ist – natürlich nur zu ihrer eigenen Sicherheit. Der ureigene Drang nach einer mutigen und selbstbestimmten Gestaltung des eigenen Lebens wird Jungen immer konsequenter aberzogen.

Du findest ich übertreibe mit meiner Darstellung? Ich setze Männer in meinen Seminaren teils radikalen emotionalen und körperlichen Grenzerfahrungen aus. Und es gibt hierbei eine sehr deutliche gesellschaftliche Entwicklung: Junge Männer sind immer weniger belastbar, körperlich wie emotional. Bei mehr als 10 000 Männern, die in den letzten 20 Jahren an meinen Seminaren teilgenommen haben erlaube ich mir zu behaupten, dass ich hier statistisch relevante Aussagen machen kann. Unsere Gesellschaft wird zunehmend entmännlicht. Immer weniger Jungen machen ursprüngliche männliche Erfahrungen. Die meisten haben noch nie einen Kampf erlebt. Viele haben nie etwas Verbotenes getan und sind nie echten Gefahren begegnet. Sie haben noch nie etwas Neues entdeckt, etwas erfunden, konstruiert, komponiert oder gebaut. Sie wachsen in einer Welt auf, in der alles kontrolliert, vorgegeben und geplant ist. Dabei bleibt kein Raum, um eigene kreative Impulse zu entwickeln und um die eigene Männlichkeit zu entfalten. Denn dazu braucht es Erfahrungsräume, in denen Jungen sich mit Angst, scheinbar unlösbaren Problemen, Schwierigkeiten und Herausforderungen konfrontiert sehen. Es muss reale und echte Gefahren geben, denen sie sich stellen und die sie alleine meistern müssen. Dadurch erst werden sie zu Männern. Stattdessen werden sie jeden Tag mit „Babybrei" gefüttert: Sie werden mit vorgegebenen Spielen nach festen Regeln auf einem kleinen, kontrollierten Spielfeld abgespeist. Oder ihnen wird als Ersatz die Möglichkeit gegeben, in eine spannende virtuelle Welt abzutauchen. Dies ist noch schlimmer, da man dort keinerlei körperliche, emotionale oder soziale Kompetenzen erwerben kann. Im Gegenteil – die Kluft zur langweiligen und kontrollierten Alltagsrealität wird immer größer.

Erinnere dich an deine Kindheit und frage dich einmal selbst:
Womit hast du als Junge gespielt?
Was hast du allein entdeckt, erfunden oder erschaffen?
Hat dir dein Vater (oder andere Männer) eine abenteuerliche Welt gezeigt?
Was genau hat dein Vater (oder ein anderer Mann) mit dir unternommen?
Was hat deine Mutter dir verboten oder wovon hat sie dich ferngehalten?
Hast du dich gerauft oder geprügelt?
Worauf bist du stolz gewesen als Junge? Was hast du getan?
Bist du deinen Ängsten begegnet? Wobei?
Hast du verbotene Dinge getan? Was genau?

Am besten ist es, wenn du diese Liste zusammen mit einem Freund durchgehst, um die Fragen im Gespräch mit ihm zu beantworten. Dies wäre auch eine gute Gelegenheit, deinen Jugendfreund mal wiederzusehen, und gemeinsam erinnert man sich an mehr Geschichten und Details. Das ist wichtig für dich, um deine männliche Sozialisation zu verstehen.

Wer seinen Schaffensdrang als Junge nicht entwickeln und ausleben konnte, wird es als Erwachsener wesentlich schwerer haben. Denn die Komfortzone, in der man damals festgehalten wurde, ist zu einem unsichtbaren Gefängnis geworden. Alles, was irgendwie unbekannt, anstrengend, gefährlich, verboten oder schmerzhaft ist, wirst du ablehnen: „Das ist nichts für mich“ oder „Das ist mir zu gefährlich, zu primitiv, zu ...“, „Dafür bin ich zu alt“, „Damit mache ich mich lächerlich“. Wenn diese Sätze auftauchen, sind es wahrscheinlich aus deiner weiblichen Erziehung verinnerlichte Sätze, die du zu deinen eigenen gemacht hast. Deshalb ist es meistens hoffnungslos, zu versuchen, allein aus der „Komfort-Kugel“ herauszukommen. Du brauchst dafür einen Mann, der dich motiviert und unterstützt.

Entdecke Neues!

Durch Google Maps ist heutzutage praktisch alles auf diesem Planeten im Internet sichtbar und es gibt scheinbar nicht mehr viel Unbekanntes zu entdecken. Doch eine digitale Welterkundung ist leider nicht viel wert. Du musst deinen Allerwertesten an die Stelle des Planeten bewegen, wo du etwas entdecken willst. Und das macht einen gewaltigen Unterschied dazu nur am Bildschirm zu sitzen und eine Doku zu sehen.

Wenn du deinen männlichen Abenteuer- und Entdeckergeist erwecken willst, gilt ab jetzt gilt für dich: keine Pauschalreisen mehr. Entdecke neue Länder auf eigene Faust. Dort wohnen keine Menschenfresser und auch keine Terroristen. Entgegen den Nachrichten der Mainstream-Medien sind über 95 Prozent der Menschen in anderen Ländern freundlich, hilfsbereit und durchaus daran interessiert, Ausländer kennenzulernen – vorausgesetzt man ist selbst freundlich und respektiert einige kulturelle Regeln vor Ort. Beim individuellen Reisen als Rucksacktourist entwickelt man seine Männlichkeit – zumindest wesentlich stärker als am Pool eines Resorts. Man begegnet Unbekanntem, Gefahren, Unsicherheit und Kommunikationsproblemen. Und man entwickelt dadurch seinen Abenteuergeist, Wachsamkeit für gefährliche Situationen und Improvisationstalent. Verlass die eingetretenen Mainstream-Wege der großen Reiseveranstalter und mach „dein eigenes Ding“, Mann!

Aber natürlich kann man nicht nur im Urlaub Neues entdecken. Oder kennst du schon alle interessanten Ecken in Deutschland und in deiner Stadt? Anstatt jeden Tag denselben Weg zur Arbeit zu fahren, dieselbe Laufstrecke zu joggen, im selben Supermarkt einzukaufen etc., entdecke auch hier Neues. Probiere Neues aus und verlasse dich ausschließlich auf deine eigenen Erfahrungen, nicht auf die Meinungen anderer Menschen!

Ein reicher Mensch hat eine Fülle eigener Erfahrungen,
ein armer Mensch eine Fülle fremder Meinungen.

Nutze jede Gelegenheit, Neues zu erfinden oder zu konstruieren, sei kreativ. Riskiere es, dich dabei lächerlich zu machen oder zu scheitern.

Ein paar Beispiele gefällig?
Ich habe bei einer Reise einen Flusslauf mit Stromschnellen und kleinen Wasserfällen entdeckt. Da kam mir die Idee den Fluss herunterzufahren. Also bin ich zu einer Reifenfirma gefahren und habe mir einen großen alten LKW-Reifen besorgt und den Rücktransport organisiert. Und damit bin ich den Fluss runtergefahren. Ich bin zwar mehrfach gekentert, bei größeren Wasserfällen habe ich Angst bekommen, aber am Ende war ich erfüllt und hatte Spaß daran, den Reifen einem Mann mit seinem Sohn zu schenken, der das auch ausprobieren wollte. Ich habe selten umgerechnet 10 Euro so gut investiert!

Ich war mit einer Freundin im Stadtpark. Es war ein schöner Sommertag am Wochenende und wir sonnten uns auf einer Decke. Die Wiese war natürlich entsprechend voll. Ich begann die Freundin, die auf dem Bauch lag, am Nacken und Rücken zu massieren und sie kommentierte das mit einem Schnurren. Dann holte ich einen Massagestab heraus und massierte sie die Wirbelsäule hinunter und sie zeigte eindeutig, dass ihr das Ganze außerordentlich gefiel. Eine attraktive Frau, die auf ihrer Decke in der Nähe lag schaute schon öfter von ihrem Smartphone auf und zu uns herüber. Ich fing ihren Blick auf und lud sie zu uns ein. Sie reagierte zunächst abwartend. Also ging ich hin und sagte: „Hallo, neugierig? Die Massage ist heute im Sonderangebot." Nach einigen Sätzen schaute sie zu meiner Freundin und als sie von ihr auch eine nonverbale Einladung erhielt, kam sie zu uns und legte sich auf den Platz. Nun, der Nachmittag zu dritt wurde sehr amüsant. Vor allem, als dann ihre beiden Freundinnen dazu kamen und wir zusammen viel Spaß hatten.

Auf einer Fahrt mit meinem Allrad quer durch Brasilien zeigt Google Maps einen dünnen grauen Strich über einen Fluss und dann durch die Dünen – das wäre 80 Kilometer kürzer als die offizielle Straße. Vor allem aber spannender. Also riskiere ich das Ganze. Eine einfache Mini-Fähre, auf die nur ein Auto passt, setzt den Wagen über das Flussdelta über. Am anderen Ufer erfahre ich, der

Weg sei nicht leicht und die Flut schon hoch. Ich lasse also entsprechend Luft aus den Reifen und eine Einheimischer stellt sich außen ans Fahrzeug auf das Trittbrett, während er sich an der Dachreling festhält. Er gibt mir genaue Tipps, wie ich fahren soll. Die 50R$, etwa 15 Euro für ihn waren eine sinnvolle Investition, denn alleine hätte ich den abenteuerlichen Weg nicht gefunden und den schweren Wagen nicht freibekommen, als er einmal festgefahren war.

Einmal habe ich mir im Urlaub in Brasilien das Fußgelenk übel verdreht – extreme Schwellung und Bänderriss. Also musste ich ins Krankenhaus zum Röntgen. Ich lande in einem öffentlichen Krankenhaus einer brasilianischen Kleinstadt im Hinterland. Ich sitze im Wartesaal auf einem Rollstuhl und es herrscht eine dumpfe, depressive Stimmung, alle schauen leidend und leer vor sich hin. Muss ich auch so gucken und Langeweile ertragen? Nein, ich beginne also mit dem Rollstuhl zu experimentieren. Kein Luxusmodell und ich habe noch nie in so einem Ding gesessen. Also fahre ich auf und ab und teste das Brems- und Kurvenverhalten. Leider ist es sehr schlecht, ich kippe damit um (zum Glück aufs andere Bein). Einige Kinder fangen an zu lachen, aber ihre Eltern gucken streng: Im Krankenhaus darf man schließlich nicht fröhlich sein.

Auch hier könnte ich sicher mehr als ein Buch mit verrückten Dingen füllen, die ich schon gemacht habe – und ich werde niemals damit aufhören. Wer mich kennt, der weiß: An meiner Seite hat er keine entspannte und ruhige Zeit, ich lass mir stets was Neues einfallen. Was sind verrückte Dinge, die du gemacht hast? Schreib mir, ich hab Spaß daran, sie zu lesen. Weitere Geschichten auf www.maenllichkeit-geniessen.de

Handwerker statt Kopfarbeiter

In unserer Gesellschaft sterben die Handwerker aus und es gibt immer mehr Kopfarbeiter. Sogar klassische Arbeiter sitzen heute oft hauptsächlich am Computer oder bedienen Konstruktionsprogramme und Roboter. Doch die scheinbare Arbeitserleichterung durch das rein digitale Arbeiten am Bildschirm hat viele Nachteile. Augen- und Rückenprobleme sind als Folgen bekannt, darauf möchte ich hier nicht eingehen. Nach einigen Jahren verliert man aber das Gefühl für den eigenen Körper und wird zunehmend ungeschickter. Viele Männer können einfache mechanische oder handwerkliche Dinge nicht mehr ausführen, vor allem, wenn sie schon als Junge nur am Computer gespielt haben. Anstatt alles als Fertigprodukt zu kaufen, werde handwerklich tätig. Spalte dein Kaminholz selbst, schraube den kaputten Staubsauger auf und versuche ihn zu reparieren, ersetze kaputte Teile bei deinem Fahrrad alleine. Seit Menschengedenken erschaffen und reparieren Männer Dinge des alltäglichen Gebrauchs selbst. Dabei gebraucht man seine Hände und entwickelt einen praktisch ausgerichteten Verstand. Wir leben in einer Gesellschaft, die lieber wegwirft als repariert – und in vielen Fällen ist dies auch billiger. Nicht nur aus ökologischen Gesichtspunkten ist das bedenklich, man verliert auch die Fähigkeit des Reparierens. Auch wenn viele Geräte inzwischen so komplex sind, dass sie ohne Hightech-Geräte und sehr spezielles Know-how praktisch nicht repariert werden können, bleiben trotzdem noch genügend „Baustellen" übrig. Jede eigene neue Konstruktion und jede selbst durchgeführte Reparatur ist eine Herausforderung – wenn du sie gemeistert hast, wirst du dich etwas stolzer und männlicher fühlen. Wenn du dies bezweifelst, dann frage dich doch selbst: In welchem Haus fühlst du dich glücklicher und stolzer – in einem gekauften Fertighaus oder einem selbst entworfenen und gebauten Haus?

Als Kind habe ich Staudämme, ein Floß aus alten Kanistern, Baumbuden und Höhlen gebaut, Gokarts und Fahrräder „getunt" etc. Ich bin froh, in meiner Kindheit diese Möglichkeiten gehabt zu haben. Suche dir handwerkliche Herausforderungen und wachse daran. Am besten, du nimmst deine Kinder gleich mit, damit sie das auch erleben können. Du wirst viel Spaß dabei haben.

Jeder Mensch ist ein Künstler

Joseph Beuys prägte diesen Satz. Der Schaffensprozess ist etwas Künstlerisches. Man hat die Vision von etwas Neuem, das man dann selbst physisch erschafft: Man malt ein Bild, gestaltet etwas mit Materialien wie Ton, Holz oder Stein, man komponiert ein

Musikstück oder dreht einen Film. In all diesen Fällen gestalte ich etwas Neues und erschaffe so meine eigene Realität.

Wie wird man zum Künstler? Muss man dafür eine Akademie besuchen oder studieren?

Ich lebe in Düsseldorf, der Stadt, an deren Kunsthochschule Joseph Beuys lehrte. Als Waldorfschüler hörte ich einen seiner Vorträge, in dem er sagte: „Jeder Mensch ist ein Künstler."

Zumindest steckt dieser Künstler in jedem Menschen. Die Frage ist, ob du ihn fördern und befreien willst. Ich hatte das Glück, dass meine Eltern darauf bestanden, dass ich als Junge zum Blockflöten-Unterricht ging, den ich natürlich hasste. Aber es hat mich später doch motiviert, andere Instrumente zu lernen. Sorge dafür, dass deine Kinder wenigstens ein Instrument spielen können und dass ihre musikalische Seite gefördert wird. Lerne selbst ein Instrument, es kann auch etwas Einfaches wie eine Handtrommel oder eine Rassel sein. Male mit deinen Kindern zusammen, anstatt nur ihre Bilder zu kommentieren. Das fördert dein visuelles Vorstellungsvermögen. Sei nicht nur passiver Konsument, sondern gestalte deine Umwelt so, wie sie dir gefällt.

Genieße es, dein Leben zu gestalten. Erfinde, was es noch nicht gibt, und bereichere dich und die Welt damit. Mach „dein Ding" und schenke es der Welt!

LIEBEN – Werde unabhängig und liebe dich!

Eine wichtige Triebfeder für vieles, was wir im Leben tun, ist der Wunsch, geliebt zu werden – dies ist ein natürliches Urbedürfnis des Menschen. In alltäglicher Form zeigt sich dieser Wunsch darin, dass man die Aufmerksamkeit auf sich ziehen will und natürlich auch Anerkennung und Wertschätzung von anderen erhalten möchte. Im besonderen Fall wünscht man sich Bewunderung oder sogar berühmt zu werden. Wer die Beweggründe seines beruflichen und privaten Schaffens, aber auch vieler alltäglicher Verhaltensweisen einmal genau und selbstkritisch analysiert, wird häufig diese Motivation feststellen. Bei dem Bedürfnis, anerkannt und geliebt zu werden, gibt es ein gesundes Maß, das einen positiv motiviert. Wer sich aber von der Meinung und Kritik anderer abhängig macht, leidet unter einem niedrigen Selbstwertgefühl. Um dieses immer wieder „aufzupäppeln", ist er stets auf die Aufmerksamkeit, das Lob und den Zuspruch anderer angewiesen. Kritik oder Ablehnung ist für ihn unerträglich und er beginnt dann schnell an sich selbst und seinem Tun zu zweifeln. So wird er als Bedürftiger wahrgenommen, der sich von anderen Menschen abhängig macht. Das trägt nicht gerade zum Lebensgenuss bei und ist auch nicht besonders männlich.

Es muss dich nicht jeder mögen

Ein wesentlicher Grund, weshalb vielen Männern Lebensfreude und Leichtigkeit im Leben fehlen, ist die Sucht nach Anerkennung. Sie leiden, weil bestimmte Menschen ihnen Anerkennung oder Lob vorenthalten oder sie nicht (mehr) lieben. Die Liste dieser Personen reicht von der Partnerin (meist an erster Stelle) über den Vater, die Mutter und andere Familienangehörige bis hin zum Chef, zu Kollegen und Freunden. Irgendjemand aus dieser Personengruppe gibt nicht genug Anerkennung oder kritisiert eine Person ständig und darunter leidet ein Mann mit schwachem Selbstwertgefühl bisweilen erbärmlich. Schlimmer noch, er erniedrigt sich und bettelt um etwas Zuwendung. Das ist so ziemlich das Schlimmste, was man tun kann und der schnellste Weg, um jede Achtung vor sich selbst zu ruinieren. Andere versuchen die Aufmerksamkeit einer bestimmten Person auf sich zu ziehen, was ihnen jedoch trotz Anstrengung nicht gelingt: Sie laufen einer Frau hinterher, die nichts von ihnen wissen will oder wollen bei ihrer Arbeit unbedingt vom Vorstand gesehen werden, der aber kein Interesse zeigt.

In fast allen Fällen ist das Problem nicht dieser eine Mensch, der einen nicht mag. Das Grundproblem ist tiefer im Verständnis der eigenen Männlichkeit verwurzelt. Wer glaubt, dass einen alle lieb haben und das auch zeigen müssen, der hat entscheidende Schritte zur Mannwerdung noch nicht vollzogen. Ein wesentlicher Aspekt von Männlichkeit ist die Unabhängigkeit von der Meinung und der Zuwendung anderer. Das bedeutet, dass man bereit ist, zu akzeptieren, dass einen nicht jeder mag und dass es Menschen gibt, die einen kritisieren oder sogar ablehnen. Wer noch nicht zu dieser Erkenntnis gelangt ist, versucht als „nice guy", also als lieber und angepasster Junge, allen zu gefallen und geht – stets lächelnd – jedem Konflikt aus dem Weg. Das bedeutet permanenten Stress, denn es ist einfach unmöglich, von allen stets gemocht zu werden. Es sei denn, man bemüht sich darum, nicht aufzufallen, und vermeidet es grundsätzlich, einen klaren Standpunkt zu vertreten. Solche „nice guys" sind aber nicht wirklich freundliche und angenehme Zeitgenossen, denn der äußere Eindruck täuscht. Sie sitzen auf einem Pulverfass voller unterdrückter Wut, Ärger und Enttäuschungen. Entweder ist der Deckel auf dem Fass so dick, dass sie alle Aggressionen nach innen richten und dann meist psychisch oder körperlich krank werden. Oder das Fass explodiert irgendwann und sie werden zu „Amokläufern", die andere hinterhältig und feige verletzen oder Intrigen inszenieren. Wenn dies auch dich betrifft, dann warte nicht länger, fange an eine einfache Wahrheit zu akzeptieren: Es muss dich nicht jeder mögen! Akzeptiere, dass es Menschen gibt, die dich ablehnen, mit dir in Konkurrenz gehen oder dir sogar bewusst schaden wollen. Das ist ein Naturgesetz. Jeder Krieger weiß das und handelt dementsprechend. Wenn du dies annimmst, fallen viel Druck und

Anstrengung von dir ab. Hör auf, um Anerkennung zu betteln und mache lieber „dein Ding“. Frage dich nicht ständig, wer was an dir, deinen Worten, deiner Kleidung, deinen Handlungen gut oder schlecht findet. Hör endlich auf, „Likes“ und Bestätigungen für dein Ego nachzujagen und fange an, das zu sagen und zu schreiben, was du wirklich denkst. Und tue Dinge im Beruf und im Privatleben nicht, um jemandem damit zu gefallen, sondern weil es dir Freude macht. Du musst das nicht rechtfertigen. Je mehr du den Fokus auf die Sache richtest, die du tust, und davon begeistert bist, umso mehr wirst du von den einen Anerkennung und von den anderen Ablehnung erfahren. Berühmte Männer werden immer von vielen geliebt und von vielen gehasst. Und sie zeichnen sich dadurch aus, dass ihre Handlungen nicht davon motiviert sind, Applaus oder Zuwendung von anderen zu bekommen. Sie machen einfach „ihr Ding“.

Beginne mit einfachen Sachen: Wenn du nur aus Höflichkeit wie alle anderen im Büro Kaffee trinkst, bring dir stattdessen Tee mit. Wenn du die Einfahrt des Nachbarn immer nur deshalb mitfegst, um von ihm gemocht zu werden, dann lass es einfach. Wenn du eine Mitarbeiterin immer deshalb vom Bahnhof abholst, weil du dir Chancen bei ihr erhoffst, dann hör auf damit. Wenn du stets darauf verzichtest, eine Fernsehsendung zu sehen, weil deine Partnerin sie nicht mag, dann setze dich über ihre Meinung hinweg. Wenn du Pornos immer nur heimlich schaust, weil deine Frau sonst schockiert wäre, dann konfrontiere sie mit deinem unbefriedigenden Sexualleben. Ständig aus Angst vor Ablehnung und aus Gefallsucht auf andere Rücksicht zu nehmen, ist eine der Hauptursachen, weshalb Männer ihr Leben nicht genießen können.

Du musst nicht alle Frauen verstehen

Ein enormer Stressfaktor im Leben vieler Männer ist der Versuch, Frauen zu verstehen. Wenn ihre Partnerin schlecht gelaunt ist, versuchen sie den Therapeuten zu spielen, anstatt lieber ihr „eigenes Ding“ zu machen und ihre Freizeit zu genießen: „Schatz, was ist denn mit dir los? Ist was passiert?“ Sie, unwirsch: „Lass mich in Ruhe, du machst es noch schlimmer!“ Er: „Ich will dir doch nur helfen. Hat es etwas mit mir zu tun?“ Sie: „Natürlich hat es was

mit dir zu tun, was glaubst du denn?" Er: „Dann sag doch endlich, was passiert ist."
So geht das noch eine ganze Weile. Sie ist einfach nur mieser Stimmung und will ihre Ruhe haben. Er erträgt das aber nicht, weil er emotional wie ein Kleinkind von ihr abhängig ist. So zieht er ihr die „Würmer aus der Nase". Sie weiß selbst nicht genau, was los ist, aber eingeladen durch seine unterwürfige Art inszeniert sie daraufhin ein Drama wegen irgendeiner Nichtigkeit. So hat sie wenigstens einen Grund für ihre schlechte Stimmung und kann sie an ihm auslassen. Sie: „Ja, wenn du es wissen willst: Du bist total unaufmerksam und unsensibel mir gegenüber." (Das genaue Gegenteil ist der Fall.) Er: „Was meinst du denn? Weil ich etwas später gekommen bin?" Sie hat von ihm nun eine Vorlage und einen möglichen Grund für ihre üble Laune geboten bekommen: „Das sollte ich mal mit dir machen, einfach nicht nach Hause kommen und noch nicht mal ans Telefon gehen!" Dann folgen zahlreiche Rechtfertigungen und Erklärungen seinerseits, das Ganze wird aber immer schlimmer und der Rest des Tages ist verdorben. Zuletzt sprechen beide nicht mehr miteinander. Er denkt die ganze Zeit darüber nach, was er falsch gemacht haben könnte und wie er die Situation retten kann.

Das ist eine typische Situation eines Mannes, der stets versucht, Frauen zu verstehen, um Ablehnung zu vermeiden und gemocht zu werden. Das Ergebnis ist leider genau das Gegenteil.

Ein anderes Beispiel: Carsten ruft eine Bekannte an, auf die er scharf ist. „Hi, Jasmin, wir hatten uns doch für heute Abend verabredet. Klappt das bei dir?" Sie: „Ich glaube, mir ist heute nicht danach, mit dir auszugehen." Er: „Wieso denn nicht? Gibt es etwas, das zwischen uns steht?" Sie: „Nein, nein, einfach so ein Gefühl halt." Er: „Aber da muss doch etwas vorgefallen sein. Du kannst es mir ruhig sagen." Er versucht, so lange in sie zu dringen, bis sie etwas erfindet, um ihre Ruhe zu haben. Sie: „Also, ich will nichts von dir, wir passen einfach nicht zusammen."

Die nächsten Tage bringt Carsten damit zu, nachzugrübeln, weshalb Jasmin der Meinung ist, dass sie nicht zusammenpassen. Er hat doch so viel für sie getan! Also schreibt er ihr einen langen Brief. Erst nach Tagen kommt eine kurze, etwas genervte Antwort per SMS. Er ist durch sein Verhalten zu einem lästigen und bedürftigen Jungen geworden, den Jasmin loswerden will.

Ein Mann, der seine Männlichkeit genießt, lässt sich sein Leben nicht durch die schlechte Laune einer Frau vermiesen. Der Grund ist ihm schlichtweg egal. So würde er in den obigen Situationen reagieren, wenn er nach Hause kommt und bemerkt, dass seine Frau schlecht gelaunt ist:

„Hi Schatz, stimmt was nicht?“ Sie: „Ach, ich weiß nicht so recht.“ Er: „Okay, ich lass dich lieber noch etwas allein. Ich bin noch im Tennisclub, da ist eine Feier heute Abend. Wenn dir danach ist, kommst du einfach nach. Tschüss.“ Und weg ist er. Eine Feier zu genießen, geht auch ohne Partnerin. Er überlässt es seiner Frau, ob sie lieber schlecht gelaunt zuhause brüten will oder sich aufrafft. Sein Handy ist bei der Feier übrigens ausgestellt, nur für den Fall, dass sie ihn zur Kontrolle anruft oder ein Drama inszenieren will.

Im zweiten Fall: „Hi, Jasmin, heute Abend habe ich eine Überraschung für dich.“ Sie: „Was denn?“ Er: „Das sage ich dir nur, wenn du fest zusagst.“ Sie: „Nein, auf solche Spielchen habe ich keine Lust.“ Er: „Okay, ich merke schon, du bist nicht in der Stimmung. Dann muss ich halt jemand anderes überraschen. Bis ein anderes Mal dann.“ Sie: „Halt, warte mal. Ich mache aber keine gefährlichen Sachen oder sowas.“ Er: „Du weißt doch, dass es mit mir gefährlich ist. Also, was soll die Frage? Sagst du nun Ja oder Nein?“ Sie: „Na gut, aber ich erwarte, dass du das nicht ausnutzt.“ Er: „Du musst pünktlich um neunzehn Uhr bei mir sein, sonst wird das nichts. Kann ich mich darauf verlassen?“ Sie: „Das ist ja schon in einer Stunde!“ Er: „In einer Stunde und zweiundzwanzig Minuten. Ja oder Nein?“ Sie: „Ja, okay.“

In beiden Fällen steht für den Mann im Fokus, sein Leben zu genießen. Und in beiden Fällen wünscht er sich eine weibliche Begleitung dafür. Aber er macht sich nicht davon abhängig – das ist der wesentliche Unterschied. Und er bemüht sich weder die Launen der Frau zu verstehen noch diese um jeden Preis zu etwas zu überzeugen. Er macht halt „sein Ding“ – lieber gemeinsam mit ihr, aber jederzeit auch ohne sie. In beiden Beispielen spürt die Frau, dass sie mit ihrer Szene keine Chance hat, denn er lässt sich durch sie nicht die Stimmung verderben. So etwas kann man trainieren, denn das bedeutet, mehr Freude an der eigenen Männlichkeit zu haben.

Zum Verständnis, warum viele Männer meinen, Frauen verstehen zu müssen, und sich von ihnen emotional abhängig machen: Vielleicht war es für sie als Junge einmal wichtig, die eigene Mutter zu verstehen, wenn sie deren Launen und Stimmungen ausgesetzt waren. Wer sich als Junge seiner Mutter ausgeliefert fühlte, weil kein starker Vater als Gegenpart da war, musste lernen, seine Antennen ganz auf sie auszurichten. Er entwickelt eine Art Hypersensibilität für die Stimmung der Mutter, denn er war abhängig davon. Er musste verstehen, was mit ihr los war, um sich entsprechend zu verhalten. Denn er war auf ihre Zuneigung, Anerkennung und Liebe angewiesen. Kam sie genervt nach Hause, verzog er sich brav in sein Zimmer und räumte es penibel auf, um ihr keine Gelegenheit für einen Streit zu geben. War sie traurig, dann packte er für sie die Einkaufstaschen aus und zeigte seine Liebe, indem er ihr half. War sie wütend, dann lernte er, dass er besser eine Weile zum Nachbarsjungen gehen sollte, bis sie sich wieder beruhigt hatte. War sie fröhlich, dann war das eine gute Gelegenheit, sie um etwas zu bitten. Vor allem Jungen, die ohne Vater in einer „eheähnlichen Gemeinschaft“ mit ihrer Mutter lebten, haben gelernt, ihr Denken, Fühlen und Handeln komplett auf sie auszurichten. Denn sie waren absolut abhängig von ihr und ihren Launen. Solch ein antrainiertes und oft bis in die Jugend praktiziertes Verhalten der Mutter gegenüber wird dann häufig auf andere Frauen übertragen: auf die Kindergärtnerin, die Lehrerin und später die Freundin. So ein Mann hat gelernt, sich in seinem Handeln stets auf Frauen zu beziehen, da er von ihrer Unterstützung und Zuneigung abhängig ist. Wer ohne männliche Korrektive aufgewachsen ist, hat es schwer, zum Mann zu werden. Denn er wird auch als Erwachsener stets bemüht sein, Frauen zu gefallen, und sich von seiner Partnerin abhängig machen. Häufig haben solche Männer eine dominante Chefin oder suchen sich in der Freizeit eine Trainerin, Therapeutin, Ärztin oder Lehrerin – also eine Frau, die ihnen sagt und zeigt, wo es langgeht. Für diese Männer ist es ein langer Weg zur emotionalen Unabhängigkeit von Frauen, um endlich ihr eigenes Leben zu führen und „ihr Ding“ zu machen.

Schluss mit Aufopferung und Betteln um Anerkennung

Ein guter Moment, um anzufangen sich aus emotionaler Abhängigkeit zu befreien, ist das Gefühl, sich selbst nicht mehr ausstehen zu können. Wenn dein eigenes Verhalten dich nervt und du es selbst erbärmlich findest, wie du um Anerkennung geradezu bettelst, dann ist es Zeit, aus dem eigenen, selbst geschaffenen Gefängnis auszubrechen. Der Schlüssel dafür ist zunächst, deine Lieblings-Strategie zu durchschauen, mit der du dich emotional von anderen abhängig machst.

Der Aufopferer

Diese Sorte Mann macht so viel für andere, viel mehr, als sie ihm jemals zurückgeben können. Und die meisten bemerken das noch nicht einmal. Er räumt für sie den Müll weg, entschuldigt sich für das Fehlverhalten anderer und macht Überstunden, weil die Kollegin – wie schon so oft – dringend früher wegmusste. Er fährt seine Frau zu ihrer Freundin und holt sie dort auch wieder ab, weil der Bus so selten fährt. Er kauft „mal eben" nach der Arbeit ein, weil es auf dem Weg liegt. Er verzichtet auf Sport, wenn es ihr schlecht geht, um „für sie da zu sein". Aber niemand dankt es ihm. Sein leidendes Gesicht ist auch unerträglich und er hat offensichtlich keinen Spaß an dem, was er macht.

Die Strategie des Aufopferers ist es, die Aufmerksamkeit der anderen zu bekommen, indem er stets hilfsbereit und scheinbar selbstlos ist. Es steckt aber eine verlogene Haltung dahinter: In Wirklichkeit ist er voller Bitterkeit und Vorwürfe, weil die anderen nicht dankbar genug sind. Denn er ist stets „der Gute" und die anderen sind „die Schlechten". Mit solchen „Gutmenschen" kann man einfach keinen Spaß im Leben haben. Deshalb gehen die anderen Mitarbeiter lieber ohne sie essen (einer muss ja im Büro bleiben), deshalb suchen sich seine Freunde lieber unterhaltsamere Kumpels und deshalb amüsiert sich seine Frau letztlich lieber mit einem Mann, der Spaß an seiner Männlichkeit hat und sie damit ansteckt.

Der Helfer und Retter

Dieser Mann ist immer zu Stelle, wenn es brennt, vorzugsweise für Frauen: Er repariert den abgestürzten Computer, gibt den Therapeuten und Tröster bei Beziehungsproblemen und spielt den Rechtsanwalt, wenn sie Streit hat. Denn er ist der Verfechter und Beschützer der Frauen gegen die böse Männerwelt. Er begleitet Frauen nachts nach Hause und beschützt sie in der Disco vor zudringlichen Männern – natürlich nur so lange, bis sie ihren „Richtigen"" gefunden hat. Dann verkrümelt sich der Beschützer diskret. Die Liste der Tätigkeiten als Therapeut, Tröster, Rechtsanwalt, Bodyguard und Begleitservice ist lang. Und viele Frauen lieben solche Männer, die sie natürlich immer in einem gewissen Abstand von sich halten. Der Mann fühlt sich stark und männlich, wenn er gebraucht wird – das ist dann, wenn die Frau „schwach" ist. Dadurch bekommt er Aufmerksamkeit und das Gefühl, gebraucht zu werden. Schöne Frauen halten sich manchmal mehrere solcher „Orbiter", die sie sozusagen in ihrer Umlaufbahn mit Abstand um sie herum kreisen lässt, weil es ihr Ego aufwertet und sie interessanter macht. Doch die scheinbar selbstlose Hilfsbereitschaft trügt, denn dahinter steht das sexuelle Begehren des Mannes, das er aber unterdrückt – erfüllt wird es sowieso nicht.

Das Muttersöhnchen

Das Muttersöhnchen ist ein kleiner Junge im Männerkostüm. Er selbst stellt sich spätestens beim zweiten Hinschauen als unselbstständig und sogar mitleiderregend heraus. Er kann keine Entscheidungen treffen, jammert herum oder zeigt sich hilfsbedürftig. Das zieht einen ganz bestimmten Frauentyp an, die sich einen solchen Mann aussucht: Emotional (oder auch körperlich) stärkere, selbstbewusst wirkende und meist eher extrovertierte Frauen „stehen" häufig auf solche Männer. Dahinter stecken aber oft die große Angst, von einem Mann dominiert zu werden, und der Wunsch, selbst die Führung zu haben, denn solche Männer stellen keine Gefahr dar. Das Muttersöhnchen schafft es, den Mutterinstinkt in Frauen zu wecken, und bekommt so deren Aufmerksamkeit. Dass dies keine gute Beziehungsgrundlage ist, leuchtet eigentlich jedem ein, leider ist dies aber dennoch das beliebteste Beziehungsmuster, speziell in Mittel- und Nordeuropa. Wer mit offenen Augen Paare beobachtet, kann selbst sogar in der Öffentlichkeit erleben, dass oftmals die Frau die Macht hat und der Mann sich von ihr abhängig und bedürftig verhält.

Sie: „Mach mal Platz!" Er rückt beiseite: „Entschuldigung."
Sie verlässt schlecht gelaunt den Raum. Er läuft hinterher, weil er wissen will, was los ist.
Sie: „Es fehlt Salz im Essen." Er: „Oh, tut mir leid. Soll ich für dich nachsalzen?"
Sie will nicht mit ins Geschäft. Er verzichtet darauf, um sie nicht warten zu lassen.
Sie: „Es ist nichts zu essen zuhause." Er: „Ich kann was einkaufen gehen."
Er in der Buchhandlung: „Das ist eines der wichtigsten Bücher für mich. Willst du mal reinlesen?" Sie: „Der Psychokram interessiert mich nicht." Er legt es wortlos wieder weg.

Das Muttersöhnchen ist ein Mann, der sich im vorauseilenden Gehorsam Frauen unterordnet, um gemocht zu werden. Er vermeidet jeden Konflikt und nimmt jede Respektlosigkeit von Frauen hin. Um keinen Preis würde er einer Frau Grenzen setzen oder ihr gar wehtun – ganz gleich, wie sie ihn behandelt.

Everybody's Darling

Dieser Mann scheint stets gut gelaunt zu sein und hat immer ein Lächeln auf dem Gesicht. Selbst wenn man ihn schlecht behandelt, bleibt er freundlich und wehrt sich nicht. Man hört von ihm keine klare Meinung, kein Ja und kein Nein. Mit seinem Jein kommt er gut durchs Leben und passt sich dafür gerne allem und jedem an. Er wird nicht laut und auch nicht emotional, sein Energieniveau ist extrem niedrig – so blass wie seine Hautfarbe und so flach wie sein Atem. Er fällt niemals auf und eckt auch nicht an. Er ist weder Mann noch Frau, sondern eher ein geschlechtsneutrales Wesen. Er hat schon als kleines Kind gelernt, ruhig und pflegeleicht zu sein, um den Eltern nicht zur Last zu fallen. Er bekommt Aufmerksamkeit in der Form, dass er immer dabei sein darf – denn er stört ja nicht.

Der Perfektionist

Eine Strategie, von den Eltern Lob zu bekommen und geliebt zu werden, ist die der fehlerfreien und perfekten Leistungen. Gerade bei emotional unterkühlten und körperlich distanzierten Eltern entwickelt ein Kind oft mehr intellektuelle Fähigkeiten und fokussiert sich auf Erfolge. Wenn die Eltern sehr leistungs- und erfolgsorientiert sind, wird dies häufig auf das Kind übertragen.

Zwei Mütter mit Kinderwagen. „Und was wird deiner mal?“ Die andere: „Wir überlegen noch, in welchem Bereich er mehr Berufschancen hat – als Jurist oder als Ingenieur.“

Das Kind übernimmt das Wertesystem der Eltern und entwickelt eine Perfektion bei allem, was es tut, einerseits, um Lob und Anerkennung zu bekommen, andererseits aber auch, um nicht angreifbar zu sein. Denn jeder Fehler ist furchtbar und wird als Versagen empfunden: Eine Eins Minus in der der Schule ist etwas, wofür man sich schämen muss, denn die Frage der Eltern, wofür das Minus steht, bereitet Sorgen. Ein kaputtes Spielzeug sorgt für Schlafstörungen, da man vielleicht vorsichtiger hätte sein müssen. Als Erwachsener sind Perfektionisten meist rigide Menschen, die sich jeden Genuss verwehren. Pflicht, Leistung, Erfolg und vor allem Fehlerfreiheit steht bei ihnen an oberster Stelle. Durch das Lob für ihre perfekten Leistungen bekommen sie Aufmerksamkeit, durch das Vermeiden von Fehlern versuchen sie Kritik zu verhindern. Sie genießen Lob oder Erfolge aber kaum, denn die Angst, Fehler zu machen und angreifbar zu sein, ist allgegenwärtig.

Der einsame Wolf

Um die Aufmerksamkeit anderer auf sich zu lenken und in dem Bemühen, von anderen geliebt zu werden, wählt eine bestimmte Sorte Männer ihren ganz eigenen Weg: Diese Männer spielen einfach nicht mit. Sie ziehen sich einsam in die Natur zurück und machen scheinbar „ihr Ding“. Auch in Gesprächen ist nicht viel aus ihnen herauszubekommen – ein paar Andeutungen, das war es. Der Steppenwolf ist sich selbst genug und braucht die anderen nicht. Doch der Schein trügt, denn der Wolf fährt nur eine andere Strategie, indem er sich unnahbar macht. Gerade so unnahbar, dass der Kontakt zu ihm noch möglich ist. Er deutet Interesse nur vage an und schafft es durch eine geschickte Lonesome-Cowboy-Strategie, das Interesse von Frauen auf sich zu ziehen. Denn Frauen sind furchtbar neugierige Wesen. Sie wollen wissen, wer hinter der coolen Maske steckt. Und so setzen sie ihm nach und versuchen ihn „zu knacken“. Der einsame Wolf zeigt sich nur kurz, dann verschwindet er im Nebel. Mit dieser Strategie bekommt er viel Aufmerksamkeit von Frauen, die genau dieses Verhalten fasziniert. Speziell Papatöchter, also Frauen, die schon als Mädchen einen unnahbaren Vater hatten, der ihnen wenig Aufmerksamkeit geschenkt hat, wiederholen als Erwachsene so stets aufs Neue ihre Kindheitserfahrungen. Sie sind fasziniert von einsamen Wölfen.

All diese Strategien, die keinen Anspruch auf Vollständigkeit erheben und teilweise auch kombinierbar sind, verfolgen den Zweck, andere für sich zu interessieren. Man möchte Zuwendung bekommen, gemocht und auch geliebt werden. Letztlich sind sie alle unehrlich und auf Dauer furchtbar anstrengend: denn man verstellt sich für andere, um ihnen zu gefallen. Vor allem bei ihrer Gefallsucht Frauen gegenüber erleben Männer oft auf quälende und erniedrigende Art ihre Abhängigkeit und Unfreiheit.

Dich selbst wertschätzen und lieben

Ein entscheidender Schritt weg von der emotionalen Abhängigkeit von Frauen hin zu einem freien und genussvollen Leben als Mann ist die Fähigkeit, sich selbst zu lieben. Nur wer sich selbst die Anerkennung und Wertschätzung gibt, die er sich stets von anderen – und insbesondere Frauen – erhofft, ist auch ein freier Mann. Das ist eine Definition von Mannsein: frei von der Bestätigung und Anerkennung durch Mama und andere Frauen zu sein und die Fähigkeit, sein Leben ohne weibliche Zuwendung genießen zu können. Ein Mamasöhnchen hat genau dies nie gelernt. Viele Männer in meinen Seminaren sagen, dass eine der wichtigsten Veränderungen nach einem Training für sie war, dass sie sich nun selbst lieben können. Ein schwerer Schritt für viele, denn wer sagt schon „Ich liebe mich"? Seine Liebe einer Frau zu gestehen, fällt vielen Männern ohnehin schwer genug, aber sich selbst zu lieben? Die meisten Männer haben ein eher funktionales oder aber ein kritisches Verhältnis sich selbst gegenüber. Gelegentlich erinnert es an das Verhältnis zu ihrem Auto: Es muss halt funktionieren, und wenn es kaputt ist, wird es repariert. Wenn es allerdings gut fährt, dann lobt man es wohl kaum. Geschimpft wird nur dann, wenn es nicht fährt oder die Motorleistung beim Überholen zu wünschen übrig lässt.

In diesem Abschnitt geht es darum, dir selbst Liebe und Anerkennung zu geben. Warum ist das so wichtig? Ich gehe so weit, zu behaupten, dass diese Fähigkeit ein Zeichen von Erwachsensein ist. Kinder sind auf die stete Anerkennung und Liebe der Eltern und anderer Bezugspersonen angewiesen, Jugendliche auf die Bestätigung durch die Clique oder andere Gleichaltrige. Wer Anerkennung und Liebe bekommt, fühlt sich wertvoll und liebenswert. Werden sie aber entzogen, fühlt man sich wertlos, einsam oder ungeliebt. Selbstzweifel machen sich breit. Man fängt dann an, um die Aufmerksamkeit der anderen zu ringen. Schon als Kind hat jeder seine Lieblingsstrategie dazu entwickelt: entweder ganz brav zu sein und so auf Lob zu hoffen oder öffentlichkeitswirksam über die Stränge zu schlagen. Krankheit und Selbstverletzung sind auch probate Mittel, um Mitleid zu erregen. Erfolg in der Schule oder besondere Leistungen auf anderen Gebieten gehören ebenfalls zu den bekannten Strategien. Doch damit nicht genug. Wer Aufmerksamkeit will, kann auch noch andere Register ziehen: offensichtlich leiden oder auch laut weinen, andere indirekt für das eigene Leid verantwortlich machen und ihnen ein schlechtes Gewissen einreden, betteln und nörgeln, nerven oder auch ungefragt zutexten. Gemeinsam ist diesen Strategien, dass sie immer nur bei anderen erkannt werden – man selbst glaubt meistens, frei davon zu sein.

Die Strategien, um die Aufmerksamkeit anderer auf sich zu ziehen, sind zahlreich, und auf eine bestimmte Art und Weise funktionieren sie alle gleich: Als Kind bekommt man so die Zuwendung der Eltern. Man bekommt zwar keine Liebe, aber selbst Mitleid, Streit und genervte Zuwendung ist eine Form von Aufmerksamkeit. Diese – meist völlig unbewussten – Strategien wenden die Menschen auch später im Leben an, um Aufmerksamkeit zu bekommen. Nicht unbedingt, wenn man gerade fröhlich ist, frisch verliebt oder einen Erfolg zu verbuchen hat. Man wendet diese Strategien dann an, wenn einem die Aufmerksamkeit, Anerkennung oder Liebe entzogen wird. Also wenn der Chef nicht sieht, was man alles tut oder wenn die Partnerin nur rumnörgelt. Man fühlt sich bedürftig, unbeachtet oder ungeliebt und versucht, dieses Gefühl durch die Aufmerksamkeit anderer zu kompensieren. Es sind in der Kindheit erlernte und antrainierte Strategien, die bei Angst, Stress, Bedrohung oder Frust abgerufen werden.

Ein Aspekt von Erwachsensein ist, diese Strategien nicht mehr nötig zu haben. Ein Erwachsener akzeptiert, dass jemand in diesem Moment nicht bereit ist, Aufmerksamkeit, Anerkennung oder Liebe zu geben. Ich muss die Gründe dafür nicht verstehen und auch nicht gutheißen. Aber ich respektiere diese Entscheidung und sorge dafür, dass es mir ohne den anderen gut geht. Als erwachsener Mann gebe ich mir selbst Anerkennung und Wertschätzung. Ich weiß, was ich wert bin oder was ich geleistet habe.

Einige Beispiele dazu:
Du hast eine Kampagne für deinen Chef durchgeführt oder ein Projekt konzipiert. Du bist mit dem Ergebnis zufrieden oder auch stolz darauf. Doch dein Chef würdigt das Ganze nicht. Jetzt kannst du entweder deinen Chef beschimpfen, über ihn klagen, die Umstände oder den lieben Gott verfluchen oder aber dir selbst treu bleiben und dir die Anerkennung für die gute Arbeit selbst geben.

Du hast einen wundervollen sinnlichen Abend für deine Partnerin vorbereitet und dir viel Mühe gegeben, alles zu planen und zu besorgen, um sie zu überraschen. Doch sie kommt genervt von der Arbeit nach Hause, zickt nur herum und provoziert Streit – sprich: Sie ist unausstehlich. Als sie deine Vorbereitungen sieht, tut sie diese mit einem Kommentar ab und sagt, sie sei nicht in der Stimmung dazu. Es gibt Situationen, in denen du ihre Stimmung ändern kannst. Aber manchmal spürt man, dass das hoffnungslos ist. Anstatt mit ihr zu streiten oder zu jammern, dass sie deine Überraschung nicht anerkennt, kannst du diese Wertschätzung für dich verbuchen. Du gibst dir die Anerkennung, dass du dein Ding mit ihr probiert hast und ziehst es jetzt alleine durch. An diesem Abend machst du ein herrlich erotisches Selbstlieberitual für dich. All die Aufmerksamkeit und Liebe, die du ihr geben wolltest gibst du dir selbst.

Du lernst selbstständig eine neue Sportart, zum Beispiel Windsurfen auf Fuerteventura. Du versuchst, dich trotz Wellengang auf dem Brett zu halten und das Segel hochzuziehen, fällst aber immer wieder ins Wasser. Das geht stundenlang so und auch in den nächsten Tagen schaffst du nur einige klägliche Meter. Alle anderen im Surferhotel sind Cracks und jagen mit einem Affenzahn an dir vorbei und machen die wildesten Manöver. Im Hotel streifen dich mitleidige Blicke und es gibt maximal tröstende Kommentare für dich. Wie reagierst du in einer solchen Situation und welche Gefühle kommen in dir hoch? Fühlst du dich wertlos und als Versager? Oder bist du stolz darauf, dein Ding zu machen und kleine Lernerfolge trotz widriger Übungsbedingungen zu verzeichnen?

Während ich dies schreibe, schaue ich hier in Fortaleza, Brasilien, aufs Meer und beobachte, wie Anfänger sich mit ihrem Kite bei Starkwind und starker Brandung abkämpfen, während der Lehrer am Strand steht, aufgeregt gestikuliert und unverständliche Anweisungen ruft. Ich habe das selbst hinter mir und weiß, wie sehr die eigene Anerkennung für sich selbst gefragt ist, wenn man tagelang keine Erfolge sieht. Während andere scheinbar spielend leicht an einem vorbeidüsen oder atemberaubende Sprünge vollziehen, macht man selbst keine oder nur kleine Fortschritte.

Selbstliebe

Selbstliebe ist nicht Egoismus, eigentlich genau das Gegenteil. Du musst dich dabei nicht hervortun, öffentlich loben oder angeben. Selbstliebe bedeutet, deine Fähigkeiten, deine Intelligenz und dein Wissen so einzusetzen, dass du glücklich bist. Selbstliebe fängt mit dem Körper an: Liebe ist etwas Körperliches, was sich durch Zärtlichkeit oder Erotik ausdrückt. Deiner Freundin glaubst du ja schließlich auch nicht, dass sie dich liebt, wenn sie dich niemals berührt, oder? Wenn du das glaubst, dann solltest du dringend therapeutische Hilfe suchen. Würdest du einer Frau glauben, die sagt, dass sie dich liebt, aber dich nie anfasst und auf deine Berührungen nicht reagiert? Oder würdest du dich eher geliebt fühlen von einer Frau, die zwar nichts sagt, die aber Körperkontakt sucht, dich streichelt, massiert und zeigt, dass sie scharf auf dich ist? Welche der beiden Frauen würdest du wählen?

Bei der Selbstliebe verhält es sich nicht anders. Sich selbst zu lieben, heißt seinen eigenen Körper zu lieben. Dazu gehört, ihn gut zu behandeln, gesund zu ernähren, ihn fit zu halten, zu pflegen und auch liebevoll anzufassen. Um sich selbst zu lieben, muss man seinen eigenen Körper lieben. Lass deinem Körper dieselbe Behandlung zuteilwerden, die du auch einer geliebten Frau angedeihen lässt. Beginne also, dich um deinen Körper zu kümmern. Wer seinen Körper schlecht behandelt, kann nicht von sich behaupten, dass er sich selbst liebt. Viele schädigende Verhaltensweisen wie starkes Rauchen, Alkoholkonsum, ungesunde Ernährung etc. zeugen eher von einem versteckten Selbsthass. Du wirst in diesem Buch noch weitere konkrete Tipps finden, was du tun kannst, um deinen Körper zu lieben.

Um wirkliche Selbstliebe zu praktizieren, anstatt lieblos vor einem Porno zu wichsen, wie das leider viele Männer tun, empfehle ich mein E-Book „Ekstase statt Porno". Dort gebe ich eine konkrete Anleitung, wie man genussvoll und ekstatisch onanieren und einen Ganzkörperorgasmus erleben kann.

Flirte und erobere Frauen!

Die natürlichste Sache der Welt, nämlich das Balzen und Werben um das andere Geschlecht, fällt immer mehr Männern schwer. Ein schöner und knisternder Flirt kann den Tag verzaubern und die Verführung einer Frau macht viele Männer tage- oder gar wochenlang glücklich. Leider tun sich Männer speziell in Mitteleuropa sehr schwer mit diesem Thema – es entgeht ihnen viel Lebensfreude und Genuss an der eigenen Männlichkeit. Denn speziell das Flirten ist zunächst nicht zielgerichtet oder ergebnisorientiert. Es ist ein Spiel mit den Möglichkeiten zwischen dir und dem anderen Geschlecht.

Das Flirten hat einen Selbstzweck, denn es führt dazu, dass du dich männlicher fühlst. Du bekommst einen schnellen Pulsschlag, dein Atem wird tiefer, der Blutdruck steigt und einige Endorphine werden ausgeschüttet, wenn du eine fremde, attraktive Frau ansprichst. Und unausgesprochen stehen immer mehrere Möglichkeiten zwischen ihr und dir im Raum, die Mann und Frau miteinander teilen können: Von einem unverbindlichen „Hi" über ein interessantes Gespräch, eine Affäre oder eine lebenslange Ehe. Alles ist möglich. Obwohl die Wahrscheinlichkeit in der Reihenfolge der Aufzählungen deutlich abnimmt. Das macht aber nichts. Wenn du den Entschluss gefasst hast, deine Männlichkeit zu genießen, keinen Tag mehr zu vergeuden und keine schöne Frau mehr einfach aus Angst, Unbewusstheit oder Dummheit an dir vorbeigehen zu lassen, dann wird dein Leben spannender.

Die meisten deutschen Männer erstarren in Todesangst bei dem Gedanken, eine fremde Frau anzusprechen, womöglich noch eine wirklich attraktive. Und deutliches sexuelles Interesse an ihr zu zeigen, kommt vielen wie ein Selbstmordkommando vor. Ich weiß, es gibt unzählige selbst ernannte Seduction- und Verführungscoaches, teure Seminare dazu, Videos und Bücher. Darunter findet man auch wirklich Nützliches und Hilfreiches, aber mal ganz ehrlich: Wenn ich hier in Brasilien jemandem erzählen würde, dass ich Männern beibringe, mit Frauen zu flirten, würde derjenige Tränen lachen. „Bringst du ihnen auch essen und pinkeln bei?“, fragte mich hier mal jemand. Flirten muss man doch nicht lernen! Meine bisherigen Versuche, Brasilianern das zu erklären, sind kläglich gescheitert. Sie denken, ich mach mich lustig über sie oder arbeite mit psychisch Kranken. Nicht nur in Brasilien, sondern auch in vielen anderen Ländern ist es für Männer wie Frauen komplett unvorstellbar, dass jemand nicht flirtet, wenn ihm danach ist. Warum auch nicht? Gute Frage, die ich direkt an dich weitergebe! Wie hoch ist dein Einsatz und dein Risiko wirklich? Wenn du wirklich entschlossen bist, deine Männlichkeit zu genießen, brauchst du kein Seminar und kein Buch, noch nicht einmal bei mir! Du musst keine Sprüche klopfen und brauchst keine Strategie. Du gehst einfach zu der Frau deiner Wahl und unterhältst dich mit ihr. Du sagst ihr, dass du sie faszinierend findest und gerne kennenlernen willst. Das kannst du – je nach Persönlichkeit und Situation – originell, ernst, lustig, direkt oder poetisch formulieren. Wichtig ist deine innere Haltung und dein Engagement dabei. Ich habe Männer gesehen, die keinerlei Regeln befolgt und fast alles falsch gemacht haben, was von „Verführungs-Coaches“ gelehrt wird – und doch so ihre Traumfrau kennen- und lieben lernten. Sie haben sie von hinten angesprochen, so dass sie erschrak, sind ihr hinterhergelaufen und haben irgend ein dummes Zeug vor lauter Aufregung erzählt. Aber sie waren voll dabei und haben ihren ganzen Einsatz als Mann gebracht: Mut, Leidenschaft und hohe Energie. Und sie haben nicht gleich aufgegeben, wenn die Frau nicht sofort genauso begeistert war.

Tina: Als Erik mich ansprach, dachte ich nur: Was ist das denn für ein schräger Vogel? Es gab sofort zahlreiche Dinge an ihm und seinem Auf-

treten auszusetzen, aber das war nur mein Verstand. Innerlich spürte ich, dass er wirklich fasziniert von mir war und alles riskierte, um mich zu erobern. Selbst meine kichernden Freundinnen mit ihren teils etwas fiesen Kommentaren konnten ihn nicht abhalten. Ich wurde ihn einfach nicht los. Sein Mut und seine draufgängerische Art imponierten mir einfach – ich weiß nicht, wann ich das je so erlebt hätte.

Jetzt mach aber bitte nicht den Fehler und zieh den falschen Schluss: Okay, wenn ich die Richtige treffe, dann klappt das schon. Damit lügst du dir nur selbst in die Tasche. Denn erstens erkennst man „die Richtige" (so es sie überhaupt gibt) nicht auf den ersten Blick und zweitens garantiert dir dein hundertprozentiger Einsatz nicht, dass die Frau just in diesem Moment Interesse an dir hat. Da spielen einfach zu viele Faktoren eine Rolle, die nicht in deinem Einflussbereich liegen. Wenn dir also sogenannte Verführungscoaches versprechen, jede rumzukriegen, weißt du, dass sie unseriös sind.

Natürlich kannst du das Flirten perfektionieren, was ich dir auch empfehle. Aber zwingend nötig ist es nicht. Du kannst Schwimmkurse machen und deinen Schwimmstil perfektionieren. Du kannst aber auch einfach ins Wasser springen und üben – dann wirst du von allein besser. Kein Lateinamerikaner hat je einen Flirtkurs besucht oder ein Buch darüber gelesen, trotzdem sind die meisten Jungs hier hemmungslos, draufgängerisch und humorvoll im Umgang mit Frauen.

Was du brauchst, ist die Entscheidung, genießen zu wollen. Du musst dafür draufgängerisch und verwegen sein. Humor hilft auch sehr. Und du solltest dich unbedingt von Ergebnissen unabhängig machen. Bist du bereit? Dann geh auf die Straße, in einen Supermarkt oder ein Café und such dir eine interessante oder schöne Frau aus. Entscheide nicht mit dem Kopf, sondern lasse deinen Penis dein Kompass sein. Bei welcher Frau kribbelt es? Hör auf, als kopfgesteuertes Wesen durch die Gegend zu laufen, sondern sei „schwanzgesteuert"! Nur Feministinnen haben damit ein Problem. Führe entsprechend keine intellektuellen Gespräche, sondern balze geradezu. Spiele, albere herum und sei draufgängerisch. Einfach um es zu genießen, eine erotische Spannung zwischen dir und der Frau zu erzeugen. Wenn dir danach ist, sie anzufassen, dann tu es. Wenn du spürst, dass der Kontakt so innig ist, dass du sie küssen willst, dann tu es. Genieße die Frau und zeige ihr, dass du sie begehrst. Und wenn dir irgendein Ratgeber oder Coach sagt, dass das so nicht gehe, dann überprüfe die Tipps, aber mach am Ende dein Ding. Ein Flirt lebt von deiner Persönlichkeit. Du bist gefragt, nicht irgendein Programm oder eine Strategie oder ausgedachte Geschichte. Bei den allermeisten Flirts bleibt es bei den ungelebten Möglichkeiten. Sie kommen über die verbale, höchstens ansatzweise körperliche Annäherung nicht hinaus.

Du musst dich zum Flirten nicht ins Nachtleben stürzen. Im Alltag bieten sich genügend Gelegenheiten, wenn man die Augen offenhält und mutig die Gelegenheit ergreift. Beim Flirten erleben viele Männer, dass sie ihr Mannsein im Alltag genießen.

Flirten, wenn du in einer Beziehung bist

Für den, der in einer festen Beziehung lebt oder verheiratet ist, verbietet sich das Flirten meistens. Doch damit nehmen sich gebundene Männer einen wichtigen Teil ihrer Lebensfreude und verbieten sich die Bestätigung als Mann. Meist aber wird die Partnerin als gelungene Ausrede vorgeschoben, weil viele Männer sowieso zu feige sind, fremde Frauen anzusprechen. Das jedenfalls, was ein Flirt bietet, kann keine Traumfrau an deiner Seite erfüllen. Ein Mann, der seine Männlichkeit genießt, lässt sich das Flirten genauso wenig wie das Atmen verbieten – denn es gehört zu einem freudvollen Leben dazu.

Bloß kein Sexist sein

Shitstorms gegen Männer wie Rainer Brüderle oder „Wetterfrosch“ Jörg Kachelmann ängstigen viele deutsche Männer. Diskussionen an amerikanischen Universitäten, ob man sich vor einem Kuss und vor allem vor dem Sex ernsthaft eine schriftliche Einverständniserklärung der Frau geben lassen sollte, machen jeder Flirtkultur den Garaus. Feministische Gehirnwäsche, oft schon seit der frühen Kindheit, hat viele Männer hierzulande so tief verängstigt, dass sie es vermeiden, ohne deutliche Einladung Kontakt zu einer Frau aufzunehmen oder sie zu berühren. Wenn Frauen sich beschweren, dass sie kaum noch angeflirtet werden, liegt das genau an solchen Kampagnen gegen vermeintliche Sexisten. Denn den Charakter eines Flirts macht genau das aus: Man dringt ungefragt in die Intimsphäre der Frau ein. Man fragt eben nicht „Darf ich dich ansprechen?“ oder „Möchtest du mit mir flirten?“ und auch nicht „Darf ich dich jetzt an der Schulter berühren und nach rechts drehen, um dir etwas zu zeigen?“. Genauso tötet man als Mann jede Erotik mit dem Satz „Darf ich dich jetzt küssen?“ ab. Das ist alles so politisch korrekt und wird von Feministinnen genauso gefordert. Aber keine Frau findet so etwas anziehend und würde sich auf so einen Mann einlassen. Es widerspricht dem Grundsatz des Flirtens, der von der Spannung zwischen männlich-dominantem und weiblich-rezeptivem Pol lebt.

Für mich ist Flirten purer Lebensgenuss. Deutschland ist in dieser Hinsicht aber eine Wüste. In den südamerikanischen Ländern, die ich kenne, ist Flirten ein leichter, lustiger und sinnlicher Genuss. Frauen steigen dort gerne auf einen Flirt ein und spielen mit und man wird dort nicht als Sexist beleidigt. In Mitteleuropa empfehle ich, vor dem Flirtmanöver zu testen, ob die Frau Humor hat und ob sie sich führen lässt. Das mache ich auch beim Tanzen so. Nur mit Frauen, die Humor haben und männliche Führung akzeptieren, macht der Kontakt wirklich Freude. Die Frau nimmt die feminine Rolle ein und lässt dem Mann seine maskuline, ohne mit ihm in Konkurrenz zu gehen. Und bei einer Frau, die ihre Weiblichkeit bejaht, ist es ohnehin leichter, seine eigene Männlichkeit zu genießen. In meinem Buch „Abenteuer männlicher VerFührung“ finden sich detaillierte Hintergründe und Anleitungen dazu.

Selbstliebe für dich als Mann und Anerkennung für dich ist die Basis-Zutat eines glücklichen Lebens. Mach dich unabhängig von der Zuneigung und Liebe einer Frau. Vermeide Betteln und devotes Verhalten Frauen gegenüber, um deine Selbstachtung nicht zu verlieren. Teste, ob eine Frau feminin ist, damit du den maskulinen Part beim Flirt übernehmen und genießen kannst.

GESUNDHEIT – Erschaffe dir einen männlichen Körper!

Solange man jung ist und einen gut funktionierenden Körper besitzt, ist das Thema Gesundheit nicht besonders interessant. Denn man verkraftet Junkfood, Stress und körperliche wie geistige Belastungen recht gut und der Körper regeneriert sich nach durchzechten Nächten oder Softdrugs schnell wieder. Die meisten Männer wertschätzen ihre Gesundheit erst dann, wenn sie älter werden und Krankheiten beziehungsweise körperliche Einschränkungen auftreten. Manche Männer zwingt ein schwerer Unfall oder eine gravierende Krankheit, sich für längere Zeit aus dem aktiven Leben zurückzuziehen. Erst dann wird man gewahr, dass alltägliche Bewegungen wie Spazierengehen, Laufen, Schwimmen oder Radfahren viel Lebensfreude bringen und einem sehr fehlen können. Und nur wer unter chronischen Schmerzen leidet, kann den Zustand der Schmerzfreiheit genießen. Allerdings haben aufgrund immer schlechterer Lebensmittelqualität und ungesunden Ernährungs- und Lebensgewohnheiten immer mehr junge Männer gesundheitliche Probleme. Zunehmend sind sie übergewichtig, unsportlich und wehleidig – und dadurch körperlich eingeschränkt: Sie treiben keinen Sport, japsen nach ein paar Stockwerken Treppensteigen und schwitzen schon nach wenig Bewegung. Männlichkeit fühlt sich anders an. Dass das nicht gerade erotisch auf Frauen wirkt und damit meist auch sexuelle Probleme einhergehen, ist eigentlich einleuchtend. Entsprechend frustrierend ist dann das Beziehungs- und Sexleben. Warum aber werden Männer immer unsportlicher und fettleibiger?

Die richtige Einstellung ist Voraussetzung

Der entscheidende Faktor ist natürlich die Ernährung. Aus meiner Sicht liegt bei jeglichen Essstörungen oft ein dominanter femininer Einfluss vor, der von einer einseitigen mütterlichen Erziehung verursacht wurde. Fast alle übergewichtigen Männer haben Essstörungen und eine ungelöste Mutterbindung, das heißt eine unnatürlich und ungesunde symbiotische Beziehung zur Mutter. Bei der Erziehung fehlte der väterliche Einfluss, der dem Jungen Freude an Bewegung und Sport, an Herausforderungen und Grenzerfahrungen hätte vermitteln können. Statt von Mama stets „gepampert“, gefüttert und getröstet zu werden, bedeutet der väterliche Einfluss, den Jungen aus der warmen mütterlichen Komfortzone abzukoppeln und ihn risikofreudiger, belastungsfähiger und abenteuerlustiger zu machen. Das geht auch einher mit männlichen Wertmaßstäben: Man erträgt mal einige Stunden Durst, wenn man auf dem Meer surft, man erduldet Hunger bei einer Bergbesteigung und Kälte bei einer Skiwanderung. Man jammert bei einer Sommertour nicht wegen der Hitze und auch nicht wegen einigen oberflächlichen Verletzungen nach einem Sturz mit dem Rad, sondern fährt weiter. Man läuft vor der Angst nicht weg, wenn man in gefährliche Situationen kommt, sondern steht in einem Konflikt seinen Mann und quält sich nicht vorher und nachher innerlich damit.

Vor allem aber: Man erlebt Durst, Hunger, Schmerz, Hitze, Kälte, Angst oder andere Herausforderungen nicht als unüberwindbares Hindernis. Dies sind körperliche Sensationen, die einen lebendig sein lassen, manchmal natürlich auch stören. Aber ein Mann lenkt seinen Fokus nicht darauf und macht sein Ding unabhängig von Widrigkeiten. Wer schon als Junge gelernt hat, diese Gefühle in angemessener Weise zu erleben und zu ertragen, wird dies als erwachsener Mann nicht als so unangenehm erleben: Man genießt dann den Dauerlauf trotz Hitze und schmerzender Füße; man genießt die Bergtour, obwohl man friert und die Schneeflocken wie Nadelstiche ins Gesicht stechen; man tanzt aggressiv Pogo mit anderen Männern, obwohl man sich blaue Flecken dabei holt und es manchmal wehtut; man genießt den heißen Aufguss in der Sauna und verlässt diese nicht, obwohl die Hitze auf der Haut brennt und man kaum noch Luft bekommt. Mannsein heißt aufzuhören, ein wehleidiges Mamasöhnchen zu sein. Lerne, diese Gefühle zu ertragen und den Fokus auf anderes zu richten. Ansonsten wirst du niemals sportliche Erfolge erzielen, sondern immer nur lauwarme Fitness machen.

Die 10 Ernährungsregeln

In diesem Kapitel wird es darum gehen, wie du dich fit und gesund hältst, um in jedem Alter Freude an einem gesunden und sportlichen Körper zu haben. Es geht hierbei um wenige und einfache Regeln, wie du dich als Mann gesund ernährst, fit hältst und mehr Freude an deiner Körperlichkeit hast. Nebenbei bemerkt: Nur fitte Männer, die ihren Körper mögen, haben wirklich Freude am Sex und auch Erfolg bei Frauen!

Wie kannst du deinen Körper gesund und in Form halten?
Männer beschäftigen sich kaum mit Ernährung und Diät und probieren nicht, wie manche Frauen, stets etwas Neues aus. Ich stelle dir hier einfache und realistische Ernährungsregeln vor, mit denen du gesund leben kannst, ohne alles auf den Kopf zu stellen. Denn es ist nicht sinnvoll, jeden Monat eine neue Diät auszuprobieren und seine Ernährung immer wieder umzustellen. Du profitierst von den Regeln, wenn du sie langfristig und gewissenhaft umsetzt. Du kannst weiterhin das meiste essen, was dir schmeckt, und wirst auch nicht als Ernährungsexot von sozialen Events ausgegrenzt sein. Mit diesen einfachen Regeln kannst du schnell und vor allem nachhaltig Erfolge in Bezug auf einen gesunden Körper und ein angemessenes Gewicht erzielen.

Die Ernährungsregeln sind keine Diät, sondern bewirken vielmehr eine nachhaltige Umstellung deiner Ernährungsgewohnheiten. Ich halte nichts von kurzen, radikalen Diäten, nach denen sich der bekannte Jo-Jo-Effekt schnell einstellt. Warum? Weil du deine Ernährungsgewohnheiten nicht veränderst und nach der Diät wieder in dein altes Essverhalten zurückfällst, was du dir jahre- oder jahrzehntelang antrainiert hast – wahrscheinlich schon seit deiner Kindheit. Wer schon als Kind ein ungesundes Essverhalten an den Tag gelegt hat, weil er damit bestimmte Gefühle kompensieren wollte, muss sich in Bezug auf sein Essverhalten umerziehen. Wenn schädliche Ernährungsgewohnheiten in der Kindheit anerzogen wurden, ist ein radikales Umdenken erforderlich. Das, was sich richtig und gut anfühlt, ist das Essverhalten, was man als Kind und Jugendlicher gelebt hat. Es braucht meist einige Monate oder sogar Jahre, bis sich ein neues Essverhalten richtig und gut anfühlt und man nicht mehr den Eindruck hat, auf etwas zu verzichten und sich zu quälen.

Hier also einige einfache Regeln, die viel verändern. Du musst sie nicht zu 100 Prozent einhalten, aber eben zu etwa 80 Prozent, sonst zeigen sie keinen Erfolg.

Die 10 Ernährungsregeln in Kürze

1. Viel Wasser trinken!
Trinke etwa zwei bis drei Liter täglich, möglichst hochwertiges Mineralwasser, morgens als Erstes und abends als Letztes sowie vor den Mahlzeiten. Bei hohem Flüssigkeitsverlust (Sommer, Sport, Sauna) auch deutlich mehr.

2. Essen ist Lebensgenuss!
Genieße das Essen bewusst und kaue es ausgiebig, anstatt es nebenbei in dich hineinzulöffeln. Nicht dabei lesen, fernsehen, viel reden etc.

3. 80 Prozent reichen aus!
Bei 80 Prozent Sättigung höre auf zu essen und stopfe dich nicht voll. Du musst nicht immer alles aufessen oder den All-Inclusive-Preis fürs Buffet voll ausnutzen.

4. Nicht ständig futtern!
Du bist kein Baby mehr, das ständig Nahrung braucht, sondern ein Mann. Nimm zwischen den Mahlzeiten vier bis fünf Stunden lang keine Kalorien zu dir (also nur Wasser oder ungesüßten Tee). Bewusstes Fasten für mehrere Stunden vermeidet einen ständig erhöhten Blutzuckerspiegel und verhindert Diabetes.

5. Genuss entsteht durch Verzicht!
Lerne zu verzichten, gerade auch auf Junkfood oder Süßkram, wenn gerade nichts anderes verfügbar ist (zum Beispiel auf Reisen). Lern Nein zu sagen: Man muss nicht immer mit anderen zusammen essen oder viel Alkohol trinken, um sich zu unterhalten und Spaß miteinander zu haben.

6. Genieße deinen Appetit!
Vergiss das Wort Hunger – so etwas kennen wir in unserer Wohlstandsgesellschaft nicht. Verbanne das Gefühl des Appetits nicht

aus deinem Leben, sondern fange an, das Gefühl der Leere im Magen zu genießen. Dadurch fühlst du dich männlicher, stärker und unabhängiger.

7. Qualität!
Achte auf qualitativ hochwertige Nahrung. Bevorzuge Bioprodukte, frisches Obst und Gemüse und vermeide Fertigprodukte oder künstliche, genmanipulierte, denaturierte Produkte oder Tiere, die mit Hormonen gefüttert wurden. Frisch zubereitete Nahrung ist immer gesünder als Fertiggerichte oder warmgehaltene Speisen, etwa am Buffet. Viele Nahrungsmittel verlieren zubereitet schon nach kurzer Zeit an wertvollen Vitaminen und Inhaltsstoffen. Qualität geht vor Quantität!

8. Besonderes Essen für besondere Anlässe!
Fleisch sollte kein Alltagsessen sein. Du solltest Fleisch nur zu besonderen Anlässen (Feste, sonntags) essen. Das Gleiche gilt für Alkohol, Süßkram, Junkfood und Knabbereien – diese Genussmittel sind nicht für den täglichen Konsum geeignet.

9. Reduziere und ersetze!
Verzichte soweit wie möglich auf ungesunde Zutaten wie Zucker, Produkte aus Weißmehl, Produkte mit gesättigten Fettsäuren und Alkohol. Es gibt gesündere Alternativen dazu (Details siehe unten). Lege dir keinen Heimkiosk an und horte zu Hause keinen Süßkram, kein Junkfood und keinen Alkohol. Der Weg zum Supermarkt oder Kiosk ist aufwendiger als der Griff ins heimische Regal.

10. Iss früh zu Abend!
Iss abends möglichst keine Kohlenhydrate. Nach dem Abendbrot nichts mehr essen und möglichst nur Wasser trinken bis zum Schlafengehen. Die lange nächtliche Fastenzeit regt die Fettverbrennung an und hilft, Fettreserven abzubauen.

Warum Ernährungsprobleme entstehen

Wenn du dich bereits gesund ernährst, Alkohol in Maßen trinkst und auch keine Gewichtsprobleme hast, kannst du dir die folgenden Ausführungen sparen. Ansonsten zeige ich dir hier einige interessante psychologische Hintergründe und Zusammenhänge zum Thema Ernährung und Gewichtsprobleme auf.

Der Ursprung von Ernährungsproblemen oder Übergewicht ist fast immer ein ungelöstes Mutterthema. Das mag dich überraschen. Nach den folgenden Ausführungen dazu wirst du dies aber verstehen.

Ein Ungeborenes wird im Mutterleib über die Nabelschnur permanent und gleichmäßig mit allen notwendigen Nährstoffen versorgt. Es hat also niemals Hunger oder Durst. Ein Neugeborenes wird in der ersten Phase des Lebens in der Regel mit der Muttermilch von Mamas Brust ernährt. Sobald sich dann in einer weiteren Entwicklungsphase der Appetit einstellt, schreit es und wird gestillt. Der Mutter kommt dann die Aufgabe zu, das Kind gut zu ernähren, und so haben Babys natürlicherweise Babyspeck. Auch nach der Stillzeit wird das Kleinkind stets von der Mutter gefüttert, die dafür sorgt, dass es bei dem kleinsten Appetit sofort Nahrung bekommt. Ein Säugling und auch ein Kleinkind halten es also nicht aus, einmal nichts zu essen oder zu trinken. Denn im Mutterleib waren sie es ja gewohnt, über die Nabelschnur kontinuierlich mit Nahrung versorgt zu werden.

Mit der Zeit wächst das Kind heran und muss lernen, auch einmal ohne Wasser und ohne Nahrung auszukommen – wir reden hier von einigen Stunden. Wer zu stark bemuttert wurde, dem gelang das nicht: Die Mama war für den Jungen stets mit Essen zur Stelle, um es dem Kleinen anzubieten. Eine meist unbewusste Motivation der Mutter ist es, das Kind emotional an sie zu binden, wodurch ein Abhängigkeitsverhältnis entsteht. Das Schema setzt sich dann im weiteren Leben des Jungen fort, denn ein braver Junge sagt niemals Nein, wenn es um Mamas Essen geht, weil das ein Affront gegen sie wäre: „Sie meint es ja gut mit mir". Doch wer nicht lernt, sich von Mama abzugrenzen, bleibt ein Muttersöhnchen. Viele Männer können das selbst als Erwachsene nicht. Bei einem Besuch bei Mama muss gegessen werden, auch wenn man gar keinen Appetit hat. Viel schlimmer aber ist die innere psychologische Abhängigkeit von Mama, die dazu führt, dass der Junge und selbst der erwachsene Mann der Mama „treu bleibt". Er isst und trinkt ständig und sorgt dafür, dass er stets seinen „Babyspeck" behält. Er hat nicht gelernt, Durst und Appetit zu ertragen, also einen leeren Magen auszuhalten und den Verzicht für sich positiv zu bewerten.

Gute Fettdepots, schlechte Fettdepots

Warum haben Frauen einen höheren Körperfettanteil als Männer? Frauen haben von Natur aus einen höheren Gehalt an Fettmasse – was die meisten Männer an den richtigen Stellen auch sehr mögen. Dies geht einher mit weniger Muskelmasse. Deshalb ist ein femininer Körper von harmonischeren Rundungen geprägt als ein Männerkörper. Männer haben dagegen mehr Muskelmasse und weniger Fettanteile. Das ist übrigens auch der Grund, warum Frauen schneller frieren: Das Körperfett isoliert zwar, speichert aber im Gegensatz zur Muskelmasse keine Wärme.

Der Grund für den Unterschied zwischen dem Körperfettanteil und Muskelanteil ist das männliche Hormon Testosteron, denn es ist hauptverantwortlich für den Muskelaufbau. Daher bauen Männer viel schneller und effektiver Muskeln auf als Frauen. Sie empfinden natürlicherweise einen männlichen Körper mit wenig Fett und mehr Muskelmasse als attraktiv und erotisch – natürlich in gesundem Maß. Umgekehrt finden die wenigsten Männer Extremsportlerinnen mit kaum Fett, aber viel Muskelmasse ästhetisch und anziehend. Die allermeisten Männer bevorzugen einen klassischen weiblichen Körper bei Frauen, der sich durch etwas mehr Fett und weniger Muskelmasse auszeichnet – auch hier sind die Proportion nicht unerheblich. Genaue Tabellen zu Fett- und Muskelanteilen bei Männern und Frauen habe ich auf meiner Website www.maennlichkeit-geniessen.de zusammengestellt.

Diese natürliche, geschlechtsbedingte Vorgabe ist entwicklungsgeschichtlich sinnvoll, da Männer früher harte Arbeit verrichteten, lange Strecken zu Fuß zurücklegten und kämpfen mussten, wofür sie mehr Muskeln brauchen. Frauen dagegen brauchen mehr Fettmasse als Reserve für die Versorgung der Kinder in der Schwangerschaft und Stillzeit.

Was passiert also, wenn Männer einen eher weiblichen Anteil an Fett- und Muskelmasse haben? Der Körper wirkt dann nicht feminin, sondern wie der eines Babys: Es fehlt die Muskelspannung, er wirkt pummelig und etwas unbeholfen. Männer mit dieser Physiognomie haben ein langsameres Reaktionsvermögen und sind in ihren Bewegungen eingeschränkt. Das wirkt nicht besonders anziehend auf Frauen. Im besten Fall ruft das den Mutterinstinkt hervor, der unbewusst das „Baby“ sieht und ihm Fürsorge angedeihen lässt. Genau das ist bei vielen Mamasöhnchen der Fall, die das beschriebene Ernährungsproblem haben und bei der Auswahl ihrer Nahrungsmittel nicht frei sind.

Wenn dies auf dich zutrifft, dann fang an, Nein zu ungesunden und überflüssigen Nahrungsmitteln zu sagen, und genieße das Gefühl der Freiheit dabei! Befrei dich von den Ernährungsgewohnheiten, die deine Mutter dir beigebracht hat, und sorge aktiv dafür, dass du einen männlichen, muskulösen Körper bekommst, den du magst und gern zeigst.

Unabhängig von Genussmitteln sein

Frei zu sein ist etwas, das viele Männer als einen wichtigen männlichen Wert in ihrem Leben benennen. Doch frei zu sein bedeutet nicht, den ganzen Tag Motorrad zu fahren, viel Geld auszugeben oder keine Verpflichtungen zu haben. Freiheit bedeutet eben nicht nur äußere, sondern auch innere Freiheit. Ein Süchtiger ist auch auf dem Motorrad und mit viel Geld nicht glücklich und schon gar kein freier Mann. Die Freiheit, seine Ernährung und seinen Konsum bewusst zu gestalten, gehört in essenzieller Weise dazu, denn dies ist eine Grundlage unseres Lebens. Ein Säugling hat keinerlei Freiheit: Er muss Muttermilch trinken. Das Kind ist auch abhängig von der Nahrungswahl der Mutter, hat aber schon erste eigene Wünsche oder Abneigungen. Als Jugendlicher isst man dann womöglich aus Protest genau das Gegenteil von dem, was die Mutter empfiehlt, oder genau das, was sie ablehnt – mit Freiheit hat das aber wenig zu tun. Eine Befreiung von der Mutter bedeutet in Bezug auf die Ernährung, seinen eigenen Ernährungsstil zu finden. (Du würdest ja auch nicht das anziehen, was deine Mama oder deine Partnerin für dich aussucht, es sei denn, du bist ein richtiges Mamasöhnchen!) Viele Männer haben diesen Schritt noch nicht gemacht. Sie lassen entweder ihre Ersatzmama, also ihre Partnerin, die Nahrung für sie auswählen, oder aber sie folgen ihren Süchten und inneren Abhängigkeiten. Denk darüber nach: Wenn du ein freier Mann sein willst, dann musst du lernen, frei zu wählen, was du essen und trinken willst. Ansonsten folgst du unbewussten Gelüsten und lässt dich von der Nahrungsmittelindustrie und Werbung verführen. Das bedeutet nicht, dass du gar nichts „Ungesundes“ mehr konsumieren darfst. Du solltest dich aber bewusst dafür entscheiden, dein Bier oder dein Eis zu genießen. Das kannst du aber nur, wenn du dir bewiesen hast, Nein sagen zu können, und dann nicht leiden musst wie ein Kleinkind, das sein Lieblingsessen nicht bekommt. Selbst offensichtlich schädliche Gewohnheiten wie Rauchen von Zigaretten oder Cannabis sind halb so schlimm, wenn man die Kontrolle darüber behält und sich immer wieder beweist, dass man unabhängig von den darin enthaltenen Suchtstoffen ist. Der Körper verkraftet sehr wohl die Giftstoffe einer gelegentlichen Genusszigarette oder eines Joints zu besonderen Anlässen – und beides bietet eben auch Lebensqualität. Wer aber solche Genussmittel konsumiert, sollte seine Unabhängigkeit trainieren. Das bedeutet keineswegs den totalen Verzicht auf alles, was Spaß macht. Männlichkeit bedeutet vielmehr Selbstkontrolle und Unabhängigkeit – auch in Bezug auf den Konsum von Genussmitteln.

Die 10 Ernährungsregeln im Detail

Ich bin kein Ernährungsberater, aber ich habe mich von einigen Ärzten und Ernährungsprofis beraten lassen. Viele Ernährungsrichtlinien scheinen mir viel zu komplex, und es ist schwierig, sie im Alltag umzusetzen. Und vor allem fehlt mir bei den meisten Ernährungsratgebern die persönliche Freiheit, seinen eigenen Ernährungsstil zu finden, statt nur einer Vorschrift zu folgen. Deshalb habe ich das Wesentliche aus allen Quellen und aus meiner Erfahrung auf zehn zentrale Grundsätze zusammengefasst. Wenn du diese einfachen zehn Regeln zu 80 Prozent umsetzt, legst du die Grundlage, um dauerhaft gesund zu leben und ein angemessenes Gewicht zu erlangen bzw. es zu halten.

1. Viel Wasser trinken!

Der Körper eines Mannes besteht zu ungefähr 60 Prozent aus Wasser – es ist die Grundlage des Lebens. Doch viele Menschen trinken einfach zu wenig. Kopfschmerzen und einige andere Beschwerden, manchmal sogar Krankheiten, sind die Folge. Auch können Schadstoffe durch zu wenig Flüssigkeitszufuhr schlechter abgebaut werden. Du solltest mindestens zwei bis drei Liter Wasser am Tag trinken (bei Hitze oder körperlicher Betätigung auch wesentlich mehr). Dies ist wie ein Reinigungsprozess und nebenbei hast du weniger Appetit. Wasser ist mehr als nur H2O. Es enthält zahlreiche Mineralstoffe, leider manchmal auch Giftstoffe wie Nitrat oder Schwermetalle. Deshalb trinke Mineralwasser von guter Qualität oder entsprechend gefiltertes Leitungswasser. Fülle es in eine schöne Glas-Karaffe – dadurch wird es auch optisch aufgewertet. Stell dir eine Flasche Wasser ans Bett und trinke vor dem Schlafengehen und morgens nach dem Aufwachen Wasser. Trinke vor den Mahlzeiten ein bis zwei Gläser Wasser – du wirst dadurch weniger essen.

2. Essen ist Lebensgenuss!

Finde eine positive Einstellung dazu, dein Essen bewusst auszuwählen und zu genießen. Manche essen nur, damit der Appetit gestillt ist, doch dabei geht viel Lebensqualität verloren. Du hast ja schließlich auch nicht nur Sex, um deinen Samenstau abzubauen. Viele Männer stopfen ihr Essen völlig unbewusst in sich hinein, ohne den Geschmack richtig wahrzunehmen. Sonst würden sie auch kein Junkfood essen. Damit geht nicht nur viel Lebensgenuss verloren, es ist zudem ungesund und macht dick, wie einige wissenschaftliche Studien beweisen. Wer gut kaut und langsam und bewusst isst, nimmt auch weniger Kalorien auf. Das Sättigungsgefühl stellt sich erst nach 15 bis 20 Minuten ein. Werden innerhalb kurzer Zeit große Portionen verzehrt, signalisiert der Körper zu spät, dass möglicherweise zu viel gegessen wurde. Typische Probleme, die durch zu wenig Kauen entstehen, sind Magensäureüberschuss, Sodbrennen oder Verdauungsprobleme. Nach einiger Zeit wirst du bemerken, dass du durch bewusstes Essen und längeres Kauen schneller satt wirst, du nimmst also weniger Kalorien zu dir.

Das Gefühl der Sättigung wird über verschiedene Mechanismen ausgelöst. In einer Studie haben Wissenschaftler der Universität Athen aufgezeigt, dass nach einer langsamen Mahlzeit (30 Minuten) die Konzentration bestimmter appetitzügelnder Darmhormone 27 beziehungsweise 40 Prozent höher war als nach einer hastigen Mahlzeit (5 Minuten). Schnelle Esser haben daher ein erhöhtes Risiko für Übergewicht. Das ist übrigens auch der Grund, warum man nach der Mahlzeit im Gourmetrestaurant mit verschiedenen kleinen „Häppchen“ nicht hungrig nach Hause fährt. Gut gekaut ist halb verdaut – für den Magen- und Darmtrakt ist gut gekautes und damit gleichmäßig zerkleinertes Essen leichter verdaulich als in großen Brocken heruntergeschlungene Nahrung. Gewöhn dir also besser Folgendes an: Iss langsam und kau jeden Bissen ausgiebig. Dann entwickeln sogar einfache Dinge ohne Geschmacksverstärker wie Biobrot oder Reis einen aufregenden Geschmack. Wessen Geschmackssinn durch „Einheitsbrei" und Geschmacksverstärker verdorben ist, braucht einige Zeit, bis er sich wieder an einem Apfel oder einer Möhre erfreuen kann. Das gelingt dir, wenn du dich beim Essen nicht vom Smartphone, Fernseher oder von einem Gespräch ablenken lässt. Auf die Frage „Wie war das Essen?" solltest du eine detaillierte Antwort geben können.

3. 80 Prozent reichen aus!

Gerade wer als Kind immer alles aufessen musste, hat sich schon früh daran gewöhnt, dass die Mahlzeit mit einem Völlegefühl enden muss. Er stopft sich dann auch als Erwachsener 100 Prozent voll und hält dies für einen normalenn Zustand. Damit vergrößert man seinen Magen mit der Folge, dass man immer viel essen muss, um sich satt zu fühlen. Wer lernt, bei etwa 80 Prozent aufzuhören, vermeidet das Völlegefühl und die Lethargie nach der Mahlzeit. Der Magen gewöhnt sich allmählich an diese Füllmenge und verlangt nicht immer mehr. Vor allem aber reduziert er dadurch auch 20 Prozent an Kalorien. Wähle also kleinere Portionen und überlege dir gut, ob du den Nachschlag wirklich brauchst. Verführerisch sind All-you-can-eat- und All-Inclusive-Angebote, die dich dazu verführen, mehr zu essen, als du eigentlich willst – weil du es ja bezahlt hast.

Sehr interessante wissenschaftliche Untersuchungen zu den vielen geistig und körperlich fitten über hundertjährigen Japanern auf der Insel Okinawa decken sich mit diesen Erkenntnissen. Die meisten von ihnen folgen einer alten japanischen Weisheit namens „Hara Hachi Bu": Statt sich bei jeder Mahlzeit den Bauch vollzuschlagen, essen die Einwohner Okinawas nur bis zu dem Punkt, an dem sie zu etwa 80 Prozent satt sind. Im Schnitt nehmen sie auf diese Weise täglich nicht mehr als 1.800 Kalorien zu sich – rund ein Viertel weniger als ein deutscher Mann im Durchschnitt isst. Wenn du vor hast, alt zu werden und dabei auch entsprechend gesund und fit zu bleiben, lies mehr dazu auf meiner Website.

Und nebenbei bemerkt: 80 Prozent sind natürlich ein Richtwert, der bedeuten soll: Iss so viel, dass du nicht platzt, oder anders ausgedrückt: Hör mit dem Essen auf, wenn es am schönsten ist.

4. Nicht ständig futtern!

Du bist kein Baby mehr, das stets nuckeln und trinken muss, sondern ein Mann. Männlichkeit zeichnet sich durch die Fähigkeit des bewussten Verzichts und des Neinsagens aus, wie bereits mehrfach ausgeführt. Sorge dafür, dass du zwischen den Mahlzeiten vier bis fünf Stunden lang keine Kalorien zu dir nimmst, also nur Wasser oder Tee trinkst. Auch Kaugummikauen, Bonbonslutschen oder Säftetrinken ist nicht sinnvoll. Entgegen den Ratschlägen, ständig kleine Mengen zu essen, gibt es neue Untersuchungen, die belegen, dass tägliche Fastenzeiten und regelmäßige Mahlzeiten wesentlich gesünder sind. So wird Gewichtszunahme und Diabetes vermieden.

5. Genuss entsteht durch Verzicht!

Nicht immer sind gesunde, hochwertige oder angemessene Lebensmittel verfügbar, zum Beispiel auf Reisen oder wenn man den ganzen Tag unterwegs ist. Manchmal kann auch der Aufwand unangemessen groß sein, gesundes Essen zu besorgen. In unserer Fast-Food-Gesellschaft wird oft nur Junkfood oder Ungesundes angeboten, gesunde Lebensmittel sind dagegen Mangelware. Ich empfehle, dann lieber mal nichts zu essen, also bewusst eine Mahlzeit auszulassen, als Junkfood oder Süßkram zu naschen. Lerne Nein sagen: Man muss nicht mit anderen zusammen essen oder viel Alkohol trinken, um sich zu unterhalten und Spaß miteinander zu haben. Verzichte auf Treffen, wo kollektive Völlerei zelebriert wird (Familientreffen etc.) oder auf gemeinsame Besäufnisse. Man kann auch in anderer Form Kontakt halten.

6. Genieße deinen Appetit!

Zur Männlichkeit gehört das Gefühl der Leere – auch im eigenen Magen! Ein Leben ohne jedes „Hungergefühl" ist das Leben eines Säuglings, nicht das eines Mannes! Die Mahlzeit nach einem halben oder einem Tag Karenz wird umso besser schmecken – gemäß meiner Formel für Männer: Genuss durch Verzicht. Lern also, dich mit dem Gefühl der Leere in deinem Magen anzufreunden und fühle dich dabei als Mann. Tatsächlich wirst du dich so wesentlich männlicher fühlen als nach einer üppigen Mahlzeit. Frage dich selbst: Wann kannst du besser laufen, tanzen, kämpfen und vögeln: mit leerem Magen oder pappsatt?

7. Qualität!

Achte auf qualitativ hochwertige Lebensmittel, also Bioprodukte, frisches Obst, Gemüse, frisch gemahlenes Getreide etc. Vermeide weitgehend industrielle Lebensmittelzutaten, also Fertigprodukte sowie künstliche, genmanipulierte, denaturierte Produkte oder Tiere, die mit Hormonen gefüttert wurden.

Wenn du nicht sowieso Vegetarier bist, dann esse nur qualitativ hochwertiges Fleisch (Biofleisch, Wild). Fisch ist generell gesund, bedenke jedoch, dass Fische aus Aquakulturen unter Umständen mit Zusätzen gefüttert werden, die sehr bedenklich sind. Vermeide auch Geflügel. Es enthält viele Östrogene, also weibliche Hormone für die Gleichschaltung der Fruchtbarkeitszyklen bei Masttieren und das schnelle Wachstum der Tiere. Diese werden im menschlichen Körper in Östrogene umgewandelt, also weibliche Hormone, die wir Männer sowieso schon viel zu viel konsumieren. Der Effekt nach einigen Jahren: du „verweiblichst" körperlich, bekommst also Fettpolster und irgendwann größere Brüste als die Frauen – das ist nicht besonders männlich. Deshalb trinke auch nur gefiltertes Leitungswasser – darin sind nämlich, bedingt durch die Gülle aus Massentierhaltung und Hormone aus Antibabypillen, die ins Grundwasser gelangen, auch Hormone enthalten, die deiner Männlichkeit abträglich sind.

8. Besonderes Essen und Genussmittel für besondere Anlässe!

Fleisch sollte kein Alltagsessen sein. Du solltest Fleisch nur zu besonderen Anlässen (Feste, sonntags) essen. Achte dabei auf eine gute Qualität ohne Antibiotika und Hormone, die in der Massentierhaltung eingesetzt werden. Genauere Infos dazu auf meiner Website.

Dasselbe gilt für Alkohol, Süßkram, Tabak und andere Genussmittel – darauf muss man zwar nicht komplett verzichten, sollte diese aber auf den Konsum zu besonderen Anlässe reduzieren. Der tägliche Konsum führt dagegen zu den bekannten Problemen und hat entsprechend negative Auswirkungen auf deine Männlichkeit. Der Verzicht führt auch hier dazu, dass du diese Anlässe auch wirklich genießt: der gute Wein bei einem Freund oder das Eis an einem sonnigen Wochenende. Die Sonntagszigarre ist eigentlich auch nicht problematisch genauso wie der Joint zum Geburtstag. Die Betonung liegt auf „ab und zu". Selbst ungesunde Speisen, Getränke und sogar Gifte in kleinen Dosen verkraftet der Körper gelegentlich recht gut, wenn die Ernährung und Lebensweise ansonsten gesund und ausgewogen ist.

9. Reduziere und ersetze!

Verzichte so weit wie möglich auf Zucker, denn die nachhaltig negativen Auswirkungen von Zuckerkonsum sollten bekannt sein. Es gibt bessere Alternativen zum Süßen: Honig, Ahornsirup, Agavensirup und Stevia. Diese Süßmittel haben jedoch einen starken Eigengeschmack, was, je nach Einsatz, als unpassend empfunden werden kann. Speziell Erythrit (Hefepilz-Fermentation) und Xylit (Birkenzucker) haben kaum Eigengeschmack, schützen sogar vor Karies, anstatt ihn zu verursachen, haben ein Drittel weniger Kalorien als Zucker und verbrauchen weniger Mineralien beim Abbau. Von Süßstoffen rate ich dagegen ab.

Verzichte auch auf Produkte aus Weißmehl. Es macht dick, süchtig und unfruchtbar. Warum? Weißmehl, speziell das aus Weizen, ist ein isoliertes Produkt mit einem sehr hohen Kohlenhydratanteil. Ballaststoffe sind weit und breit nicht zu sehen. Folglich wird die Stärke im Dünndarm sehr schnell in Zucker aufgespaltet. Dieser gelangt ungebremst ins Blut, wo er den Blutzuckerspiegel ähnlich rasch in die Höhe treibt, wie das gewöhnlicher Haushaltszucker macht. Wesentlich gesünder sind Vollwertprodukte, die aus dem ganzen, frisch gemahlenen Getreidekorn hergestellt sind.

Vermeide Weizen, denn es ist ein besonders hochgezüchtetes Produkt mit einer unnatürlich hohen Konzentration an Lektinen und Gluten. Das trifft sowohl auf Weißmehl- als auch auf Vollkornprodukte (einschließlich Sprossen, Weizenkeime und Weizenkleie) zu. Wer Weizen konsequent vermeiden will, wird alsbald merken, dass es uns von der Lebensmittelindustrie in nahezu jedes Fertigprodukt gemischt wird. Es ist nicht nur in Brot, Gebäck und Pasta, sondern auch in Rahmspinat, Eis, Fertigsoßen und Wurst ent-

halten. Wann immer möglich, ersetze Weizen durch Getreidearten, die züchterisch weniger manipuliert wurden. Dazu gehören Dinkel, Emmer, Einkorn oder Urroggen. Gänzlich glutenfrei und daher deutlich weniger riskant sind Hirse sowie die Pseudogetreide Quinoa, Buchweizen und Amarant.
Milch ist etwas für Babys und nicht für Männer. Und natürlich auch keine Kuhmilch, denn sie verschleimt durch das Kasein (als „Klebereiweiß") und belastet den Organismus. Reduziere also Milch und Milchprodukte radikal. Lies mehr zur den „Volksdrogen" Milch und Weizen auf meiner Website.

Reduziere Alkohol, Knabbereien und Süßkram. Horte zu Hause keine Süßigkeiten, kein Junkfood und keinen Alkohol. Der Weg zum Supermarkt oder Kiosk ist aufwendiger als der Griff ins heimische Regal. So vermeidest du ungewollten Konsum aus Bequemlichkeit oder Frust oder wenn dich Fressattacken packen.

Ersetze Tabak durch E-Zigaretten – sie enthalten nur einen Bruchteil der Gifte einer „normalen" Zigarette. Das englische Gesundheitsministerium schätzt, dass E-Zigarettenkonsum ca. 95 % weniger schädlich als Tabakrauchen ist. Es werden bei Rauchern, die von Tabakrauch auf elektrische Zigaretten wechseln, erheblich weniger Gesundheitsschädigungen erwartet, was unter anderem auf das Fehlen des krebserregenden Stoffes Formaldehyd zurückzuführen ist. Außerdem funktioniert die Reduktion und auch die Entwöhnung des Rauchens mit E-Zigaretten erwiesenermaßen besser als mit herkömmlichen Methoden. Weitere Ausführungen dazu auf der Website zum Buch.

10. Iss früh zu Abend!

Iss möglichst früh zu Abend, am besten mindestens drei Stunden bevor du schlafen gehst. Wichtig dabei: Abends solltest du keine Kohlenhydrate zu dir nehmen, die setzen an. Und nach dem Abendessen am besten gar nichts mehr essen und möglichst bis zum Schlafengehen nur Wasser trinken.

In einer neuen wissenschaftlichen Untersuchung des Salk Institute for Biological Studies wurde nachgewiesen, dass der Körper während des Essens Fett einlagert und erst einige Stunden nach dem Essen beginnt, Fett zu verbrennen und Cholesterin in nützliche Gallensäuren aufzuspalten. Je häufiger wir essen, desto mehr Fett lagert der Körper ein.

Das passiert, wenn wir dauerhaft fettes, kalorienreiches Essen zu uns nehmen: Insbesondere die Fettzellen in der Leber blasen sich auf, was dann ernsthafte Leberschäden zur Folge haben kann. Essen wir permanent zu viel, produziert die Leber unter dieser Dauerbelastung stetig Glukose, was den Blutzucker erhöht und die beste Grundlage für eine schleichenden Diabetes bildet. Die zeitlich begrenzte Nahrungsaufnahme wiederum reduziert die körpereigene Produktion von Fett, Glukose und Cholesterin. Darüber hinaus wird in Fastenzeiten, also auch in der Nacht, die Fettverbrennung angeregt und das Fettdepot minimiert.

Naturbelassene statt denaturierte oder manipulierte Nahrung

Der Ernährungswissenschaftler Prof. Dr. Werner Kollath empfiehlt in seinem Buch „Die Ordnung unserer Nahrung" (2005 in der 17. unveränderten Auflage erschienen) schon 1942 möglichst natürliche Nahrung und rät von weiterverarbeiteter und denaturierter Nahrung ab. Die sogenannte Kollath-Tabelle gibt einen ausgezeichneten Überblick über die biologische Wertigkeit der verschiedenen Lebens- und Nahrungsmittel. Auf der einen Seite sind die nicht erhitzten Lebensmittel noch lebendig und für die Gesunderhaltung unentbehrlich. Es wird unterschieden zwischen den Gruppen der ganz natürlichen, mechanisch veränderten und fermentativ veränderten Lebensmittel. Auf der anderen Seite stehen die nicht mehr lebendigen Nahrungsmittel, die zwar zur Erhaltung des Lebens, aber nicht zur Erhaltung der Gesundheit ausreichen. Sie werden eingeteilt in erhitzte, konservierte und präparierte Nahrungsmittel. Die biologische Wertigkeit nimmt in dieser Reihenfolge sehr stark ab. Es gilt also:

natürliche Lebensmittel	sehr empfehlenswert
mechanisch veränderte Lebensmittel	sehr empfehlenswert
fermentativ veränderte Lebensmittel	sehr empfehlenswert
erhitzte Lebensmittel	empfehlenswert
konservierte Nahrungsmittel	bedingt empfehlenswert
präparierte Nahrungsmittel	nicht empfehlenswert

Ich halte diese Einteilung für sinnvoll und nachvollziehbar. Sie deckt sich mit meinen vorherigen Ausführungen.

Diät und Ernährungsumstellung

Insbesondere wer regelmäßig denaturierte Nahrung und Fertigprodukte mit viel Zucker, Salz, Weizen, Milch und Fleisch zu sich nimmt, wird eine Abhängigkeit davon bemerken, wenn er beginnt, darauf zu verzichten. Diese von der Nahrungsmittelindustrie bewusst erzeugte Abhängigkeit sichert den Umsatz. Wer sich eingehender mit diesem Thema beschäftigt, wird feststellen, dass zum Beispiel Zucker, Milch und Weizen im Körper in Stoffe umgewandelt werden, die eine körperliche Abhängigkeit erzeugen. Wer schon als Kind ungesund ernährt wurde, hat sich wahrscheinlich an eine ungesunde Ernährungsweise gewöhnt. Diese umzustellen, fällt dementsprechend nicht leicht, sonst gäbe es nicht so viele Diäten und Ratgeber zu dem Thema. Ich halte nichts von Diäten, die zeitlich begrenzt sind. Sie sind so effektiv wie einige Monate Extremsport, nach denen wieder Untätigkeit folgt. Entscheidend ist eine langfristige Ernährungsumstellung, für die man sich bewusst entscheidet. Seine Ernährung bewusst selbst aussuchen ist ein wichtiger Aspekt von Männlichkeit – und ein Aspekt der psychologischen Abnabelung von der Mutter. Wer kein Übergewicht hat und nur kleinere Veränderungen nach den oben beschriebenen Regeln vornehmen will, kann dies sehr gut allein oder mit einem Freund als Coach (siehe „Coaching-Partner" ab Seite 275) in Angriff nehmen. Liegen wirkliche Essstörungen und vielleicht sogar dadurch bedingte Einschränkungen oder Krankheiten vor, rate ich dazu, einen professionellen Ernährungsberater hinzuzuziehen, um wirklich langfristige Erfolge zu erzielen.

Erneuere dein Blut regelmäßig!

Unsere Körperzellen erneuern sich permanent: Alle sieben Jahre sind wir – rein rechnerisch – neue Menschen. Zwischen 10 und 50 Millionen Körperzellen baut der menschliche Körper pro Sekunde ab und ersetzt sie durch neue Zellen. Für nahezu jedes Organ oder Gewebe existieren Stammzellen, die ständig für Nachschub sorgen und zum Beispiel neue Haut-, Blut- oder Schleimhautzellen bilden. Besonders die Erneuerung des Blutes ist dabei wichtig und hält gesund. Diese geschieht permanent, wird aber durch einen Blutverlust sehr beschleunigt. Frauen verlieren durch ihre Menstruation monatlich Blut, das neu gebildet werden muss, Männer nicht. Allerdings haben Männer sich in früheren Zeiten bei der körperlichen Arbeit, beim Handwerk, auf der Jagd und im Kampf häufiger verletzt und Blut verloren, das ersetzt werden musste. Dieser Blutverlust in geringen Mengen hatte gesundheitlich seine positiven Seiten. Deshalb wird seit der Antike als therapeutisches Verfahren Patienten Blut entnommen. Der Aderlass ist ein uraltes bluthygienisches Verfahren, das schon der im antiken Griechenland lebende Arzt Hippokrates kannte. Im Mittelalter hat die gelehrte Benediktinerin Hildegard von Bingen diese Therapieform erneut aufgegriffen und propagiert. Der Aderlass wird zur Entgiftung, Immunstimulierung und Regulierung der Körperfunktionen eingesetzt. Er soll das Blut verjüngen, entgiften und das Immunsystem stärken. Das Blut soll durch die verminderte Menge schneller durch die Organe fließen und auch mehr Sauerstoff aufnehmen können. Außerdem hilft diese Maßnahme gegen Bluthochdruck und einige andere Krankheiten. Wer also als Mann niemals Blut verliert, dem empfehle ich ein- oder zweimal jährlich entweder den Aderlass oder – wesentlich sinnvoller und auch günstiger – eine Blutspende. Gespendet wird ein halber Liter Blut, das der Körper schnell wieder neu produziert. Die positiven Nebenwirkungen dürften dieselben sein wie beim Aderlass. Bereits seit vielen Jahren beobachten Mediziner einen offenbar gesundheitsfördernden Effekt durch eine regelmäßige Blutspende. Menschen, die sich regelmäßig dem Aderlass unterziehen, leiden seltener an Erkrankungen wie Herzinfarkt, Schlaganfall oder Angina Pectoris. Und natürlich ist dies auch eine sehr soziale Handlung, um dadurch kranke Menschen zu unterstützen oder ihnen sogar das Leben zu retten. Als weiterer positiver Nebeneffekt wird man so regelmäßig auf Hepatitis A, B und C, HIV, Syphilis-Antikörper und eventuell noch auf andere Viren beziehungsweise übertragbare Krankheiten getestet. Im Falle einer Infektion wird man automatisch darüber informiert.

Definiere den Begriff Essensgenuss für dich neu, unabhängig von deiner Mutter und auch von der Lebensmittelindustrie. Lerne zu verzichten und das Gefühl des leeren Magens auszuhalten. So sorgst du für einen männlichen und gesunden Körper und steigerst deinen Lebensgenuss!

BEWEGUNG – Fordere dich stets heraus!

Sport und Fitness

Sport und Fitness sind nicht dasselbe. Aber beides kann Spaß machen und ist gesund. Wer schon als Junge gelernt hat, dass Bewegung, Sport und Entdeckungstouren Freude machen, wird dies auch als Erwachsener weiter praktizieren. Frage dich also selbst: Bist du als Junge darin gefördert worden, immer wieder Neues auszuprobieren? Hat dir jemand Mut gemacht, dranzubleiben, bis du eine neue Fähigkeit erlernt hast? Hat dich jemand angetrieben, wenn du aufgeben wolltest oder herumgejammert hast? Hattest du einen Mann als Vorbild, der dir Freude an seinem Körper und Spaß am Sport vorlebte? Hat dir jemand beigebracht, Abenteuer zu suchen und Herausforderungen zu überwinden? Wenn du immer nur eine Mama hattest, die dich wegen jedem Wehwehchen vom Sportunterricht befreien ließ, oder dir alles, was irgendwie gefährlich war, verboten hat, musst du dies nun mühsam als Erwachsener lernen. Viele melden sich Anfang Januar aus schlechtem Gewissen im Fitness-Studio an und quälen sich bis zum Frühlingsanfang an den langweiligen Maschinen mit stupiden Übungen ab. Wenn ich in die Gesichter dieser Männer schaue, dann sehe ich nur selten Freude oder gar Begeisterung. Deshalb gibt der Großteil auch nach kurzer Zeit wieder auf. Die Studiobesitzer wissen das und bieten deshalb nur Jahresverträge an.

Aus Vernunftgründen Sport zu treiben, hat wenig Aussicht auf Erfolg. Lass es dann lieber gleich. Dagegen motiviert dich Begeisterung, Herausforderung, Adrenalin, Kameradschaftsgeist und Spaß dauerhaft an der Bewegung. Nur das bringt dich dazu, regelmäßig Sport zu treiben.

Mein Vater ist mit seinen 76 Jahren immer noch sportlich fit: Er fährt Fahrrad, schwimmt und geht viel zu Fuß. Er pflegt seine Lebensgefährtin, obwohl das körperlich sehr anstrengend ist.

Aber er hat auch sein Leben lang Sport getrieben, egal, wie stressig sein Alltag war. Morgens hat er mich als Schüler früher als nötig ein- oder zweimal wöchentlich aus dem Bett geholt, damit wir bereits vor der Schule ins Schwimmbad oder Freibad fahren und zügig einen Kilometer durchschwimmen konnten. Am Wochenende haben wir Wanderungen oder Radtouren gemacht. Im Urlaub war auch immer Strandwanderung, Schwimmen oder Bergsteigen angesagt. Natürlich fand ich das als Kind nicht immer toll und vor allem als Jugendlicher sehr uncool. Doch ich musste mit. Und nach dem Schimpfen kam dann doch meistens die Freude daran durch. Und darum geht es: Spaß an der Bewegung, Spaß daran, Neues zu entdecken. Lern also, dich für sportliche Aktivitäten zu begeistern. Und dann praktiziere das, was dir Freude macht. Überwinde die erste Phase, bei der man sich ungeschickt anstellt, immer wieder auf die Nase fällt oder ausgelacht wird. Bei vielen Sportarten muss man dieses Anfängerniveau überwinden, bis man den Durchbruch schafft und sich eine gewisse Leichtigkeit und Eleganz einstellt. Dann kommt dabei auch Freude auf. Grundsätzlich gilt: Je schwieriger etwas zu erlernen war, umso glücklicher und stolzer wirst du sein, wenn du es kannst.

Ich habe beim Kiten zehn Jahre gebraucht, um es wirklich zu lernen und richtige Freude daran zu entwickeln. Ich habe im Urlaub immer mal wieder angefangen es zu lernen und musste wegen Windmangel oder der Weiterreise wieder aufhören. Später habe ich dann mit einem anderen Kite-System neu angefangen oder bin unter widrigen Bedingungen nicht weitergekommen. Einmal hatte ich sogar einen Unfall, der eine lange Pause verursachte. Ich musste also praktisch immer wieder von vorn anfangen. Aber ich bin drangeblieben und habe jetzt ein Niveau erreicht, auf dem ich auch nach einem Jahr Pause aufs Board steige, losfahre und einen Riesenspaß habe.

Immer wieder neue Bewegungsmuster lernen

Lebendigkeit, Flexibilität und Kreativität sind Qualitäten, die vermutlich jeder gern hätte. Sie beziehen sich auf den geistigen, emotionalen und körperlichen Bereich. Viele Menschen meinen, allein durch geistige Tätigkeit oder Trainings könne man dies erreichen. Meine Erfahrung aber ist eine andere: Man braucht den eigenen

Körper, um lebendig, kreativ und flexibel zu sein. Warum ist das so? Geh mal auf einen Spielplatz und schau kleinen Kindern zu: Sie üben stundenlang neue Bewegungsmuster, sie lernen laufen, springen, klettern, Rad- oder Rollerfahren und vieles mehr. Dieser Lernprozess erfordert Koordination. Sie fallen tausendmal auf die Nase und tun sich auch mal weh, bis es endlich klappt. Dies geht tagtäglich so. In den ersten Lebensjahren erlernen wir unzählige neue Bewegungsmuster. Gleichzeitig entwickeln wir uns in den ersten Lebensjahren auch geistig: Gesprochenes verstehen, selbst sprechen, uns etwas vorstellen, Handlungen planen etc. Doch diese geistigen und körperlichen Lernprozesse hängen miteinander zusammen. Bei jeder neuen Bewegung oder Koordination, die wir erlernen, werden bestimmte Bereiche unseres Gehirns aktiviert. Es entstehen dabei wichtige neue Vernetzungen der Synapsen im Gehirn. Man könnte auch sagen, dass wir dadurch eine körperliche Intelligenz hinzugewinnen: Das Körperbewusstsein steigt und wir genießen das Gefühl, den eigenen Körper sozusagen von innen intensiver auszufüllen und zu fühlen. Das ist vor allem für diejenigen wichtig, die sehr „verkopft" sind oder die bei ihrer Arbeit geistig stark gefordert sind. Ich mache sogar immer wieder die Erfahrung, dass Kopfarbeiter sich körperlich schwertun, Neues zu erlernen und zu behalten: beim Sport, bei handwerklichen Tätigkeiten, beim Tanzen, bei Massage- oder Sextechniken, die ich in Seminaren vermittle. Umgekehrt gibt es die Handarbeiter, die Bewegungsmuster und Massagegriffe sehr schnell erfassen und erlernen. Geistige Intelligenz ist eben nicht gleich körperliche Intelligenz.

Während man als Kind praktisch täglich neue Bewegungen erlernt und neue Synapsen verbindet, nimmt dies mit zunehmendem Alter ab. Wer nicht aktiv etwas für diese Vernetzung tut, der „verdummt" körperlich. Er wird unbewusst, verliert das Körpergefühl und stellt sich bei allem Neuen ungeschickt an. Er entwickelt dann zwei linke Hände, ob beim Handwerken oder im Liebesspiel, oder zwei linke Füße beim Tanzen. Seine Bewegungsfähigkeit, Flexibilität und Lernfähigkeit nimmt zunehmend ab, so dass viele Menschen im Alter nur noch sehr beschränkt bewegungsfähig und gar nicht mehr in der Lage sind, neue Bewegungen zu erlernen. Der Bewegungsradius wird immer geringer und der Mensch wird steif und verkalkt. Dieser körperliche Verfall wirkt sich dann auch auf die emotionale und mentale Flexibilität und Lernfähigkeit aus. Die Argumente der Ärzte, dies liege am körperlichen Verschleiß, halte ich oft für eine faule Ausrede. Es gibt genügend Gegenbeispiele. Wer sein Leben lang Sport getrieben und sich um seinen Körper gekümmert hat, ist auch in hohem Alter noch fit. Hier einige Beispiele für diejenigen, die glauben, dass sie zu alt oder zu gebrechlich für manche Sportarten wären.

Agilität im Alter

Kiten

Mein spanischer Kitelehrer hat mir einmal seinen ältesten Schüler vorgestellt: José, ein Herr, der mit 81 Jahren das Kiten in Fortaleza, Brasilien, erlernte. Hut ab! Wer selbst kitet, der weiß: Das Ganze braucht Kraft und Wendigkeit und ist nicht gerade ungefährlich. Ich selbst hatte schon einige Unfälle und habe üble Verletzungen davongetragen. Nachdem ich José kennengelernt hatte, musste ich mich nicht mehr ärgern, dass ich wohl nicht mehr lernen werde, mit der Leichtigkeit und Verspieltheit der brasilianischen Jungs zu kiten, geschweige denn deren Sprünge und Tricks zu beherrschen. Außerdem lernte ich einen einarmigen Franzosen kennen, der mit seinem Kite Manöver vollzieht, von denen ich nur träumen kann. Ich habe meinen Helm abgenommen und mich vor ihm verbeugt.

Marathon

Bei einem Marathonlauf in Köln lernte ich Jamil kennen, einen 73-jährigen kenianischen Arzt. Ich war damals schlecht in Form und lief langsam neben ihm her und nutzte die Zeit, um mich mit ihm zu unterhalten. Er hat erst nach seiner Pensionierung mit 65 Zeit zum Marathontraining gefunden. Seitdem hat er bereits an 13 Marathonläufen teilgenommen und trainiert für sein großes Ziel: den Kilimanjaro-Marathon, bei dem über tausend Höhenmeter zu bewältigen sind. Respekt! Irgendwann lief ich vor und erreichte das Ziel – allerdings in einer schlechten Zeit und völlig fertig. Ich stand abseits des Zieleinlaufs und war völlig am Ende. Und wer kam freudestrahlend zu mir: Jamil, der mich fröhlich zutextete. Ich japste nur ab und zu ein Ja oder Nein, um nicht unhöflich zu sein, und verabschiedete mich dann. Der älteste Läufer der Welt ist übrigens mit 100 Jahren Marathon gelaufen, begonnen hat er aber erst mit 89 Jahren.

So viel zum Thema Kondition im Alter. Wenn du jünger als 89 bist, dann hast du keine überzeugenden Ausreden mehr für mangelnde Kondition. Schau dir diese Männer und weitere Beispiele auf meiner Website an.

Yoga

Ich praktiziere zu Hause Yoga, aber habe nie eine komplette Ausbildung gemacht. Ich besuche ab und zu Kurse oder einzelne Stunden in Studios. Meine Fertigkeiten würde ich dabei eher im Mittelfeld ansiedeln. Beeindruckt hat mich dabei Jim, den ich auf einem Yoga-Event kennen lernte. Er ist 79 Jahre alt und hat erst mit 60 Jahren überhaupt mit Yoga angefangen – aufgrund gesundheitlicher Beschwerden. Von der Flexibilität und Ausdauer in den einzelnen Asanas (Stellungen) können selbst viele seiner jungen Schüler mit Anfang 20 nur träumen. Meine Hochachtung! Da soll mir doch mal ein Arzt erzählen, mit dem Alter würde die Flexibilität abnehmen – Bullshit! Der älteste Yogapraktizierende ist übrigens 101 Jahre alt – nimm dir den Mann als Vorbild und hör auf zu jammern, dass du zu ungelenkig bist!

Kampfsport

Kampfsport hat mich schon immer fasziniert. Auch hier habe ich leider immer nur wenige Jahre konsequent trainiert, um mich dann anderen Dingen zuzuwenden. Einmal besuchte ich einen Workshop, in dem Mike Foster, der Meister meines Senseis Otto Rumann, zugegen war.

Zunächst fragte ich mich, was denn der Opi hier will. Ein alter, gebrechlicher Mann mit 67 Jahren wurde mit dem Rollstuhl ins Dojo geschoben. Nach einigen Instruktionen erhob er sich mit Hilfestellung und blieb auf einen Stock gestützt in der Mitte des Dojos stehen. Nach einem Autounfall ist sein Bein völlig kaputt. Was ich dann allerdings sah, schien übernatürlich. Er ließ die besten Schwarzgurt-Kämpfer angreifen: durchtrainierte junge Männer, die täglich mehrere Stunden im Dojo mit Training, Kampf- und Kraftübungen verbringen – durchweg Männer, die man nicht als Gegner haben möchte. Er stand also dort, auf seinen Stock gestützt, während sich einer nach dem anderen auf ihn stürzte. Mit kleinen Bewegungen seiner freien Hand sorgte er dafür, dass jeder Einzelne auf der Matte landete, während er ruhig stehen blieb. Einmal unterhielt er sich sogar beim Kämpfen. Er wehrte die Angreifer wie lästige Fliegen ab. Chapeau! Ich glaube, seit der Begegnung mit meinem Zenmeister Roshi Sama habe ich mich nicht mehr so tief vor jemandem verbeugt.

Diese wenigen Beispiele sollten deutlich machen: Alter, Handicap und Gebrechlichkeit sind denkbar jämmerliche und unmännliche Ausreden, um keinen Sport zu treiben. Wenn du dich auf ihnen ausruhst, solltest du dich dafür schämen und sofort damit aufhören. Schau dir die Paralympics an – von den Menschen, die sich von ihrer Behinderung nicht von ihrem Sport abbringen lassen, vielmehr mit Willensstärke und Durchhaltevermögen trainieren kannst du etwas lernen!

Natürlich gibt es Behinderungen oder körperliche Einschränkungen, die bestimmte Sportarten unmöglich machen oder erschweren: Ich selbst hatte einmal starke Gelenkprobleme und Rückenschmerzen und konnte mich nach dem Kiten mit hohen Geschwindigkeiten auf kabbeligen Wellen kaum noch bewegen. Die Belastung für die Gelenke ist dabei sehr hoch. Doch das ist kein Grund, mit dem Kiten aufzuhören: Ich habe mir einen Schirm und ein Brett für extremen Leichtwind gekauft und bin dann morgens nach Sonnenaufgang, wenn das Meer ruhig und der Wind sanft ist, aufs Board gestiegen. Diese Momente auf dem Meer möchte ich nicht mehr missen. Als Alternative habe ich dann Hydrofoils entdeckt. Das sind Kitebretter, die auf einer Art Flügel gleiten, so dass man 50 bis 80 Zentimeter über dem Wasser ruhig dahinschwebt. Genial!

Lass dich nicht von deinen Wehwehchen davon abhalten, die Sportart auszuüben, die dir Spaß macht. Wenn du aber ernsthafte Gebrechen hast, suche kreative Lösungen, wie oben beschrieben, oder wechsle die Sportart. Ausreden wie „Ich bin zu alt“, „Ich bin zu krank“ oder einfach Faulheit sind übrigens nicht besonders sexy. Hast du dich schon mal gefragt, warum die meisten Surfer ein schönes Mädel am Strand an ihrer Seite haben, das sie bewundert? An den Surferstränden sind besonders viele Models unterwegs, nicht bei den unsportlichen Fettsäcken, die am Hotelpool liegen. Die schönen Frauen werden von sportlichen und durchtrainierten Männern angezogen. Als Sesselpuper und Jammerlappen hast du bei ihnen keine Chance.

„Bewahre den Anfängergeist“

Ein berühmter Zenmeister namens Shunryu Suzuki sagte: „Bewahre dir stets deinen Anfängergeist.“

In der Routine wirst du unbewusst und verkalkst. Leider neigen viele Männer dazu, aus dem Hamsterrad der Routine nicht auszubrechen. Wie im Leben so auch im Sport: Wenn Männer die Sportart gefunden haben, die ihnen gefällt, praktizieren sie nichts anderes mehr und probieren keine neuen Sportarten mehr aus. Sie hören plötzlich auf, sich auf Neues einzulassen und als Anfänger neue Bewegungsmuster zu erlernen. Die meisten Männer tun dies nicht aus Bequemlichkeit und Unsicherheit. Vor allem haben sie Angst, sich zu blamieren oder zu verletzen.

Wer sich aber darauf einlässt, braucht Neugier und muss akzeptieren, dass man sich anfangs ungeschickt anstellt und vielleicht ausgelacht wird. Das ist bei Anfängern so. Doch wer immer nur Experte sein will und nur das tut, was er gut kann, ist in Wahrheit ein Angsthase und Faulpelz. Bewahre dir also deine Neugier, die du als kleiner Junge hattest, und lern stets Neues mit deinem Körper. Es gibt heute mehr neue und spannende Sportarten und Sportgeräte als jemals zuvor. Probier sie aus!

Ich fahre gern mit meinem elektrischen Einrad (auch E-Wheel genannt) in der Stadt herum. Die Menschen gucken dann immer neugierig oder fragen mich dazu aus. Die meisten sind fasziniert, doch kaum jemand kauft sich so etwas, weil es „nichts zum Festhalten“ gibt oder es zu schwierig zu lernen sei. Weißt du, wer mich ab und zu fragt, ob er das Einrad mal ausprobieren kann? Frauen. Denn die sind meist neugieriger, selbstbewusster und mutiger als Männer. Wenn dich etwas fasziniert, dann folge deiner Neugier und werde zum Jungen, der gern experimentiert. Lasse dich nicht durch Bequemlichkeit oder Angst davon abhalten. Dumm ist der, der über Anfänger lacht, und nicht der, der beim Üben Fehler macht.

Probier stets Neues aus

Meine klare Empfehlung ist also: Probier jedes noch so verrückte Gerät und jede Sportart mindestens einmal aus. Aber geh dabei intelligent vor und check vorher die Unfallgefahr. Ist das Restrisiko, das immer besteht, vertretbar, dann überwinde deine Unsicherheit oder Angst. Akzeptiere, dass du als Anfänger auf Instruktion und Hilfe durch Erfahrene angewiesen bist. Das ist kein Zeichen von Schwäche.

Ich habe das schon als Junge gemacht und bin heute noch offen für die verrücktesten Ideen. Weißt du übrigens, dass ich das Kiten erfunden habe? Nein, natürlich nicht weltweit, sondern für mich selbst. Ich war einer der ersten, die in den 1980er-Jahren einen Lenkdrachen hatten. Damals waren diese noch nicht zu kaufen, und es gab auch noch kein Internet. Ich trieb Bauanleitungen auf und bastelte sie mir selbst zusammen. Das waren noch große Ungetüme mit schweren Kunststoffstangen, die viel Wind brauchten, aber dann ordentlich Druck aufbauten. Mit einem Windsurf-Trapez konnte man Sprünge an Land machen und Spaß haben. Anfang der 1990er-Jahre fuhr ich nach Fuerteventura zu einem Windsurfkurs. Ich hatte meinen Lenkdrachen dabei und kam auf die Idee, das Ganze zu kombinieren. In einer flachen Lagune ohne Wellen setzte ich mich also aufs Brett und ließ mich, downwind sitzend, auf dem Board durchs Wasser ziehen. Daraus könnte man eine Sportart machen, dachte ich mir. Erst Jahre später erfuhr ich, dass andere dieselbe Idee hatten und dies professionell umsetzten: Das Kiten war geboren.

Ein aktuelles Beispiel: Ich schreibe dieses Buch in Fortaleza in Nordbrasilien, genauer gesagt einem kleinen Ort in der Nähe direkt an der Atlantikküste. Abends wollte ich zu einem Restaurant, downwind am Strand gelegen. Da Ebbe war, war der Strand breit und der Sand hart. Ich hatte ein Offroad-Skateboard dabei, aber keinen geeigneten kleinen Schirm dafür. Einen kleinen Lenkdrachen konnte ich aber auftreiben. Ich stellte mich also auf das Board und flog flott liegende Achter. Das baute genug Druck auf, um mich über den harten Sand zu ziehen. Die Koordination der Lenkung des Boards mit dem Körpergewicht und das Fliegen der Achten ist zu Beginn nicht leicht. Aber nach einigen Abstürzen des Drachens und Stürzen in den Sand klappte es. Da der Wind anhielt, fuhr ich mehrere Kilometer den Strand entlang, bis die Sonne unterging. Mein Glück: Auf dem Rückweg las mich ein Buggyfahrer auf und nahm mich mit. Mit einigen Schrammen, aber glücklich, genoss ich mein Abendessen im Restaurant. Jeder, der vorbeikam, sprach mich lachend auf die Aktion mit dem Skateboard und dem Lenkdrachen an.

Lass also keine Gelegenheit aus, etwas Neues zu erfinden oder zu testen. Egal, ob du ein neues Ballspiel erfindest, irgendwo herunterspringen kannst, ein Floß oder eine Seifenkiste baust: Halt dir die kindliche Begeisterung für verrückte und neue Dinge lebendig. Erfinde und bastel stets etwas Neues – so bleibst du lebendig, flexibel und kreativ. Als Nebeneffekt lernst du dabei viele Leute kennen, die entweder den Kopf schütteln und über dich schimpfen oder lachen, oder aber solche, die begeistert sind und neugierig nachfragen.

Ich war mit meiner Freundin am Strand und wir fingen an, etwas Akrobatik zu machen. Erfahrung hatte ich damit wenig, aber da ich stark bin und sie schlank und leicht und wir beide Yoga praktizieren, gelangen uns schon bald einige Figuren. So stand sie frei auf meinen Schultern, die Arme ausgebreitet. Viele schauten zu, aber keiner wollte mitmachen. Wir sprachen ein interessiertes Paar an, und nach etwas Üben standen die beiden Mädels auf unseren Männerschultern, während wir uns aneinander festhielten. Dann wollten wir noch ein Mädchen motivieren, auf die Schultern der beiden Frauen zu klettern. Sie hatte aber Angst, und so verlegten wir das Ganze ins Meer, wo wir bis zu den Hüften ins Wasser gingen. So konnte sie sich bei einem Sturz nicht verletzen, und sie willigte ein. Sie strahlte übers ganze Gesicht, als sie oben auf der Menschenpyramide stand, fast ganz ohne Angst. Eine neue Erfahrung für alle und ein tolles Foto obendrein!

Meine Botschaft an dich ist: Sei kann Langeweiler, der am Strand rumliegt, sondern erfinde aktiv Neues: So genießt du deine Männlichkeit und lernst offene und neugierige Menschen kennen.

Das Rezept für Flexibilität, Kreativität und Fitness bis ins hohe Alter

Nicht immer nur die bekannten Denkmuster und eingefahrenen Verhaltensweisen zu wiederholen, sondern immer wieder Neues auszuprobieren, bewirkt, dass man flexibler und kreativer wird und außerdem jung bleibt. Mit jeder neu erlernten Bewegung wird man sogar intelligenter. Ich spreche hier von praktischer, körperbezogener Intelligenz. Wenn du einige Monate lang konsequent immer wieder neue Bewegungen und Koordination mit deinem Körper erlernst, dann wirst du bemerken, wie es dir immer leichter fällt, Neues zu realisieren. Du bist dann in der Lage, Bewegungen leichter nachzuahmen oder Anleitungen körperlich umzusetzen. Man entwickelt eine körperliche Bewusstheit und Intelligenz. Es handelt sich dabei um keine abstrakte Intelligenz, die nur geistige Fähigkeiten trainiert, die sowieso schon durch Schule und Beruf permanent gefordert werden. Viele Männer leiden darunter, nur als Kopfmenschen durch die Welt zu gehen: Permantes Grübeln und Kontrollieren sind die Folgen. Es blockiert sie dabei, das Leben zu genießen und spontan das zu tun, was ihnen Spaß macht. Aufgrund dessen leiden sie unter einem mangelhaft ausgeprägten Körperbewusstsein. Sie haben zum Beispiel keine Spannung und zu wenig Gefühl in ihren Händen: Ihr Händedruck ist energielos, und wenn sie jemanden streicheln oder massieren, wirkt es mechanisch. Ganz zu schweigen vom Sex, der eine Frau nur langweilt, weil sogar der Penis ohne Energie und gefühllos ist. Beim Tanzen haben sie zwei linke Füße, beim Handwerken zerschlagen sie sich die Finger, weil sie zu ungeschickt sind. Wer immer nur bekannte Routinebewegungen mit seinem Körper ausführt, wird körperlich und letztlich auch geistig unflexibel. Denn auch die Gehirnareale, die für motorische und feinmotorische Steuerung zuständig sind, verkümmern allmählich. Schließlich wird man „lernbehindert“, man tut sich nach Jahren der selbst verschuldeten Inflexibilität zunehmend schwer, neue Bewegungen visuell zu erfassen und mechanisch umzusetzen – von einem positiven Körpergefühl dabei ganz zu schweigen.

Als kleine Kinder haben wir alle täglich neue Bewegungen ausprobiert und gelernt. Wir waren extrem flexibel und unsere Fähigkeiten wuchsen in rasantem Tempo. Beobachte mal ein Kleinkind und ahme für 15 Minuten alle Bewegungen nach: Du wirst außer Atem sein, falls du es überhaupt schaffst. Je älter wir werden, desto weniger bewegen wir unseren Körper und umso unflexibler und steifer werden wir. Wer dem nicht bewusst entgegenwirkt, altert schnell und verliert frühzeitig die Freude an seinem Körper. Deshalb wirken Menschen, die stets neue Bewegungsmuster erlernen und mit ihrem Körper Unbekanntes ausprobieren, auch im Alter noch jung und dynamisch. Ihr Händedruck lässt deine Hand kribbeln und ihre Hand auf dem Körper anderer bewirkt Entspannung und Wohlgefühl. Anstatt immer dieselben Routinebewegungen zu machen, bemühe dich stets darum, die Grenzen deiner körperlichen Bewegungsfähigkeit zu erweitern. Mit jeder neu erlernten Sportart oder anderen neu erworbenen Fähigkeiten steigt dein Selbstbewusstsein. Du fühlst dich stolz und erfüllt, wenn du etwas gelernt hast, das du vorher nicht konntest.

Dieser Aspekt des Erlernens immer neuer Körperbewegungen, Koordination und Balance ist enorm wichtig. Du wirst dadurch kreativer und dein Gedächtnis verbessert sich. In den Jahren, als ich als Suggestopäde Trainer und Ausbilder für Superlearning war, habe ich mich intensiv mit dieser Thematik beschäftigt. Unser Gehirn besteht aus zwei Gehirnhälften, die mit dem sogenannten Balken verbunden sind. Jede Hirnhälfte arbeitet eigenständig und ist für unterschiedliche Prozesse verantwortlich. Vereinfacht gesagt, ist die linke Hirnhälfte für das analytische Denken verantwortlich und die rechte für Kreativität, Assoziation und Imagination. Je vernetzter beide Gehirnhälften miteinander arbeiten, umso kreativer und leistungsfähiger ist ein Mensch. Speziell für das Gedächtnis hat dies eine besondere Wirkung. Die linke Gehirnhälfte steuert die rechte Körperhälfte und umgekehrt. Dies macht sich die sogenannte Edu-Kinestetik zunutze, die mit bilateralen Körperbewegungen, die die Körpermitte kreuzen, Lern- und Gedächtnisschwächen überwinden hilft. Grob gesagt, fördern alle Bewegungen, die die Körpermitte kreuzen, die Vernetzung beider Hirnhälften. Die moderne Suggestopädie nach Prof. Rupprecht Baur, bei dem ich gelernt habe, nutzt diesen Effekt aus, um erstaunliche Gedächtnisleistungen zu erzielen. Jedes Wort oder jeder Satzteil in einer zu erlernenden Fremdsprache wird mit einer Geste kombiniert, die sich oft besser einprägt als das Fremdwort selbst. Durch diese körperliche Aktivität erhöht sich die Gedächtnisleistung. Dies ist zwar nur ein Aspekt der überaus komplexen Suggestopädie, aber er zeigt schon deren Potenzial: Bereits am ersten Abend haben die Teilnehmer meines Spanischkurses mit dieser Methode 250 Vokabeln gelernt. Nach einem Wochenende konnten sie besser sprechen und verstehen als die meisten Spanischstudenten im zweiten Semester. Während herkömmliche Lernsystematiken nämlich nur einseitig die linke analytische Hirnhälfte nutzen, werden bei der Suggestopädie beide Seiten angesprochen und vernetzt. Das Ergebnis: Ein Sprachenstudent „bastelt“ sich mit herkömmlichen Lerntechniken gedanklich einen grammatikalisch richtigen Satz zurecht. Bis der korrekte Satz dann aber aus seinem Mund herauskommt, ist der Kellner für die Bestellung schon wieder weg und hat das hübsche Mädchen bereits einen anderen Flirt. Praktische Intelligenz heißt hier: Man geht direkt auf den Kellner zu, hält ihn fest, macht Gesten und redet mit mehr oder weniger richtigem Spanisch so lange auf ihn ein, bis er versteht, was man meint. Zum Beispiel bei einer Beschwerde:

Anliegen: Der Kaffee ist zu schwach, hat zu viel Milch.
Spanische Anrede improvisiert: Collega, camarero. Café. No quiero. Mucha agua. Poco ...
Ganzheitliche Ansprache: Kollege, Kellner. Kaffee. Ich will nicht. Viel Wasser. Wenig stark (Geste für „stark“ mit Bizeps). Viel (Geste des Melkens) Milch.

Oder man geht sofort zu der schönen Frau hin, fasst sie an und geleitet sie selbstbewusst an seinen Tisch, während man gestikulierend erklärt:

Anliegen: Ich finde dich sehr aufregend, möchtest du mit mir den Abend verbringen?
Spanische Anrede improvisiert: Bella. Eu te veo. Impresionante. Sin palabras. Quiero conocer.
Ganzheitliche Ansprache: Schöne. Ich dich sehen. Beeindruckend. Ohne Worte. Ich will kennenlernen.

So etwas konnten meine deutschen Schüler schon nach einem Wochenende. Meist ernteten sie im Ausland damit viel Sympathie und hatten gleich intensive emotionale Kontakte. Der Kellner lachte sich kaputt und verlor fast die Fassung. Die Frau war sehr angetan, und es wurde ein wirklich schöner Flirt. Manche meiner Kommilitonen konnten noch nicht mal nach acht Semestern Romanistik solche Situationen souverän meistern – ihr Kopf war voller Grammatik und Vokabeln, aber ihnen fehlten einfach die Worte, die angemessen gewesen wären. Stattdessen standen sie steif und angestrengt da, ohne die Situation emotional zu erfassen und ihre Gefühl sprachlich zum Ausdruck zu bringen. Außerdem wären die meisten deutschen Studenten, vermute ich, bei solch einem Auftritt vor Scham im Boden versunken und hätten sich aufgrund der vielen grammatischen Fehler schlecht gefühlt. Der entscheidende Punkt ist nicht das perfekte Sprechen. Ich habe schon makellose Reden gehört, die zwar intellektuell anspruchsvoll waren, aber niemanden erreicht haben. Dagegen haben Reden das Publikum zum Lachen und Weinen gebracht, die unzählige grammatikalische Fehler enthielten und manchmal schwer verständlich waren. Mit wunderbaren Gesten und viel Gefühl ist es ihnen gelungen, die Zuhörer für sich zu gewinnen. Meine Spanischschüler konnten nach dem Kurs alle vor Publikum reden, selbst die schüchternen Rehe unter ihnen. Vor allem Gesten und Zungenübungen, das Singen, Tanzen und „Sichblamieren" hatte sie komplett enthemmt. Die meisten meiner Fremdsprachenschüler haben leicht und viele Kontakte geknüpft. Viele Romanistik-Studenten wurden dagegen intellektuelle Fachidioten, die zwar hochgeistige Interpretationen zu Cervantes schreiben, nicht aber im Alltag die kommunikativen Fähigkeiten beherrschten, um alle Situationen zu meistern und auch Freundschaften zu schließen. Ich bin Praktiker, kein Theoretiker. Besser du bekommst in Spanien, was du willst, lernst Freunde kennen und flirtest toll, anstatt ein korrektes, anstrengendes Fachgespräch zu führen. Besser du springst mutig in jede Situation herein und machst viele Fehler, anstatt mit der Kontaktaufnahme in der Fremdsprache so lange zu warten, bis du perfekt bist. Und das gilt nicht nur für Fremdsprachen, sondern auch für alles andere Neue in deinem Leben.

Meine erste Flugstunde in Brasilien lief so ab: Der Lehrer setzte sich mit mir ohne weitere Erklärungen in den Flieger, wir starteten, und als wir eine sichere Flughöhe erreicht hatten, sagte er, dass ich jetzt die Kontrolle über das Flugzeug hätte. Und so fing ich an, mit dem Steuerknüppel herumzuspielen. In Deutschland war dagegen erst lange Theorie angesagt – eine andere Herangehensweise, die nicht so sehr auf Intuition setzt. Dieses Improvisationstalent und die emotionale Offenheit hängen mit der körperlichen Flexibilität zusammen.

Mittlerweile hat man auch mehrfach wissenschaftlich nachgewiesen, dass Bewegung schlau macht. Der kanadische Gesund-

heitsforscher François Trudeau verglich die Ergebnisse von etwa einem Dutzend Studien. Sein Resümee: Eine Stunde Sport am Tag stärkt die Schulkinder nicht nur körperlich, sondern fördert sie auch geistig. Obwohl dabei weniger Zeit für die klassischen Fächer übrig blieb, schrieben die Kinder bessere Noten als ihre nicht aktiven Mitschüler. Insgesamt zwölf anderen Studien ergaben: Kinder, die an Sportprogrammen teilnahmen, waren intelligenter, kreativer und verfügten über bessere Fähigkeiten, Probleme zu lösen und Handlungen und Emotionen zu steuern.
Wenn du also kreativer, flexibler und auf eine ganz praktische Weise intelligenter werden willst, sorge dafür, dass du stets Neues ausprobierst und dein Körper sich auf eine immer wieder neue Art bewegt. Überwinde die Angst, dich zu blamieren, und riskiere es, auf die Nase zu fallen. Genieße es, immer wieder ein Anfänger zu sein, und verschanze dich nicht aus Unsicherheit hinter deiner Routine. Es gibt unzählige Möglichkeiten, um dies im Alltag zu trainieren:

- Trag deine Armbanduhr rechts oder bediene dein Smartphone mit links.
- Mach Tätigkeiten mit links, die du sonst mit rechts machst.
- Iss mit der Gabel rechts und dem Messer links.
- Probier, mit Essstäbchen zu essen.
- Geh in ein traditionelles indisches Restaurant und lern, mit den Händen zu essen.
- Probier neue Sportgeräte aus.
- Spiel mit Kindern und entdecke mit ihnen zusammen Neues.
- Besuch probeweise verschiedene Kurse wie Fitness-Boxen, Thai Bo, Zumba, Aerobic etc.
- Mach einen (Paar-)Tanzkurs.
- Lerne zu massieren.
- Probier einen neuen Schwimmstil aus.
- Kletter Bäume hoch.
- „Erfinde“ Dinge im Alltag, zum Beispiel: Staple deinen Einkauf so, dass du ihn en bloc zum Auto oder nach Hause tragen kannst.
- Fahre eine Rallye mit dem Einkaufswagen.

- Probier kleine Sprungschanzen mit dem Rad aus.
- Mach Yoga, Tai-Chi oder andere Bewegungsübungen, die dich flexibler machen.

Stets Neues zu lernen und immer wieder neue, kreative und verrückte Dinge zu tun, ist eines der entscheidenden Rezepte für die Freude am Mannsein.

Koordination, Balance, Kraft und Ausdauer

Bei jeder Sportart kannst du unterschiedliche Fähigkeiten trainieren: Eine bessere motorische wie feinmotorische Koordination erlernst du zum Beispiel beim Paartanz, Solotanz, Yoga und bei Massagetechniken. Ein besseres Gefühl für Balance erlernst du beim Skaten, Surfen, Windsurfen, Kiten, Wakeboarden, Ski- oder Wasserskifahren, Stand-up-Paddeln, Snowboarden, (elektrisches) Einradfahren, Stelzen- und Sprungstelzenlaufen.
Aggression und Kraft trainierst du bei allen Kampfsportarten.
Ausdauer trainierst du beim Laufen, Radfahren, Schwimmen, Rudern oder Paddeln sowie bei anderen Konditionstrainings.
Kreativität entwickelst du beim Reparieren von Sportmaterial, selbst hergestellten Sportgeräten oder beim selbstständigen „Tuning“ deines Sportgeräts.

Was bist du für ein Sporttyp: Einzel-, Paar- oder Mannschaftssport?

Finde heraus, was dir am meisten Freude bereitet: Bist du lieber für dich allein und von anderen unabhängig? Oder liebst du Sport zusammen mit einem Partner, bezogen auf ihn oder vielleicht sogar im Duell miteinander? Oder bist du eher ein Gruppenmensch und liebst den Mannschaftssport?

Individualsport

Kannst du gut für dich allein sein und brauchst keine Bestätigung von anderen? Bist du gern allein in der Natur? Löst du Probleme gern für dich allein? Möchtest du dich lieber auf dich selbst statt auf andere konzentrieren? Dann sind solche Sportarten für dich geeignet: Laufen, Radsport, Schwimmen, Windsurfen, Kiten, Segeln (kleine Jolle), Skisport, Drachenfliegen und Kajakeiner.

Paarsport

Bist du gern mit deiner Freundin oder auch mit einem Freund unterwegs? Hast du einen besten Freund? Brauchst du oft einen persönlichen Austausch mit jemandem? Gehst du am liebsten mit einem anderen Menschen aus, statt allein oder in einer Gruppe? Motiviert dich ein Gegenüber durch Konkurrenz im Duell zu höheren Leistungen?

Dann passen vermutlich auch solche Sportarten, bei denen du auf einen Partner bezogen bist: Paartanz, Tennis, Badminton, Kampfsport, Tauchen, Massage, Segeln, Rudern (Zweier) etc. Natürlich kann man auch zu zweit joggen, schwimmen, Ski fahren etc. – die (körperliche) Bezogenheit aufeinander ist dabei aber weniger gegeben. Bei einigen Disziplinen wie Kampfsport oder Tauchen ist der Mannschaftsaspekt enthalten, da man zwar auf einen Partner bezogen ist, aber doch meist als Gruppe zusammen ist oder trainiert.

Mannschaftssport

Bist du ein Gruppenmensch? Hast du gern viele Leute um dich? Bist du kommunikativ und auf andere bezogen? Ist dir die Anerkennung anderer wichtig? Hast du eine soziale Ader? Suchst du Körperkontakt mit anderen?

Dann wird dir vermutlich ein Mannschaftssport gefallen: Ballspiele jeder Art wie Fußball, Handball, Rugby, Volleyball, Hockey etc. sowie Kampfsport mit stark gruppendynamischen Elementen wie zum Beispiel Capoeira.

Auch hier geht es um die körperliche Bezogenheit beziehungsweise Auseinandersetzung, aber auch um Rangfolge, Konkurrenz, Anerkennung und Interaktion. Deshalb macht es einen Unterschied, ob man in einer Gruppe joggt oder zusammen Fußball spielt.

Meine Empfehlung dazu ist folgende: Ich kenne viele Männer, die – meist aus Bequemlichkeit – eine naheliegende Sportart ausgewählt haben und diese praktizieren. Sie haben aber kaum etwas anderes kennengelernt. Das ist wie ein Job, den man in der Firma des Schulfreunds antritt, oder die Nachbarin, die man heiratet, weil es sich „ergeben“ hat. Gehe auf die Suche und lerne verschiedene Sportarten kennen. Teste auch einmal Sport, der dir fremd ist. Je nachdem, was für eine Sozialform du magst (allein, Partner oder Mannschaft), wirst du vermutlich in dieser Gruppe etwas finden, was dich begeistert.

Das angestrebte Niveau

Finde deine persönliche Balance zwischen Anfänger- und Könnerstatus. Bei einigen Sportarten oder Hobbys muss man eine Weile üben und trainieren, bis man ein Niveau erreicht, auf dem das Ganze auch wirklich Spaß macht. Hört man stets nach drei missglückten Versuchen auf, bleibt nur Frust zurück. Aber man kann auch nicht bei allem ein Profi sein, vielleicht nur in ein oder zwei Sportarten.

Unterschieden werden sollte zwischen Sportarten, die man regelmäßig trainieren muss, und solchen, bei denen das nicht notwendig ist. Bei den trainingsintensiven Sportarten geht es darum, das Niveau zu halten oder stetig zu verbessern und eine Routine in Bezug auf die Sicherheitsaspekte zu erlangen. Kampfsport muss man mindestens einmal wöchentlich trainieren, um das Niveau zu halten, und sogar zwei- bis dreimal wöchentlich, um es zu steigern. Ich habe sehr ungern mit dem Karate aufgehört, da ich nur unregelmäßig trainieren konnte und eigentlich nicht weiterkam.

Es gibt eine andere Sorte Sportarten beziehungsweise Bewegungsmuster, bei denen man auch nach Jahren wieder dort einsteigt, wo man aufgehört hat. Oder zumindest fällt man nicht mehr auf das Anfängerniveau zurück und hat sofort wieder Spaß an der Sache. Dazu gehören Joggen, Radsport, Schwimmen, Tauchen, Einradfahren, Kiten, Surfen, diverse Ballspiele u. a. Der Körper vergisst hier das Erlernte nicht. Das ist besonders bei den Sportarten sehr praktisch, die man witterungsbedingt nur ein- oder zweimal jährlich im Urlaub treiben kann: Skifahren, Tauchen, Kiten, Segeln u. a. Da lohnt sich also die Anstrengung, bis zu einem mittleren Niveau zu trainieren – das vergisst der Körper dann ein Leben lang nicht.

Alle Extrem- oder Risikosportarten verlangen regelmäßiges Training. Das ist wie beim Autofahren: Wer nur sehr selten fährt, verlernt es zwar nicht, reagiert aber in Stress- oder Gefahrensituationen falsch oder zu langsam und gefährdet dadurch sich oder andere. Nur wer viel Fahrpraxis hat, reagiert bei Aquaplaning, geplatztem Reifen oder plötzlicher Nebelbank instinktiv und schnell in korrekter Weise. Diese bittere Erkenntnis führte dazu, dass ich mich entschied, Fallschirmspringen, Gyrocopterfliegen, Drachen- und Gleitschirmfliegen u. a. nicht weiter zu verfolgen. Ich fokussierte mich auf das Ultralightfliegen. Nachdem ich aber mein Ziel, mit meinem Ultralight bis zum Nordkap zu fliegen, erreicht hatte, musste ich einsehen, dass die Fliegerei sehr komplex ist und stetige Praxis erfordert. Ansonsten ist man nicht routiniert genug, um in Gefahrensituation sicher zu reagieren und kann bei der Komplexität der Anforderungen das Ganze eigentlich nicht genießen. Deshalb habe ich dieses geliebte Hobby schweren Herzens zugunsten anderer aufgegeben.

Irgendwann muss jeder für sich die Entscheidungen fällen: Wie viel Zeit will ich in einen Sport investieren? Kann ich dies kontinuierlich tun? Ist dies an meinem Wohnort möglich oder auch woanders? Will ich mich auf eine Sportart oder ein Hobby festlegen oder lieber Verschiedenes praktizieren? Wie hoch sind die einmaligen und die regelmäßigen Investitionen? Brauche ich einen Partner oder eine Mannschaft dazu? Muss ich dafür einem Verein beitreten?

Manche Sportarten bieten auch auf Reisen perfekte Kontaktmöglichkeiten: Viele Ballspiele gehören dazu. Wer gern Fußball oder Volleyball spielt, kann in den meisten Ländern ohne Sprachkenntnisse leicht neue Kontakte knüpfen.

Ein anderer Aspekt ist der Aufwand, den man für jede Sportart betreiben muss. Echte Fanatiker lieben das Drumherum: Anreise, Auf- und Abbau, Materialkauf, Reparatur, Austausch und Fachsimpelei, Vereinsaktivitäten etc. Diese Begleitumstände sind bei jeder Sportart sehr unterschiedlich und können auch extrem nerven, wenn man eigentlich nur Sport treiben will und sonst nichts. Laufen und Schwimmen sind da meist unproblematisch, da man nur Schuhe beziehungsweise eine Badehose braucht. Deshalb informiere dich ausführlich:

Wie viel kostet das Material? Wie viel Zeit und Geld brauchen Pflege und Reparaturen? Wie umständlich ist die Anreise zu dem Ort, an dem du den Sport ausüben kannst? Wie ist die Abhängigkeit von der Witterung? Wie viel einmaliger (oder regelmäßiger)

Papierkram und Prüfungen sind nötig? Kannst du wie beim Joggen 24/7, also immer, trainieren oder gibt es festgelegte Zeiten?

Ist der Sport auch mit kleineren Verletzungen oder leichter Krankheit (Erkältung) zu praktizieren oder musst du 100 Prozent fit dafür sein? Brauchst du einen Partner oder eine Mannschaft? Bietet der Sport gute Kontaktmöglichkeiten? Musst du einem Verein beitreten? Welche Verpflichtungen sind damit verbunden? Ist die Sportart zwischendurch ausübbar, also auch am Feierabend, oder brauchst du ein ganzes Wochenende dafür? Wenn du diese Fragen für dich beantwortet hast, wird es leichter fallen, den oder die richtigen Sportarten für dich auszusuchen.

Ich treibe eine Kombination aus diversen Disziplinen, die ich teils nur im Urlaub oder an Wochenenden (Kiten, Segeln, Windsurfen, Tauchen, Apnoetauchen), teils nur bei schönem Wetter (Laufen, Radfahren, Wakeboard, Stand-up-Paddeln, Paddeln) und teils indoor (Schwimmen, Kampfsport, Yoga, Paartanz, Fitness) treiben kann. So kann ich durchgängig in guter Kondition, aber auch flexibel bleiben.

Personal Trainer: Wenn du Indoor-Fitnesstrainings magst und wenig Zeit investieren willst, denke über einen Personal Trainer nach. Er hilft dir, das individuell geeignete Trainingsprogramm zusammenzustellen und schafft Motivation. Das ist in den meisten Fitness-Studios möglich oder sogar bei dir zu Hause, denn es gibt auch viele Trainingsmöglichkeiten ohne teure beziehungsweise große Geräte.

Ausreden

Ich habe keine Zeit. Ich bin stets unterwegs. Ich bin den ganzen Tag im Büro. Ich habe eine Verletzung oder Krankheit. Sport passt nicht in meinen Tagesablauf.

Das sind die häufigsten Ausreden beziehungsweise Rechtfertigungen für eine lausige Fitness, die ich von Männern höre. Damit du dir keine Ausreden mehr einfallen lassen musst, hier ein paar einfache Tipps:

1. Fitness für zwischendurch: Erlern einige Fitnessübungen, die du ohne Geräte machen kannst. So kannst du selbst auf Reisen oder zu Hause, wenn du verletzt oder krank bist, üben und schlaffst nicht vollkommen ab. Auch wer Kampfsport, Tai-Chi oder Yoga macht, kann bestimmte Bewegungsabläufe praktisch überall trainieren. Ein flexibles Gummiband (zum Beispiel Theraband) kostet etwa 7 Euro und wiegt ein paar Gramm. Wenn du es immer dabei hast, kannst du wirklich überall Dehn- und Kraftübungen machen. Ich habe schon im Flugzeug auf einem Langstreckenflug und danach am Flughafen in der Warteschlange Übungen damit praktiziert. Dasselbe gilt für TRX- oder Slingtraining: Die Bänder und Griffe kosten und wiegen nicht viel und man kann damit eine Vielzahl von Übungen machen – fast an jedem Ort.

2. Für die meisten Aufwärmübungen, die bei vielen Sportarten notwendig sind, braucht man weder Material noch Platz. Präg dir einfache Übungen ein und praktizier sie in der Warteschlange im Supermarkt, im Aufzug oder an der Bushaltestelle: Kniebeugen, Liegestützen, Dehnübungen etc.

3. Yoga ist in Bezug auf den Platz und die Ausrüstung ebenfalls sehr anspruchslos. Ich praktiziere Yoga selbst auf Fährschiffen, im Wartezimmer beim Zahnarzt oder in der Messehalle.

4. Schüttelplatte: In meinem Büro steht eine Schüttelplatte (zum Beispiel Powerplate). Man stellt sich in bestimmten Positionen darauf und braucht nur wenige Minuten, um Muskeln zu trainieren. In dieser kurzen Zeit schwitzt man noch nicht einmal und kann sogar den Anzug anbehalten. Du kannst also mal eben zwischendurch trainieren, zum Beispiel in der Warteschleife beim Telefonieren.

5. Präparier deine Wohnung. Bei mir zu Hause spannt an der Treppe eine Stange für Klimmzüge. Wenn ich daran vorbeigehe, mache ich oft einen oder mehrere Klimmzüge. Bei mir zu Hause hängt auch ein Boxsack, den ich zwischendurch mal auf verschiedene Art und Weise bearbeite; im Wohnzimmer steht eine Pole-Dance-Stange, die nicht nur für Frauen reserviert ist; von der Decke hängt ein Yogatuch und TRX-Band für diverse Übungen und eine dicke Yogamatte liegt immer an ihrem angestammten Platz; zwei Gym-

nastikbälle rollen herum und am Dach ist eine Hilfe zum Hochklettern, um den Sonnenuntergang zu sehen. Bei kurzen Pausen, Wartezeiten oder einfach so zwischendurch benutze ich diese Hilfsmittel, um in Form zu bleiben. Wenn Besucher kommen, turne, strecke oder dehne ich mich gern mit ihnen zusammen, bei Kinderbesuch wird meine Wohnung zum Kinderspielplatz. All das ist nicht teuer. Da es aber stets zur Verfügung steht, sichert man sich so ein Minimum an täglicher Beweglichkeit und Fitness.

6. Viele sportliche Betätigungen ergeben sich im Alltag, wenn man danach sucht und kreativ ist: sieben Dinge auf einmal balancieren und transportieren; die Rolltreppe bei freier Bahn gegen die Richtung laufen; auf dem Geländer entlangbalancieren, statt den Gehweg zu nehmen; einen Sprint hinlegen, um die grüne Ampel noch zu erwischen; mit dem Fahrrad statt mit Bahn oder Auto fahren. Lauf durch die Gegend und frag dich, was man als Sportgerät „missbrauchen" kann. Frag einen Wartenden, ob er dir beim Handstand hilft. Mach Akrobatik am Strand, anstatt in der Sonne zu liegen und Bier zu trinken. Wirf ein Kind in die Luft oder spiel mit Kindern, anstatt ihnen zuzuschauen und schlaue Unterhaltungen zu führen. Mach Klimmzüge in der Straßenbahn, anstatt dich nur an der Stange festzuhalten. Ich habe zusammen mit einer Freundin in der Straßenbahn schon sexy an der Haltestange getanzt – danach hat die halbe Bahn applaudiert, die andere hat allerdings peinlich berührt weggeschaut. Lass keinen Baum aus, den du hochklettern kannst. Frag einen Skater, ob du dich mal auf sein Board stellen darfst, und mach eine Wettfahrt mit Einkaufswagen im Supermarkt, anstatt sie gelangweilt zu schieben. Ich könnte ein Buch mit Ideen füllen, die ich bereits umgesetzt habe. Sei kreativ und denke dir selbst Dinge in deinem Alltag aus, um körperlich aktiv zu bleiben, erfinde stets neue sportliche Betätigungsfelder. Schreib mir, was du so nebenbei an kreativen sportlichen Betätigungen treibst – ich bin gespannt!

All diese Dinge brauchen keine oder kaum zusätzliche Zeit und sind fast überall praktizierbar. Du musst es nur wollen und deine Komfortzone verlassen.

Warum Kampfsport für Männer essenziell ist

In meinem Buch „Männlichkeit leben" empfehle ich Männern, Kampfsport zu treiben, um Aggression und Konfliktfähigkeit zu entwickeln. Aufgrund vieler Nachfragen dazu möchte ich dies hier etwas weiter ausführen und einige Tipps geben.

Immer mehr Männer wachsen mit zu viel weiblichem Einfluss auf und verlieren den Kontakt zu einem wesentlichen Aspekt ihrer Männlichkeit: ihrer Aggression. Schon früh wird ihnen beigebracht, dass Aggression schrecklich ist und in Gewalt und Zerstörung mündet. Entsprechend werden Raufereien und Kämpfe, die Jungen natürlicherweise anfangen, sanktioniert und alles, was gefährlich sein könnte, verboten. Der Junge wächst in einer gepamperten Komfortzone auf, vor allem wenn er auch im Kindergarten und in der Grundschule weibliche Bezugspersonen hat und zu Hause überwiegend die Mutter oder andere Frauen das Sagen haben. Er wird so zwar zum großen Jungen, aber niemals zum Mann. Denn ihm fehlt männliche Stärke, Abenteuergeist, Konfliktbereitschaft, Durchsetzungskraft und vor allem Aggression. Die Gehirnwäsche einer feminisierten Erziehung geht meist so weit, dass er jede Aggression und jeden körperlichen Konflikt ablehnt und dazu erzogen wird, ihnen aus dem Weg zu gehen. Er wird dann später ein sogenannter nice guy, der allen Frauen gefallen will, stets nett und unterwürfig auftritt. Er ist aggressionsgehemmt und ängstlich. Vor allem in der Liebesbeziehung spielt er als Mamasöhnchen den devoten Part: Die Führung hat seine Partnerin, der er die Mamarolle zuweist. Speziell in Nordeuropa ist diese Beziehungsform „Mama und Sohn" sehr verbreitet – meist bedingt durch Männer, die ihre Aggression nie entwickelt haben. Dementsprechend können sie – vor allem Frauen gegenüber – nicht für ihre Meinung kämpfen und knicken bei Konflikten ein. Wir erleben gerade eine Generation von aggressionsgehemmten und unterwürfigen Männern, auch bedingt durch die Erfahrungen aus der deutschen Geschichte. Den allermeisten fehlen essenzielle Erfahrungen, die alle Generationen von Männern vor uns machten: Raufen, Kämpfen, Kräftemessen, Schläge austeilen und einstecken. Wem das schon als Junge abtrainiert wurde, schämt sich für seine Männlichkeit und vor allem für seine Aggression. Das hat zur Folge, dass er in Konflikten stets nachgibt oder diese lieber vermeidet. Er macht alles, was seine Partnerin will, damit kein Stress aufkommt. In Wahrheit ist er der Sklave seiner eigenen Angst. Er hat eine „Bisshemmung“ und will niemandem wehtun, noch nicht einmal enttäuschen, denn er hält es nicht aus, wenn jemand (vor allem seine Partnerin) ihn nicht lieb hat. Und er kann auch keine (emotionalen) Schläge einstecken, jammert und fühlt sich schlecht, weil seine Partnerin oder Chefin (Mama) mit ihm schimpft. Weitere Ausführungen hierzu findest du in meinen Büchern „Männlichkeit leben“ und „Abenteuer männlicher Ver-Führung“.

Wenn dies auf dich zutrifft und du nicht mehr bereit bist, die devote Rolle zu spielen, gibt es hier eine klare Empfehlung von mir, was du tun kannst, um deine Aggression zu entwickeln. Stell dich deiner Angst und begebe dich in Kampfsituationen. Nein, du sollst dich nicht mit einer Rockerbande anlegen oder anderswo unkontrolliert drauflosschlagen. Gehe intelligent und didaktisch vor: Suche dir eine Kampfsportschule, um dich körperlich, emotional und mental auf Kampfsituationen vorzubereiten und verantwortungsbewusst an den Sport herangeführt zu werden. Im Weiteren geht es darum, wie du einen geeigneten Kampfsport und den richtigen Lehrer findest.

Das passende Dojo finden

In klassischen Kampfsportarten werden nicht nur Kampftechniken gelehrt. Du lernst auch vieles über Disziplin, Ehre, Demut, Kameradschaft, Aufrichtigkeit, Gehorsam und andere Werte, die zu einem Krieger gehören. Eine Kampfsportschule im Sinne der Martial Arts schult den Archetypen des Kriegers in dir. Speziell Männern, die Probleme mit Hierarchien, Regeln, Disziplin und männlichen Autoritäten haben, empfehle ich das. In einem Dojo (Kampfsportverein) sollte militärische Disziplin herrschen. Der japanische Begriff besteht aus zwei Silben. Im japanischen sind das auch zwei Schriftzeichen: Do (der Weg) und Jo (der Ort). Die ursprüngliche Bedeutung von Dojo ist im Buddhismus zu finden und bezeichnet einen Ort der Meditation und Selbstfindung. Später wurde der Begriff für den Ort, an dem die Kampfkunst trainiert wird, verwendet. Dabei bezeichnet Dojo nicht nur den Ort des Trainings, sondern beinhaltet auch dessen ursprüngliche Bedeutung: den Ort des Lernens, des gegenseitigen Respekts und den Ort des Weges (Do).

Das Kampfsporttraining, mit der richtigen Grundeinstellung ausgeübt, trägt in hohem Maße dazu bei, den Charakter zu schulen und die eigene Persönlichkeit Schritt für Schritt weiterzuentwickeln. Das seriöse Trainieren einer Kampfkunst soll dazu beitragen, Respekt und Rücksichtnahme für seine Mitmenschen zu entwickeln. Der Sensei (Meister, Lehrer) sollte dies auch repräsentieren, ebenso seine Schüler. Du erkennst ein Kampfsport-Dojo im Sinne der Martial Arts an folgenden Aspekten:

- Es herrscht klare Kleiderordnung.
- Absolute Pünktlichkeit wird gefordert.
- Man verbeugt sich beim Betreten des Dojos und auch vor dem Sensei.
- Die Strukturen sind hierarchisch.
- Im Raum stellt man sich geordnet auf und achtet auf Körperhaltung.
- Das Training ist in seiner Gesamtheit klar strukturiert.
- Der Ablauf des Trainings wird nicht durch Quatschen oder Herumhampeln gestört.
- Während des Trainings sind Kaugummikauen, Trinken und Essen nicht erlaubt. Auf die Toilette geht man vorher und hat auch sonst keinen Grund, den Raum zu verlassen.
- Unaufgefordertes Reden und nachlässige Körperhaltung sind verboten.
- Zuwiderhandelnde werden abgemahnt und bei Wiederholung vom Training ausgeschlossen.
- Gewalttätigkeiten und sinnlose Verletzungen werden vermieden.
- Es herrscht gegenseitiger Respekt: untere Gurte (Anfänger) respektieren die höheren Gurte (Fortgeschrittene), die höheren Gurte nehmen Rücksicht auf die unteren (kein bewusstes Demonstrieren der Überlegenheit, Vorsicht beim Schlagen etc.).
- Es gibt ein sinnvolles Ganzkörper-Aufwärmprogramm und einen didaktischen Aufbau in der Schulung.
- Der Sensei ahndet jeden Verstoß gegen die Regeln. Er sorgt dafür, dass die Verletzungsgefahr minimiert wird

und weiß, wie er die Schüler dazu bringt, ihre Grenzen zu erweitern, ohne dass sie Schaden daran nehmen.

- Es wird Kumite oder Sparring (Voll- oder Halbkontaktkampf) durchgeführt, nicht nur technische Übungen.
- Das Dojo ist in einen größeren Verband der Kampfsportart eingebunden.
- Schüler des Dojos nehmen an Meisterschaften teil und erringen Titel.
- Der Sensei ehrt seine eigenen Meister.
- Der Sensei ist ein Mann, der auf dich große Überzeugungskraft ausübt und vor dem du dich in Demut verbeugst. Du folgst seinen Anweisungen.

Es gibt zahlreiche Dojos, die ein lasches und unstrukturiertes Fitnessprogramm anbieten oder nur Techniken praktizieren. Hast du aber ein Dojo gefunden, das obigen Kriterien weitgehend entspricht, solltest du nicht zögern, dich dort anzumelden.

Enno: Ja, ich genieße meine Männlichkeit! Am besten geht das durch Bewegung. Mit Anfang 50 bei einem anstrengenden Krav-Maga-Training noch mit den Jungen mithalten zu können und auch mal ein paar Schläge einzustecken, gibt ein gutes männliches Gefühl und auch danach, wenn wir in freundschaftlicher Runde bei einem Bierchen zusammensitzen, fühle ich mich gut. Ich genieße meine Männlichkeit auch, wenn ich mich mutig unangenehmen oder schwierigen Situationen stelle oder auch mal ‚ein Arsch' bin.

Welche Kampfsportart soll ich wählen?

Dies werde ich häufig gefragt. Wenn du nicht die Ambitionen hast, an Meisterschaften teilzunehmen, ist diese Frage aus meiner Sicht zweitrangig. Entscheidender ist der richtige Sensei und das passende Dojo.

Empfehlenswert sind zum Beispiel: Karate, Kung-Fu, Jiu-Jitsu (meist Bodenkampf) bzw. Brasilian Jiu-Jitsu, Taekwondo oder Judo. Aikido halte ich nur ergänzend für sinnvoll, da es rein defensiv orientiert ist und keine Angriffstechniken trainiert werden. Wenn du im Leben meist „der Verteidiger" bist, solltest du im Kampfsport lernen, der Aggressor zu sein.

Kampfsport oder Selbstverteidigung?

Im Vergleich zu den oben ausgeführten Kampfsportdisziplinen gibt es auch Selbstverteidigung. Hier geht es nicht um faire Kämpfe, Respekt und einen Schulungsweg von Körper und Persönlichkeit durch die Kampfdisziplin. Hier wirst du auf den Straßenkampf vorbereitet. Das bedeutet im Klartext: Du wappnest dich für alle möglichen, extrem unfairen, gewalttätigen, bewaffneten oder feigen Angriffe auf der Straße. Entsprechend geht es darum, den Gegner möglichst in wenigen Sekunden kampfunfähig zu machen oder zu kontrollieren, um die eigene Haut zu retten. Je nachdem, wo du wohnst, kann das sinnvoll sein. Es gibt dabei gute und einfach zu erlernende Techniken, u. a. bei Wing Tsun, Ju-Jutsu oder Krav Maga.

Hier lernst du nicht den fairen Kampf Mann gegen Mann, sondern rüstest dich für unfaire und kriminelle Angreifer. Auch fehlen hier meist die Aspekte, die ich oben zum Thema Kriegerschulung (Sensei und Dojo) ausgeführt habe. Aber natürlich kannst du hier kämpfen lernen und Aggressionen entwickeln.

Brasilianischer Luta Livre, russisches Sambo oder Mixed Martial Arts sind eher für den Wettkampf geeignet.

Boxen und Ringen

Neben den fernöstlichen Kampfsportarten haben sich schon seit der Antike auch in Europa Sportdisziplinen herausgebildet, die heute jeder kennt. Boxen wird meist mit direkter Aggression verbunden. Tatsächlich lernst du dort, zuzuschlagen und einzustecken. Es fehlt asiatische Disziplin und Kriegerschulung, aber du kannst in manchen Sportschulen schon nach kurzer Zeit erste Kampferfahrungen beim Sparring machen. Eine harte thailändische Version des Boxens ist das Muay Thai (Thaiboxen).

Ringen scheint auf den ersten Blick weniger martialisch und gefährlich als Boxen. Doch der erste Eindruck täuscht – Muskelzerrungen und Muskelrisse kommen dort viel häufiger vor. Du hast intensiven Körperkontakt mit Männern, es wird aber nicht geschlagen oder getreten.

Verein oder Dojo?

Wenn du eine Kampfsportart erlernen willst, geht kein Weg daran vorbei, mindestens zwei- bis dreimal wöchentlich zu trainieren. Ansonsten wird dein Körper die neuen Techniken niemals lernen und du bleibst auf Anfängerniveau hängen. Meistens muss man dafür einem Verein beitreten, was auch sinnvoll ist. Aus diesem Grund achte darauf, dass deine Planungen realistisch sind: Das Dojo beziehungsweise der Verein sollte in deiner Nähe sein und verschiedene Trainingstage und -zeiten anbieten.

Privatunterricht

Wer wenig Zeit hat oder nicht an den Trainingsterminen eines Vereins teilnehmen kann, der kann auch einen Privatlehrer nehmen. Dies ist aber nur mit Einschränkungen sinnvoll. Denn es fehlen der Aspekt der Kriegerschulung eines Dojos und die Begegnungen mit Männern auf deinem Niveau. Ich empfehle eher eine Kombination: Trainiere zum Beispiel einmal wöchentlich im Dojo und buche den Lehrer zusätzlich. Besser ist es, wenn ihr zu zweit seid, so dass du einen Trainingspartner hast.

Unverbindlich testen

Wenn du auf der Suche nach einer passenden Kampfsportart und einem Dojo bist, dann empfehle ich dir Folgendes: Überall kann man eine oder sogar mehrere kostenlose Probestunden absolvieren. Nutze das aus! Ich habe dies in einigen Vereinen und Dojos gemacht und meine Erfahrungen waren zu 100 Prozent positiv. Lehrer und Schüler freuen sich, wenn sich jemand für ihre Sportart interessiert, und kümmern sich um dich. Niemand ist so blöd, dich völlig zu überfordern, bloßzustellen oder gar zu verletzen, weil du dann nicht wiederkommen würdest. Du hast dort auch hervorragende Möglichkeiten, neue Bewegungsmuster zu erlernen. So lernst du nicht nur verschiedene Kampftechniken, sondern auch Führungs- und Unterrichtsstile kennen. Worauf wartest du noch? Fang mit dem ersten Dojo in deiner Nähe an, wo man heute noch trainieren kann, ruf an und pack deine Sporttasche! Wenn du dorthin gehst, dann hat sich der Kauf dieses Buches für dich schon jetzt gelohnt. Denn Kampfsport zu praktizieren, halte ich für einen der wesentlichen Aspekte zur Entfaltung der eigenen Männlichkeit.

Deinen Körper stärken und abhärten

Sorge dafür, dass du einen männlichen Körper hast, der fit und widerstandsfähig ist. Durch Ernährung und Bewegung hast du einen erstaunlichen Einfluss auf dein Erscheinungsbild, das Verhältnis von Muskeln und Fettmasse, aber auch auf deine Widerstandsfähigkeit gegen Krankheiten. Denn nur ein gesunder und widerstandsfähiger Körper ist eine Quelle von Genuss und Lebensfreude. Männliche Stärke und männliche Attraktivität wird auch mit Gesundheit und Widerstandsfähigkeit assoziiert. Ein Mann, der bei körperlicher oder emotionaler Belastung schnell einknickt oder ständig kränkelt, wird als Mimose wahrgenommen. Ein Krieger dagegen steckt Belastungen, Herausforderungen und Angriffe gegen die Gesundheit gut weg. Er hat gelernt sich zu schützen. Das betrifft auch sein Immunsystem, das stark ist und Angriffe auf seinen Körper verteidigt. Eine gesunde Ernährung und regelmäßiger Sport haben nachgewiesenermaßen eine sehr stärkende Wirkung auf das Immunsystem. So etwas spart nicht nur Medikamente und Ausfallzeiten wegen vermeidbarer Krankheiten wie Grippe, alle möglichen Infekte oder allergische Reaktionen. Männer mit starkem Immunsystem werden auch von Frauen als sexuell attraktiver wahrgenommen. Denn wie soll auch ein kränkelnder, anfälliger Mann, der sich noch nicht einmal gegen ein paar Bakterien oder Viren verteidigen kann, eine Frau gegen einen Angreifer verteidigen? Dieser archaische Wunsch von Frauen, einen Beschützer an der Seite zu haben, prägt nämlich in weitaus stärkerem Maße bewusst oder unbewusst ihre Partnerwahl. Wenn du das nicht glaubst, frag dich doch selbst: Möchtest du eine gesunde Frau an deiner Seite haben oder eine, die stets unpässlich ist wegen Migräne, Menstruationsbeschwerden, Blasenentzündung, Erkältung etc. pp.?

Ein internationales Forscherteam hat einen Zusammenhang zwischen der Attraktivität eines Männergesichts, dem Immunsystem und dem Hormonhaushalt der betreffenden Person aufgedeckt: Hohe Werte des männlichen Hormons Testosteron in Kombination mit wenig Stresshormonen stärken die Abwehrkräfte und lassen ein Männergesicht in den Augen von Frauen attraktiv erscheinen. Ebenso reagieren Frauen auf den Körperfettanteil eines Mannes in Bezug auf die sexuelle Anziehung. Auf meiner Website findest du diese Untersuchungen im Detail.

Was kannst du neben einer gesunden Ernährung tun, um deine Abwehrkräfte zu stärken? Eine ganz einfache Regel lautet: Dusche jeden Tag eine Minute kalt. Damit meine ich wirklich jeden Tag, auch wenn du unpässlich, krank, glücklich, traurig, im Urlaub oder gestresst bist. Mit „kalt" meine ich, den Hahn mit dem blauen Punkt bis zum Anschlag aufzudrehen und den Hahn mit dem roten Punkt zuzulassen. Mit „einer Minute" meine ich 60 Sekunden. Nein, ich mache mich gerade nicht über dich lustig, lieber Leser. Da alle Herzenskrieger dies täglich machen müssen, habe ich bereits viele interessante Interpretationen dieses Satzes kennen gelernt. Ich selbst praktiziere dies seit etwa 30 Jahren. Jeden Tag. Kalt. Eine Minute. Es hat mir nicht geschadet.

Geh in die Sauna, mach einen knackigen Aufguss, ohne ihn abzubrechen, und schwimme danach in möglichst kaltem Wasser oder dusche zumindest eiskalt. Mach Urlaub in der Wüste und auch im Tiefschnee. Sorge also dafür, dass dein Körper mit extremen Temperaturunterschieden klarkommt und abhärtet. Das macht definitiv männlicher!

Ludwig: Ich trainiere seit kurzem die Fußballmannschaft meines Sohnes (B-Junioren) mit – sozusagen als Cotrainer. Die haben letztens so grottenschlecht gespielt (0 : 12 verloren!), dass ich ihnen angeboten habe, ihren Kampfgeist zu schulen. Das wollten sie, und so habe ich ihnen als erste Hausaufgabe jeden Tag kalt duschen aufgegeben. Eine Woche später war wieder ein Spiel und da haben sie zwar auch noch verloren, aber immerhin nur 3 : 5 und deutlich besser gespielt. Einer sagte in der Kabine dann sogar: ‚Ich hätte nie gedacht, dass man nur durch kaltes Duschen besser Fußball spielen kann. Ich dusche ab jetzt nur noch kalt!' Seitdem trainiere ich sie einmal in der Woche. Dabei mache ich Übungen, bei denen sie sowohl kämpfen und trainieren als auch lernen, sich aufeinander zu verlassen und sich zu vertrauen. Das macht mir große Freude! Und die Jungs sind auch mit Spaß dabei ...

Lebensfreude heißt: Du gestaltest aktiv deinen männlichen Körper. Trainiere und genieße deine Kraft, Ausdauer und Beweglichkeit. Hör niemals auf, neue Bewegungen zu erlernen!

GENIESSEN – Anleitung für ein männliches Lebensgefühl!

Genießt du dein Leben? Genießt du deine Männlichkeit? Natürlich gibt es viele unterschiedliche Momente und Situationen, aber wie ist deine Grundstimmung, dein Lebensgefühl? Ich habe bei sehr vielen Männern, denen ich begegne, den Eindruck, dass sie innerlich gestresst sind, Aufgaben erfüllen und funktionieren. Sie sind gedanklich meist irgendwo anders als ihr Körper, und das Leben läuft einfach ab. Der Genuss wird auf den Konsum von Genussmitteln reduziert, so wie es die Werbung verspricht. Oder man wird auf die Urlaubszeit vertröstet. Das Schlimmste für viele Männer, die in einer Krise zu mir kommen, ist das Gefühl, einen wichtigen Teil ihres Lebens verpasst zu haben, weil sie immer mit irgendetwas „beschäftigt" waren.

Timo: Eigentlich habe ich ein gutes Leben: einen interessanten, wenn auch stressigen Job, ein super Team, eine tolle Frau und drei wunderbare Kinder. Wie wenig ich das alles wirklich genieße, wurde mir erst nach einem Unfall klar: Ich musste einige Zeit im Rollstuhl verbringen. Und da war plötzlich ganz viel Zeit: Ich beobachtete meine Frau zum ersten Mal bei der Hausarbeit und sah sie mit neuen Augen; ich realisierte, dass ich diese Frau liebe, und sie meine Aufmerksamkeit verdient; ich beobachtete meine Kinder und hatte das Gefühl, Jahre verpasst zu haben. Jetzt saß ich mit ihnen zusammen und hatte gefühlt zum ersten Mal Zeit für sie. Und als mich ein Kollege abholte und ich im Rollstuhl für einige Stunden tatenlos in der Firma war, nahm ich zum ersten Mal meine Kollegen richtig wahr und erfuhr persönliche Dinge von ihnen. Ich wurde unendlich traurig und sehr glücklich zugleich: Bitterkeit über die verpasste Lebenszeit, in der ich immer nur funktionierte. Glücklich über den Unfall, der mir die Augen öffnete, und mir zeigte, wie wundervoll mein Leben ist, wenn ich mir Zeit dafür nehme, anstatt gestresst durchzujagen. Im Rollstuhl konnte ich – trotz der Schmerzen und Unannehmlichkeiten – mein Leben zum ersten Mal richtig genießen, so verrückt das auch klingen mag. Danach habe ich äußerlich mit wenigen Abstrichen dasselbe getan, aber innerlich vieles verändert: Ich habe meinem Leben meinen eigenen Rhythmus gegeben – mit Largos, Crescendi und Pausen, die ich selbst bestimme.

Aktivismus und Sorgen

Was hindert Männer daran, ihr Leben zu genießen? Im Portugiesischen gibt es zwei Begriffe, die meiner Ansicht nach verhindern, das Leben zu genießen: „ocupado" und „preocupado" – wortwörtlich übersetzt „beschäftigt" und „vor-beschäftigt", das bedeutet, in sorgenvollen oder grüblerischen Gedanken über irgendetwas sein. Natürlich ist es sinnvoll, sich auch intensiv mit Dingen zu beschäftigen sowie sich Gedanken zu machen über zukünftige Ereignisse und sich auf bestimmte Szenarien vorzubereiten. Das ist eine konstruktive und bewusste Umgangsweise. Ich meine hier ein unbewusstes Verhalten ohne bewusste eigene Entscheidung. Ständiges Mit-irgendetwas-beschäftigt-sein nimmt bei einigen Männern sogar zwanghafte Züge an. Auch wenn derjenige immer gute Argumente hat (viel los in der Firma, Probleme in der Familie etc.), liegen die wahren Gründe für permanenten Aktivismus und „zu wenig Zeit" tiefer. Dem liegt meist innerer Stress zugrunde. Die Gründe für die häufige innere Unruhe können vielfältig sein. In vielen Fällen ist es ein Weglaufen vor sich selbst und den eigenen Gefühlen.

Der andere Grund, der Lebensfreude und Genuss verhindert, ist ein mehr oder weniger permanentes Grübeln, Zweifeln und sich Sorgen machen. Entweder man ist gedanklich bei vergangenen Ereignissen, weil man mit seinem Verhalten hadert. Oder man geht in Gedanken immer und immer wieder eine Situation durch und malt sich aus, was man hätte anders machen, sagen oder lassen sollen. Diesem Zustand liegt ein innerer Zweifel an sich selbst zugrunde, fehlende Selbstsicherheit und in der Situation nicht ausgedrückte Gefühle, meist Wut, Ärger, Scham oder Eifersucht. Dieses Muster findet man besonders bei Männern, die unter einer Aggressionshemmung leiden und sich stets zurückhalten mit ihren Impulsen, weil sie stets bemüht sind, anderen zu gefallen und bloß niemandem wehzutun. Diese permanenten Schleifen (hätte, hätte, Fahrradkette) nagen am eigenen Selbstwertgefühl und verhindern das Leben in der Gegenwart – man hängt in der Vergangenheit, speziell in der einen schmerzhaften, peinlichen oder sonstwie unangenehmen Situation fest. Das Grübeln und Zweifeln aber führt nicht zu einer konstruktiven Loslösung.

Zwei Mönche, die im Zölibat lebten, waren auf dem Rückweg zum Kloster. Sie kamen an einen Bach, der aber, da es Regenzeit war, zu einem reißenden Fluss angeschwollen war und die Brücke weggerissen hatte. Eine schöne junge Frau stand hilflos am Ufer und wusste nicht, wie sie herüberkommen sollte. Kurzentschlossen nahm einer der beiden Mönche die Frau auf seine Schultern und trug sie zur anderen Seite des Flusses. Die Frau freute sich und schlang ihre Arme um seinen Hals, bis er sie am anderen Ufer sanft absetzte. Mit einer anmutigen Verbeugung dankte sie ihm, und die Mönche setzten schweigend ihren Weg fort, was nicht ungewöhnlich war.

Kurz bevor sie das Kloster am Abend erreichten, platze der eine Mönch plötzlich heraus: Du kannst sicher sein, ich werde es dem Meister erzählen!" Der andere: „Wovon redest du?" Der erste, zornig: „Tu doch nicht so fromm: Die schöne, junge Frau hat mit ihren Schenkeln auf deinen Schultern gesessen und die Arme um dich geschlungen – so etwas verstößt gegen die Gelübde!"

Der andere zu seinem Gefährten: „Ich habe die schöne Frau auf der anderen Seite des Flusses wieder abgesetzt. Du aber, so scheint es mir, trägst sie immer noch mit dir herum."

Was hilft also, um aus der „Vergangenheitsschleife" herauszukommen? Zunächst musst du aus dem Kopf raus, denn dort ist die Lösung nicht zu finden. Mach dir das Gefühl deutlich, das in dir festsitzt. Bist du auf jemanden wütend? Hast du dich über dich selbst geärgert? War etwas peinlich oder beschämend? Dann solltest du einen Weg finden, dich von dieser Emotion zu befreien. Wie geschieht das? Auf jeden Fall nicht durch Denken oder Reden! Du musst sie ausdrücken. Die „Dynamische Meditation" ist dabei eine Hilfe. Dabei schreist, fluchst, boxt, heulst und kotzt du lautstark alles heraus, bis du heiser und völlig erschöpft bist. Wenn man das richtig, also mit 100 Prozent der eigenen Energie, macht, reichen schon fünf bis fünfzehn Minuten aus – die meisten haben nicht die Kondition für mehr. Alternativ geh in den Wald und hau laut schreiend und fluchend morsche Bäume um oder zerschmetter dicke Steine. Woran bemerkst du, dass du die festge haltene Emotion vollständig ausgedrückt hast? Ganz einfach: Dein Kopf ist dann völlig leer. Manchmal reicht das allein schon aus. In anderen Fällen ist es aber sinnvoll, sich in konstruktiver Weise noch mal Gedanken zu machen, damit man in zukünftigen, ähnlich gelagerten Situationen anders reagiert. Setz dich in Ruhe hin und nutz ein definiertes Zeitfenster, zum Beispiel zehn bis zwanzig Minuten, um dir drei mögliche alternative Verhaltensweisen zu überlegen. Schreib sie am besten auf oder präge sie dir zumindest gut ein, damit du in Zukunft nicht wieder genauso reagierst. Du hast deine Emotionen befreit und etwas gelernt. Jetzt kannst du das Ganze loslassen und bist wieder frei. Herzlichen Glückwunsch – du hast dich selbst aus dem Spinnennetz deiner Gedanken befreit, in die du dich verstrickt hast! Und du hast aus einem für dich negativen Erlebnis etwas Positives gezogen, indem du dir neue Handlungsmöglichkeiten eröffnet hast. Bei einer ähnlichen Situation wirst du in Zukunft eine der drei alternativen Reaktionen ausprobieren und eine neue Erfahrung machen. Das ist der Weg, soziale Kompetenz zu erwerben.

Eine andere Variante von ständigem Zweifeln und Grübeln sind Sorgen um die Zukunft. Gerade Menschen in den extrem sicheren Ländern wie Deutschland machen sich viel mehr Sorgen um die Zukunft als diejenigen in Ländern, in denen das Lohnniveau niedriger ist und die Einwohner materiell nicht so gut abgesichert sind. Es gibt Länder, in denen die Menschen nicht wissen, wo sie morgen schlafen und was sie morgen essen sollen. Bei uns handelt es sich in den wenigsten Fällen um existenzielle Probleme oder lebenswichtige Entscheidungen. Sehr häufig leiden Menschen unter einem inneren Zwang, eine zukünftige Situation immer wieder in verschiedenen Variationen durchzugehen und sich die möglichen Folgen auszumalen. Der Grund dafür ist schlicht und ergreifend Angst. Angst vor Misserfolg. Angst vor Ablehnung. Angst vor Schmerzen. Angst davor, das Falsche zu tun. Oder anders ausgedrückt: mangelndes Selbstvertrauen, mangelndes Vertrauen in das Leben, in die eigene Macht und Erfahrung, in das Gute. Sich ständig zu sorgen und zu zweifeln, bildet ein destruktives Verhaltensmuster, das innerlich stresst und verhindert, dass man in der Gegenwart präsent ist, geschweige denn sich an ihr erfreuen kann.

Stell dir vor, du sitzt beim Zahnarzt im Wartezimmer. Vermutlich müssen einige Füllungen erneuert werden und du erinnerst dich, wie fies schon die Betäubungsspritze das letzte Mal war. Dann das unangenehme Taubheitsgefühl im Mund, der Würgereiz durch den Speichelabsauger. Und erst die Schmerzen, wenn die Betäubung nachlässt. So verbringst du also eine halbe Stunde in fiesen und sorgenvollen Gedanken um deine nahe Zukunft. Als du hereingerufen wirst und der Zahnarzt deine Zähne anschaut, rät er aber, sie erst beim nächsten Mal zu erneuern, weil da noch eine Entzündung ist, die stört. Du bekommst also einen Termin in zwei Wochen – in denen du Zeit hast, dir eine Menge schmerzhafter Fantasien zu machen. Wärst du stattdessen präsent gewesen, hättest du im Wartezimmer die Zeitschrift mit dem spannenden Test zu dem Motorrad entdeckt, das du dir kaufen möchtest. Und du hättest ein interessantes Gespräch mit dem Biker neben dir führen können, der diesen Test gerade liest. Vor allem wären dir die interessierten Blicke der hübschen Blondine gegenüber aufgefallen, die immer, wenn du gedankenverloren an ihr vorbeigeguckt hast, mit ihren Haaren spielte. Sehr schade für dich! Da hätte was draus werden können!

Für weitere Tipps, wie du dir dein Leben gründlich versauen kannst, empfehle ich den Klassiker von Paul Watzlawick: „Anleitung zum Unglücklichsein".

Wie kannst du also aus deinen Sorgenschleifen aussteigen, die manche Männer sogar bis in den Schlaf verfolgen und auf Dauer krank machen? Stell dich deinen Ängsten, anstatt sie mit deinen Gedanken einzukreisen! Mach dir deutlich, wovor du genau Angst hast. Schreib es auf oder erzähl es einem guten Freund. Benenne die Angst und schau ihr ins Gesicht, anstatt vor ihr wegzulaufen. Feige ist nicht, wer Ängste hat, sondern der, der sie verleugnet oder vor ihnen wegläuft. Sei ein Mann und fordere sie zum Duell heraus, kämpfe mit ihnen und konfrontier dich mit deiner Angst. Das tust du, indem du sie dir eingestehst und sie überwinden willst. Denn das wird dich stolz und stärker machen, wenn du es schaffst. Hör auf, dich wie ein Mamasöhnchen vor Konflikten und Kämpfen zu drücken. Stattdessen provoziere sie bewusst, um daran zu wachsen.

Natürlich ist es wichtig und sinnvoll, deinen Verstand zu gebrauchen, aber bitte in konstruktiver Weise und einem zeitlich eng umrissenen Rahmen.

Ich hatte Angst, mit meiner Maschine von den Lofoten in Nordnorwegen über die Berge nach Kiruna in Schweden zu fliegen. Die Wetterlage war seit Tagen nicht eindeutig, es war sogar im Juni schweinekalt und die Heizung im Ultralight-Flieger nicht besonders überzeugend. Es hätte schneien können und in der ganzen Gegend ist absolutes Niemandsland – Berge und Tundra, da kommt keine Hilfe bei einer Notlandung mit dem Rettungsschirm. Was also tun? Ich konnte nicht einschlafen, weil ich an den morgigen Flug denken musste. Schon zwischen Røros und Trondheim war es extrem schwierig gewesen, über das Bergmassiv zu kommen: üble Turbulenzen und schlechte Sicht in Regen- und Schneeschauern. War das nur meine Angst mangels Vertrauen in meine fliegerischen Fähigkeiten? Oder begründete Bedenken, die mich besser dazu bewegen sollten, die Strecke an der Westküste wieder zurück über Südnorwegen zu fliegen? Was würde dann passieren? Hatte ich das Gefühl, aufgegeben zu haben? Oder war es einfach die Enttäuschung, nicht über Schweden zu fliegen und die andere Küste zu sehen? Ich beschloss, bis zur Küste nach Narvik zu fliegen und mir dann die Entscheidung offenzuhalten: unter der Wolkendecke durch, darüber hinweg oder umkehren. Damit konnte ich einschlafen. Am Ende sind wir über die Wolken geflogen und haben uns bei weit unter 0 Grad auf 11.000 Fuß den Arsch abgefroren. Natürlich hatte ich Angst. Ich habe den Tower in Kiruna genervt, weil die Wolkendecke bis zuletzt geschlossen war, und ich insgesamt dreimal nachgefragt habe, ob der Himmel wirklich Capok (frei von Wolken) sei. Just wenige Kilometer vor dem Ziel war das Wolkenmeer zu Ende und man sah die Stadt. Ich ging steil runter, es wurde etwas „wärmer" und langsam entkrampften sich die gefrorenen und zitternden Hände, die den Steuerknüppel etwas krampfhaft festhielten. Zum Glück war ich bei der Landung wieder halbwegs entspannt und konnte richtig reagieren, als kurz nach dem Aufsetzen ein Reifen platzte. Das war definitiv kein langweiliger Flug.

Es ist in beunruhigenden Situationen also sinnvoll, sie in einem entspannten Zustand zu analysieren. Oft rufen subjektive Einschätzungen unbegründete Angst hervor. Mit einem klaren Kopf ist das kalkulierbare Restrisiko besser einzuschätzen, inklusive der ernsthaften Gefahren, die darüber hinaus bestehen bleiben können. Das ist eine sinnvolle Herangehensweise, für die man manchmal auch Unterstützung von anderen braucht. So etwas sollte man zügig und entschlossen angehen. Sind die Gefahren allerdings nicht tragbar oder unkalkulierbar, lässt man es lieber. Gibt es ein Restrisiko, dann überlege, ob die Sache es wert ist, es einzugehen. Ist das Restrisiko aber klein (zum Beispiel beim Fallschirmsprung), geht es nur um deine eigene Angst, sonst nichts. Ich selbst habe für mich entschieden, mich niemals von meiner eigenen Angst abhalten zu lassen, wenn das Restrisiko vertretbar ist. Und so lebe ich auch. Und genau dies bringe ich vielen anderen Männern bei. Denn es erhöht definitiv die Freude, die durch deine bewussten und mutigen Entscheidungen und Handlungen ausgelöst wird.

Wichtig ist, für sich selbst bestimmte Regeln und Werte zu definieren, unabhängig von anderen. Denn die Konsequenzen des eigenen Handelns trägt man in erster Linie selbst. Viele Männer vertrauen auf sogenannte Experten, aber die leben nicht in deinem Körper und müssen später nicht mit den Konsequenzen leben. Und oft sehen sie eben nur ihr eigenes Spezialgebiet und nicht dich als ganzen Menschen, schon gar nicht dein Leben. Manche sind echte Feiglinge, die sich hinter der Wissenschaft verstecken und sich gegen alles absichern wollen. Andere verfolgen eigene Interessen und blenden bestimmte Risiken einfach aus. Und wieder andere haben körperliche, emotionale und mentale Voraussetzungen, die mit deinen nicht vergleichbar sind. So bin ich in manchen Dingen übervorsichtig und sichere mich mehrfach ab, bei anderen Dingen erscheint es Außenstehenden leichtsinnig oder lebensgefährlich, was ich tue. Ich kite nach diversen Unfällen nur noch in voller Montur mit Prallschutzweste, Helm und Iridium Satelliten-Notsender. Manchmal noch mit Knieschützern, da ich Knieprobleme habe, die sich bei hohen Geschwindigkeiten in den Wellen bemerkbar machen. In Fortaleza kiten die Jungs sonst einfach nur in Shorts, die Mädels in Bikini. Die machen sich eher lustig über meine Ausrüstung. Doch das ist mir egal. Andererseits gehe ich nicht zu Vorsorgeuntersuchungen, weil ich glaube, meinen Körper besser zu kennen als jeder Arzt. Und meine Kinder wurden zu Hause und nicht im Krankenhaus geboren. Hör dir verschiedene Meinungen und Einschätzungen an, aber übernimm die Verantwortung für deine Entscheidungen selbst – unabhängig von anderen. Jedes Mal, wenn du eine mutige Entscheidung getroffen hast, wird gebundene Energie frei. Manchmal ist es sogar besser, eine vermeintlich falsche Entscheidung zu treffen als tage- und wochenlang sorgenvoll und grübelnd durch die Gegend zu laufen – das ist verlorene Lebenszeit.

Freunde dich also mit Stress und Angst an und lerne konstruktiv damit umzugehen, denn sonst werden sie zu Genusskillern. Dann kannst du weitere Bedingungen schaffen, damit dein Leben genüsslicher und freudvoller wird. Denn eigentlich ist es gar nicht so schwer, sein Leben wirklich zu genießen. Als Kinder konnten wir das alle. Das Umdenken muss nicht unbedingt, wie bei Timo (Seite 205), von einem schweren Unfall ausgelöst werden. Und auch nicht dadurch, was dir dein Verstand ständig einredet: „Es müssen immer irgendwelche Bedingungen erfüllt sein, damit du glücklich sein kannst". Völliger Quatsch! Du kannst 50 Jahre unglücklich dahinvegetieren und den letzten Monat deines Lebens, wenn du realisierst, dass es zu Ende geht, intensiv genießen, trotz schwerer Krankheit und Schmerzen. Es gibt viele Beispiele dafür. Schau mal den Film „Das Beste kommt zum Schluss" an.

Im Folgenden gebe ich einige ganz einfache Tipps und Regeln.

Sich Zeit nehmen

Die meisten Männer müssen erst älter werden, um zu erkennen, dass das Wertvollste in ihrem Leben Zeit ist. Ich meine nicht nur die ablesbare Zeit auf deiner Armbanduhr, sondern auch die subjektiv empfundene Zeit. Lebst du mit dem Gefühl, Zeit zu haben, oder hetzt du den Anforderungen, die andere an dich stellen, hinterher? Komponierst du dein Leben nach deinem eigenen Rhythmus, oder tanzt du nach der Musik anderer?

Wer innerlich gestresst ist, kann nicht genießen. Dieser Stress, der meist nicht durch außerordentliche Ereignisse ausgelöst wird, sondern ein Dauerstress ist, verhindert, im Moment anzukommen. Man richtet sich nach Zeitfenstern, die andere vorgeben oder die man selbst so eng gesetzt hat, dass sie Stress erzeugen.

Die Zeit ist dabei relativ, wie schon ein großer deutscher Geist vor längerer Zeit wissenschaftlich nachgewiesen hat. Küsst du intensiv eine wundervolle Frau, dann vergeht eine Stunde wie im Fluge. Beim Sprung vom hohen Turm kommen dir wenige Sekunden ewig vor. Wir selbst sind jedoch die Schöpfer unserer eigenen Zeit. Jeder hat die Fähigkeit, die empfundene und erlebte Zeit zu verkürzen oder auszudehnen. Natürlich sind bestimmte Zeitfenster wichtig und nötig, um innerlich entspannen und genießen zu können. Aber das allein ist es eben nicht, und auch der Tipp „Nimm dir Zeit!" reicht nicht aus. „Gestalte deine Zeit!" würde ich es eher nennen. Das tust du durch zwei Dinge: Aufmerksamkeit und Atem. Je mehr du deine Aufmerksamkeit in die gegenwärtige Situation lenkst, in der du dich gerade befindest, umso bewusster wirst du. Und Genießen hat etwas mit Bewusstheit zu tun. Je bewusster und langsamer du atmest, umso intensiver ist dein Erleben. Probier es gleich einmal aus. Mach zehn Atemzüge langsam und bewusst. Jetzt.

Was ist dadurch passiert?
Vermutlich ist dir die Zeit lang vorgekommen. Gleichzeitig hast du vielleicht dich selbst und deine Umgebung intensiver wahrgenommen. Einfach nur, indem du die Aufmerksamkeit auf deinen Atem (und damit auf deinen Körper) gerichtet hast. Das ist also die erste Formel zum Genuss: bewusstes Atmen verlangsamt deine Zeit. Und umgekehrt: unbewusstes, flaches Atmen verkürzt deine erlebte Lebenszeit. Ob du dein Leben dadurch verlängerst, ist nicht ganz eindeutig nachzuweisen. Offensichtlich ist aber, dass du es verbreiterst und vertiefst. Umgekehrt wird es schmal und flach, wenn du unbewusst bist, wie etwa im Stress oder durch Aktivismus.

Heißt das jetzt, dass du möglichst wenig tun sollst, nur noch meditieren und dich nur noch in Zeitlupe bewegen? Natürlich nicht – wer hört schon immer nur Largos, wenn er klassische Musik auflegt? Komponiere deinen eigenen Marsch und gehe so in deinem Rhythmus zielstrebig deinen Weg. Lege deinen richtigen inneren Beat auf, um zu joggen, zu schwimmen oder zu biken. Oder spiele innerlich Heavy Metal und verausgabe dich am Boxsack. Und genieß deinen schnellen, tiefen Atem dabei, genieß jeden Schritt. Bring deine Maschine bewusst auf Höchstleistung. Und danach beobachte, wie dein innerer Rhythmus wieder langsamer wird, wenn Puls und Atem sich verlangsamen. Bemüh dich darum, immer einen Teil deiner Aufmerksamkeit beim Atem zu halten. Allein dadurch wird sich dein Lebensgefühl verändern. Probier mal diese einfache Übung:

Das nächste Mal, wenn du spazieren gehst oder joggst, dann zähle deine Atemzüge. Dasselbe kannst du bei jeder Routinetätigkeit machen: beim Treppensteigen, Radfahren, Schwimmen, Rudern etc. Beobachte, was sich in deiner Aufmerksamkeit, deiner Präsenz und deinem Zeitgefühl verändert. Vermutlich dehnst du damit die Zeit aus, erlebst und genießt das mehr, was du tust.

Real statt digital leben

Genuss findet in der realen und nicht in der digitalen Welt statt. Niemand kann mir erzählen, dass er es genießt, sich im Chat zu unterhalten, im Internet zu surfen, Pornos zu schauen oder E-Mails zu lesen. Natürlich gibt es Inhalte, die dich mental begeistern oder erfreuen. Aber wirklicher Genuss ist doch eher ein körperliches Erlebnis. Stell dir eine kalte Dusche nach einem langen Lauf im Sommer vor, wenn das Wasser an deinem Körper entlangläuft und dich abkühlt. Oder die Busen einer Frau in deinen Händen, wenn sich die Nippel durch deine Berührung aufrichten. Erinnere dich daran, wie es ist, nach einer Wanderung auf der Bergspitze zu stehen, den Blick in die Ferne schweifen zu lassen, in die Stille zu lauschen und den kühlen Wind einzuatmen. Wie fühlt es sich an, durchgeschwitzt einen Kopfsprung ins Wasser zu machen? Oder das Kribbeln in den Händen, wenn du mit dem ersten Schnee eine Schneeballschlacht ohne Handschuhe machst! Fühle die Freude, einen Freund zu umarmen, den du länger nicht gesehen hast. Genießen findet in der realen Welt statt und nicht in der virtuellen Scheinwelt, die leider immer mehr unsere Lebenszeit auffrisst. Durch permanente Erreichbarkeit über Smartphone, Tablet oder Laptop werden wir zunehmend mit digitalen Informationen gefüttert. Wie ich in meinem Buch „Internet-Porno“ aufgezeigt habe, nimmt die tägliche Online-Zeit bei den meisten Menschen rapide zu und führt oft zu süchtigem Verhalten. Die meisten kennen diesen Effekt: Man surft länger, als man eigentlich vorhatte oder als nötig. Nach einigen Stunden dann, wenn man wieder aus der virtuellen Welt auftaucht, fühlt man sich energielos und hat das Gefühl, seine Zeit sinnlos vertan zu haben. Das Gefühl von Befriedigung wie bei realen Tätigkeiten stellt sich nicht ein. Durch die ständige Verfügbarkeit mit dem Smartphone, das auch überall hin mitgenommen wird, ist die Verlockung besonders groß. Anstatt einfach nur das Essen zu genießen, wird daneben noch gechattet. So ist das Smartphone beim Essen ein schlechter Ersatz für einen Freund oder eine Frau als Gesprächspartner. Wenn man in der Kneipe allein wartet, wird gesurft, anstatt sich die Menschen anzuschauen oder Blickkontakte zu suchen. Das nimmt von Jahr zu Jahr extremere Ausmaße an: selbst an Orten, die für Genuss stehen wie Strände, Badeseen oder Berge, sind immer weniger Menschen in der Lage, sich einfach zu erfreuen, dort zu sein. Da werden Fotos gepostet, es wird gechattet oder gesurft, was man auch zu Hause machen könnte. Das lenkt von sich selbst und vom Leben ab. Denn das Leben findet nur außerhalb deines Smartphones statt. Das betrifft auch den Fernseh- und Filmkonsum, denn auch dort wird Leben aus zweiter Hand erlebt, was wenig Befriedigung verschafft. Also: Je mehr Zeit du in der realen Welt verbringst und je weniger in der digitalen, desto höher ist der Genussfaktor in deinem Leben.

Körperlich statt mental leben

Ich erkenne meist sehr schnell, ob ein Mensch in der Lage ist, zu genießen oder nicht. Menschen, die sehr stark mit ihren Gedanken assoziiert sind, analysieren, bewerten, vergleichen, grübeln und fantasieren vom Aufwachen bis zum Schlafengehen. Und dies meist ohne Pause. Dadurch nehmen sie ihren Körper kaum noch wahr – am ehesten dann, wenn er Störsignale sendet, die so laut sind, dass man nicht mehr in Ruhe denken kann: Hunger, Kälte, Müdigkeit, Schmerzen, Geilheit, Harndrang etc. Je intellektueller ein Mensch ist, umso größer ist die Gefahr, dass er seinen Körper vernachlässigt. Er hört auf, ihn zu bewohnen, mit seiner Aufmerksamkeit und seiner Anteilnahme. Der eigene Körper wird immer mehr zu einer Maschine, die man betanken, entleeren und reparieren muss. Und so wird der Körper überwiegend durch diese funktionellen Signale wahrgenommen. Solch eine Lebensweise ist nicht nur sehr ungesund, sie führt auch dazu, dass die Lebensqualität leidet. Seinen Hunger stillen wird dann genauso genussvoll wie das Betanken des Autos, Duschen und Körperpflege so sinnlich wie die Autowäsche, Sport so schön wie eine Autofahrt zur Arbeit und selbst der Sex verkommt zur Befriedigung eines Grundbedürfnisses, damit die Hormone endlich wieder Ruhe geben. Besonders Männer sind besonders anfällig dafür, sich in ihrer Gedankenwelt zu verlieren und den Körper verwahrlosen zu lassen. Denn anders als ein Auto reichen funktionelle Tätigkeiten eben nicht aus, um den Körper fit und gesund zu halten. Um den eigenen Körper als eine Quelle der Freude und Lust zu erleben, muss man ihn aber zunächst wirklich bewohnen. Ich würde sogar behaupten, dass der Grad des Lebensgenusses in dem Maße steigt, in dem jemand seinem eigenen Körper Aufmerksamkeit schenkt, ihn pflegt, gut ernährt und Freude an ihm hat. Deshalb trainiere ich in meinen Seminaren intensiv, „in den Körper zu kommen“: Mit Sport, Kampf, Tanz, Massagen und vielerlei anderen körperlichen Aktivitäten wird die Aufmerksamkeit auf den eigenen Körper gelenkt. Nur so besteht die Chance, dass ein Mann auch genießt und liebt, was er mit seinem Körper veranstaltet. Wer seinen eigenen Körper kaum wahrnimmt, erlebt nur „mentale Kicks“, die aber – wenn überhaupt – nur kurzfristig befriedigen. Wenn du also dein Leben intensiver genießen willst, dann lern, deinen Körper intensiver zu fühlen, indem du körperliche Dinge tust.

Alle Sinne öffnen

Genießen geschieht also durch die Fokussierung auf den eigenen Körper. Wer aber so entfremdet von seinem eigenen Körper ist, dass er nur noch in seiner selbst gestrickten Gedankenwelt lebt, kann mit der Botschaft „Komm in deinen Körper!“ zunächst wenig anfangen. Deshalb möchte ich konkrete Anleitungen geben, die helfen, den eigenen Körper intensiver wahrzunehmen und Körpersensationen intensiver zu empfinden. Wir können Körperempfindungen von innen wahrnehmen wie Herzschlag, körperliche Schmerzen oder innere Hitze. Einfacher ist es aber, zunächst den Fokus auf sinnliche Erfahrungen zu richten: sehen, hören, fühlen, schmecken und riechen. Der visuelle Kanal ist durch die Medien und einseitige Erziehung sowie Ausbildung meist überrepräsentiert. Die Eindrücke des visuellen Kanals erzeugen dann sofort Begriffe, Gedanken und Bewertungen. Du sieht ein Omelett und denkst sofort: „Omelett. Lecker. Ob es so gut schmeckt wie beim Spanier? Wann waren wir denn zuletzt da? War das mit Gaby? O Gott, ich sollte sie doch mal anrufen wegen der Wohnung. Ist die Sache mit dem Vertrag denn überhaupt geklärt? Am besten, ich schreibe Gerd gleich mal ..." So etwa läuft das völlig unbewusste, assoziative Denken den ganzen Tag ab. Vor allem visuelle Reize sind beliebte Auslöser, um aus der Realität in die eigene Gedankenwelt zu entfliehen.

Du siehst ein hübsche Frau und denkst sofort: „Tolle Figur. Und das Kleid betont sie noch. Ob ich wohl so eine Frau erobern könnte? Bestimmt hat sie einen Freund. Oder die Männer stehen Schlange bei ihr. Wahrscheinlich ist sie sowieso arrogant, so wie Michelle. An der habe ich mir die Zähne ausgebissen und habe einen Korb nach dem anderen bekommen. Das habe ich nicht mehr nötig ..." Und schon bist du in deinen wirren Gedanken, Erinnerungen, Hypothesen und Ausreden wie in einem Spinnennetz gefangen und merkst gar nicht, dass du das Netz selbst gesponnen hast, in dem du dich verhedderst. Wenn du präsent geblieben wärst und bei „tolle Figur" aufgehört hättest zu denken, wäre dir nämlich aufgefallen, dass sie dir einen kurzen Blickkontakt anbot, den du aber nicht erwidert hast, weil du gedankenverloren warst.

Der visuelle Kanal hilft dir also nicht so sehr dabei, dein Leben mehr zu genießen. Deshalb rate ich davon ab, leckere Omeletts und tolle Frauen anzuglotzen, das macht definitiv nicht glücklich. Fokussiere dich lieber auf andere Sinneskanäle. Rieche intensiv am Omelett. Schließe die Augen und sauge den Geruch in dich hinein. Und genieße es einfach, ohne dich in Gedanken zu verlieren. Oder probier ein kleines Stück und lass es im Mund zergehen. Werde wie ein Kind, das seinen Geschmack noch entdeckt und entwickelt, „werde selbst zum Omelett" und schmecke alle einzelnen Zutaten.

Bei der schönen Frau ist dieser direkte Weg zum olfaktorischen und gustatorischen Genuss natürlich etwas schwieriger. Hier empfiehlt sich ein Augenkontakt und dann der auditive Kanal. Sprich sie einfach an. Anstatt intellektuelles Zeug zu reden oder eine Verführungsstrategie zu fahren, höre ihr einfach zu und genieße ihre Stimme. Wenn du einen Kontakt hergestellt hast, kannst du auch mal vorsichtig „an ihr schnuppern" und ihr ein Kompliment machen – so es denn einen Anlass dafür gibt. Und wenn du dranbleibst und wirklich gut bist, kannst du sie vielleicht später einmal schmecken. Aber darum geht es zunächst nicht, sondern um die Frage: Genießt du den Kontakt mit der schönen Frau? Oder verlierst du dich nur in Gedanken, was du sagen sollst und wie du einen guten Eindruck machst? Zugegeben, bei der fremden Frau ist das zunächst für den Anfang etwas schwierig. Hier empfehle ich dir zunächst die Lektüre meines Buches „Abenteuer männlicher VerFührung". Fang also mit einfacheren Sinneseindrücken an und beginne, dich ausschließlich darauf zu fokussieren. Reduziere dich bewusst mit deiner ganzen Aufmerksamkeit auf diesen einen Sinneskanal. Also beiß in einen Apfel, schließ die Augen und kau ihn ausgiebig, bevor du ihn hinunterschluckst. Iss einmal ein ganzes Mittagessen auf diese Art und Weise und du wirst dich wundern, wie genussvoll selbst ein stinklangweiliges Kantinenessen sein kann. Natürlich ist das Ganze noch spannender und genussvoller mit besonderen Leckereien: Besuch das Schokoladenmuseum in Köln und schmeck bewusst verschiedene Schokoladen, geh auf einen Markt und probier exotische Früchte, nimm an einer Weinprobe teil – es gibt unzählige Möglichkeiten.

Anstatt dich stets auditiv berieseln zu lassen, geh in den Wald und schließe einige Minuten die Augen, um zu lauschen. Du wirst dich wundern, was da alles zu hören ist. Oder setz dir gute Kopfhörer auf, die das ganze Ohr bedecken, oder nimm in einem ruhigen Raum mit guter Stereoanlage Platz. Dann leg Musik auf und tauch ganz in den Sound ein. Stell dir vor, du sitzt in einem Konzertsaal und das Orchester spielt nur für dich. Fühle jeden Ton als Vibration in deinem Körper. Natürlich kannst du das noch intensiver gestalten, indem du in ein klassisches Konzert gehst und die Augen schließt. Erlebe Musikgenuss pur!

Tauch genauso in olfaktorische Erlebnisse ein, also rieche an allem. Zunächst an den Speisen und Getränken, die du zu dir nimmst. Dadurch wird auch der Geschmack intensiver werden. Du wirst deinen Saft, deinen Wein, dein Bier oder deinen Caipirinha ganz neu entdecken!

Das größte Sinnesorgan, das wir haben, ist unsere Haut. In mehreren anderen Büchern habe ich schon vieles darüber geschrieben, wie man das haptische Erleben intensivieren kann. Denn bei den meisten Menschen ist das Erleben über die Haut wenig ausgeprägt: Wenn sie schon als Säuglinge zu wenig Körperkontakt bekommen haben, werden sie auch später diese Erfahrung nicht aktiv suchen. In unseren Schulen und Ausbildungsstätten wird ein einseitiger Fokus auf die mentale Schulung, nicht aber auf die körperlichen Aktivitäten gelegt. Das ist vor allem für die Jungen sehr tragisch, die sich selbst besonders über die körperliche Aktivitäten fühlen. Hier gibt es vermutlich sehr viel nachzuholen. Zu den körperlichen Aktivitäten habe ich im Kapitel Bewegung einiges geschrieben. Um die Haut empfindlicher zu machen, lerne, den Fokus auf deine Körperempfindungen zu lenken. Beobachte mal, wie Kleinkinder die Welt begreifen, indem sie alles anfassen. Werde neugierig und mach es ihnen nach. Was du kaufst, fasse vorher an, und nimm wahr, ob es sich gut anfühlt. Fühle die Hand deines Gegenübers bei der Begrüßung. Fühle deinen Körper, wenn du dir durch das Haar streichst oder dich am Kinn kratzt. Lass die Hand auf allem, was du anfasst, einen Moment ruhen, um es intensiver zu fühlen. Wenn du dich rasierst oder eincremst, dann genieße die körperlichen Empfindungen. Massiere dich selbst oder lass dich mal massieren. Anstatt Routinesex mit deiner Frau zu haben, fühl, küss, streichle sie einmal so, als ob es eine fremde Frau wäre. Schließe die Augen und sei ganz in deinen Händen oder deinem Mund dabei. Meine Erfahrung als Tantralehrer und Sexualtherapeut ist: Selbst Paaren, die regelmäßig Sex haben, fehlt der Körperkontakt. Statt immer ausgefalleneren Sexpraktiken empfehle ich, intensiver fühlen und empfinden zu lernen. Wenn man lernt, sich und den anderen wirklich zu berühren, dann entsteht ein tiefer Genuss dabei. Das bedeutet nicht, dass du nur noch Blümchensex haben sollst. Genieße die starke Sensation von gezielten Schlägen auf den Po, eine kraftvolle Penetration oder rhythmische Bewegungen. Aber halte zwischendurch an, um zu fühlen, was du da machst, anstatt beim Sex in Aktivismus zu verfallen.

Zuletzt trainiere dann auch den visuellen Sinn. Setz dich auf den Marktplatz und schaue einfach dem Treiben um dich herum zu. Achte strikt darauf, dich nicht in Gedanken zu verlieren, nicht zu bewerten und keine Assoziationsketten zu bilden. Stell dir vor, du sitzt in einem Straßencafé in Mumbai und schaust dem Treiben zu. Genieße die vielen Eindrücke, die Farben, die Menschen, Autos etc. Zeichnen oder malen hilft übrigens sehr dabei, den visuellen Kanal zu trainieren. Probier das auch in der Natur aus, wo es weniger „interessante“ und abwechslungsreiche visuelle Eindrücke gibt. Schaue mit richtungslosem Blick in die Weite und atme langsam und tief dabei – wie in einer Meditation. Während ich diese Zeilen auf der Terrasse meines Apartments schreibe, schaue ich immer mal wieder in die Weite des Himmels, die Wolkenformationen und die im Wind wehenden Palmen, was mich entspannt und inspiriert. Lass deinen Verstand, der das langweilig findet und nach geistigem Futter schreit, bei diesen Aktivitäten ruhig herumjammern, beachte ihn einfach nicht. Er bekommt schon viel zu viel Aufmerksamkeit und muss lernen, mal die Klappe zu halten.

Ich empfehle dir, für jeweils eine Woche den Fokus auf einen Sinneskanal zu richten, um ihn intensiv zu schulen. Du wirst bemerken, wie deine Lebensqualität dadurch steigt und du mehr Freude an alltäglichen Dingen gewinnst.

Langsamkeit – Entschleunigung

Wenn du zu den Männern gehörst, die das Gefühl haben, das Leben zieht zu schnell an ihnen vorbei, und die immer mit irgendetwas beschäftigt sind, dann ist dieser Hinweis entscheidend für dich. Kennst du das Buch „Die Entdeckung der Langsamkeit“? Wenn nicht, sei es dir hiermit ans Herz gelegt. Entschleunige immer mal wieder dein Leben. Wer wie ich von Zeit zu Zeit Gast bei den Ureinwohnern Südamerikas ist, der bemerkt, wie viel Zeit diese Menschen haben. Und eine unendliche Geduld, die mich als Deutschen manchmal rasend macht. Dort fängt man an, über bestimmte Dinge nachzudenken, weil man ein ganz anderes, vermeintlich reicheres Leben gewohnt ist. Zum Beispiel über den Luxus, einfach so herumzusitzen und nichts zu tun. Oder den Luxus, in äußerst uneffektiver und „zeitraubender“ Weise einen Baumstamm mit einem kleinen Messer zu bearbeiten. Oder auch darüber, warum die Männer unter den Ureinwohnern es genießen, täglich schwere Boote in mühseliger Schwerstarbeit auf Baumstämmen ins Wasser und wieder hinauszuziehen. Das alles geht schließlich effektiver und schneller. Aber der Einzige, der leidet, bin ich, so viel steht fest. Den einheimischen Männern geht es gut damit, wie sie es tagtäglich machen. Sie lachen und amüsieren sich sogar bei der Schwerstarbeit mit den Booten in der heißen Sonne. Und sie machen Witze darüber, wenn sie sich mit dem Messer verletzen. Als Außenstehender flucht und schimpft man bei solcher Knochenarbeit. Und verzweifelt, weil man weiß, dass es auch anders geht. Aber nicht nur am Amazonas, auch während meiner Zeit im japanischen Zenkloster habe ich schon sehr darunter gelitten. Da zupft man Grashalme von Hand zwischen Bodenplatten – wenn man auf der einen Seite fertig ist, sind die Grashalme an der anderen Seite schon wieder nachgewachsen. Oder man fegt Blätter im Herbstwind zusammen.

Eine schöne Geschichte dazu aus demselben Geist:
Ein Fischer sitzt in der Abendsonne und flickt gemächlich seine Fischernetze, während er genüsslich an seiner Pfeife zieht. Da kommt ein Tourist und fragt ihn: „Womit gehst du fischen?" „Mit dem Boot dort", zeigt er mit einem Blick. „Und wie viel fängst du so am Tag?" Der Fischer: „Das kommt drauf an. So 10 bis 20 Kilogramm." „Und für wie viel verkaufst du sie?" „Ich verkaufe an die Kooperative, die zahlen etwa 100 Pesos pro Kilo." Der Tourist: „Hast du noch nie drüber nachgedacht, dir einen Kredit von der Bank geben zu lassen, um ein zweites Boot zu kaufen?" Der Fischer verwundert: „Wieso? Ich kann doch nur eins fahren." Der Tourist kommt in Fahrt: „Na, du stellst einen Kollegen an, dem du 50 Prozent des Fanges gibst. Mit den restlichen 50 Prozent sparst du für ein drittes und viertes Boot, bis du eine ganze Flotte hast. Dann kannst du sogar eine Konservenfabrik bauen und so deinen Fisch zu viel höheren Preisen selbst vermarkten." Der Fischer schaut ihn amüsiert an: „Warum sollte ich das tun?" Der Tourist ist verdattert und versteht die Frage erst gar nicht. „Na, so verdienst du doch viel Geld und wirst reich." Und der Fischer, weiterhin amüsiert: „Und was mache ich mit dem vielen Geld?" „Na, dann müsstest du nicht mehr selbst arbeiten, sondern könntest genüsslich in der Sonne sitzen", sagt der Tourist. Jetzt lacht der Fischer laut. „Das kann ich doch auch jetzt schon, schau mal her!"

Versteh mich nicht falsch, du sollst nicht deinen Job an den Nagel hängen und dein Leben im Müßiggang verbringen. Aber wärst du gern reich, wenn du tot bist? Sinnlose Plackerei und Geldanhäuferei macht definitiv nicht glücklich – es bekommt sogar bei vielen erfolgreichen Menschen eine schlechte Eigendynamik. Natürlich geht es darum, einer sinnvollen Arbeit engagiert nachzugehen und auch andere Aktivitäten im Leben zu pflegen. Es geht hier darum, aus dem Hamsterrad der Aktivitäten auszusteigen. Gemeint sind nicht nur Arbeit und selbst erzeugter Freizeitstress, sondern auch der innere Stress. Das erreicht man durch gezielte Verlangsamung in ausgewählten Situationen des Lebens. Denn wenn du etwas genießen willst, braucht es Zeit und Bewusstheit. Also entschleunige die Dinge des Lebens, die du besonders gern hast und liebst. Vielleicht essen, trinken, Sex haben, tanzen, mit den Kindern spielen sowie einige alltägliche Dinge. Wie machst du das konkret? Schütte dein Bier nicht in dich hinein, sondern genieße jeden Schluck. Iss langsam und kau ausgiebig, bevor du das Essen hinunterschluckst. Tanze mal bewusst in Zeitlupe – das geht besonders gut bei Technomusik, bei der du deinen Körper wie bei Bewegungen unter Wasser intensiv fühlen kannst. Nach einem Kilometer kraulen lass dich auf dem Rücken im Wasser treiben und beobachte, wie dein allmählich langsamer und tiefer werdender Atem deinen Körper im Wasser bewegt. Atme dann langsam aus und lass dich auf den Boden des Pools sinken. Spiele mit deinen Kindern, anstatt ihnen nur zuzuschauen oder Fotos von ihnen zu machen. Blubber im Wasser mit ihnen, planscht oder springt immer und immer wieder zusammen vom Rand. Es gibt wirklich wenige Dinge im Leben, die wichtiger sind, als täglich mit deinen Kindern zu spielen. Glaub mir, ich kenne viele Männer, die es bitter bereuen, zu wenig Zeit mit ihren Kindern verbracht zu haben. Das Spielen ohne Ziel verlangsamt dein Leben und verschafft dir nachhaltigen Lebensgenuss. Wenn du keine eigenen Kinder hast, dann spiele mit denen deiner Freunde. Aber Vorsicht: Suchtgefahr! Weil die meisten Erwachsenen sich sehr schwer damit tun, werden die Kinder dich beim nächsten Besuch in Beschlag nehmen und mit dir spielen wollen – sie werden dich dafür lieben. Überleg bitte mal: Wofür kann man denn seine Zeit sinnvoller verwenden? Bestimmt nicht für intellektuelles Palaver, Fernsehen oder Internetsurfen.

Geht es um Genuss, ist Sex ein Thema für sich. Meiner Erfahrung nach genießen hierzulande die meisten Männer definitiv zu wenig, weil sie erstens zu wenig Sex haben und zweitens beim Sex innerlich gestresst oder mental abgelenkt sind. Das ist wirklich tragisch. Mehr Lust kannst du mit Langsamkeit und Bewusstheit erreichen. Mach mal für einige Minuten nur eine einzige Sache und bitte deine Freundin, einfach passiv zu bleiben. Massiere einfach nur langsam mit Öl ihre Brüste. Schließe die Augen dabei, atme langsam und tief und fühle einfach nur deine Hände. Mach das für dich, nicht für sie, auch nicht mit der Intention, sie zu erregen, um sie dann zu vögeln. Bleib im Moment und fühle einfach, was du da machst. Solche bewussten Phasen der Entschleunigung beim Liebesspiel sind das Rezept für echte Ekstase und für tiefen emotionalen Kontakt. Nachdem ihr euch eine halbe Stunde intensiv berührt und geküsst habt, kannst du sie dann wie ein wilder Hengst vögeln, wenn dir danach ist – es wird dadurch anders und intensiver sein. Und auch da sind plötzliche Pausen oder Zeitlupenbewegungen sehr zu empfehlen. Deine Partnerin wird vermutlich verrückt vor Erregung und du genießt es viel intensiver. In meinem Buch „Tantra" kannst du mehr darüber lesen.

Bewusstheit

Durch die bewusste Entschleunigung mancher Tätigkeiten und durch Momente des Nichtstuns wirst du vieles bewusster erleben. Dadurch können selbst alltägliche Dinge, die du sonst übersiehst, ihren Reiz bekommen. Lebensqualität entsteht durch Bewusstheit, also den Akt der bewussten Wahrnehmung dessen, was um dich herum und mit dir passiert. Vielleicht kennst du folgenden Effekt aus dem Urlaub: Am ersten Tag am unbekannten Ort bist du neugierig und aufmerksam, um alles zu erforschen. Selbst banale Kleinigkeiten wie Straßenschilder, Kaffeetassen oder eine andere Mode können faszinierend sein. Ebenso unbekannte Tiergeräusche, Gerüche und Speisen, die du noch nie gekostet hast. Auf einem Markt in Indonesien oder in Brasilien entdeckt man Früchte, Gemüse oder auch Tiere, von denen man noch nie gehört hat, geschweige denn gekostet. Deshalb ist es ein Genuss, so aufmerksam alles zu erleben und wahrzunehmen. Schon am zweiten Tag lässt dieser Effekt aber nach, und nach einer Woche schlenderst du wie ein typischer Tourist gelangweilt umher und nimmst nichts mehr um dich herum wahr. Woran liegt das? Es liegt an dem Grad deiner Bewusstheit, mit der du deine Umwelt wahrnimmst. Neue Reize machen es leicht und spannend – bei einer überwiegend bekannten Umwelt braucht es etwas mehr Fokus und Willenskraft, um nicht in Tagträume oder Unbewusstheit abzugleiten. Menschen, die ihr Leben genießen, haben also die Fähigkeit, Alltägliches immer wieder neu wahrzunehmen und sich daran zu erfreuen. Lebensgenuss ist, an seiner Frau jeden Tag etwas Neues und Schönes zu entdecken, was einen reizt oder innerlich berührt. Ansonsten wird sie irgendwann zu einem nebensächlichen Gegenstand, den man kaum noch beachtet. Natürlich ist es einfacher, sich für fremde Frauen zu begeistern, weil sie neu und unbekannt sind, aber das kann jeder unbewusste Depp. Um die Models im Pirelli-Kalender aufregend zu finden, brauchst du nur wenige Gehirnzellen. Trainiere lieber, die Frauen in deiner Umwelt bewusst wahrzunehmen und dich an ihnen zu erfreuen. Mach der Frau, die du immer im Zug zur Arbeit siehst, ein Kompliment, weil sie heute die Haare besonders schön frisiert hat. Sag einem Freund, dass er dich ansteckt mit seiner Fröhlichkeit. Sag deiner Mitarbeiterin, dass sie in dem neuen Kleid sexy aussieht. Sag deinem Chef, dass du seine neue Armbanduhr cool findest. Das setzt voraus, dass du so etwas auch bemerkst. Dafür musst du geistesgegenwärtig sein und deine Bewusstheit trainieren. Es hilft oft schon, wenn du nicht mehr mit dem Smartphone vor der Nase herumrennst und auch nicht in Tagträume oder Grübeleien abgleitest.

Verbringe Zeit in der Natur

Über viele tausend Jahre haben Menschen fast den ganzen Tag draußen in der Natur verbracht. Seit einer sehr kurzen Zeit ist das nicht mehr so. In der Natur zu sein, verbindet uns Männer mit einer archaischen und maskulinen Seite in uns, es regeneriert uns und gibt uns Kraft. Und für viele ist es Genuss pur: durch einen Wald joggen und dabei nur die Vögel und den Waldgeruch um dich herum wahrnehmen; auf dem Fluss mit dem Kajak entlangfahren, das rhythmische Eintauchen des Paddels, verbunden mit deinem Atem; einfach auf der Sanddüne sitzen und aufs Meer schauen, die Augen schweifen in die Ferne, der salzige Wind bläst dir ins

Gesicht, das Rauschen der Brandung versetzt dich in eine Trance; du sitzt mit Freunden am Lagerfeuer und schaust einfach in die Flammen, hörst dem Knistern und Knacken beim Abbrennen des Holzes zu, riechst den Rauch; du wanderst einen Berg hoch, um dich herum eine Steinwüste und deine Beine bewegen sich wie von allein; deine Langlaufskier bewegen sich geräuschlos durch die Loipe, das Glitzern und die Helligkeit der Sonne verursachen einen leichten Rausch; du rast mit deinem Kite, Surfbrett oder Segelboot über die Wellen: anluven, abfallen – von Welle zu Welle, du fühlst sie, denn dein Blick richtet sich in die Weite des Horizonts; du sitzt mit deiner Angel am Teich – äußerlich passiert nichts, aber innerlich wirst du so ruhig wie die spiegelnde Wasseroberfläche des Teiches.

Es gibt zahlreiche Möglichkeiten, in der Natur bewusst zu sein. Schon immer hat es zu einer grundlegenden Erfahrung von Männern gehört, allein in der Natur unterwegs zu sein. Unzählige Generationen von Männern auf dem ganzen Planeten haben sich lange, lange Zeiten durch die Natur bewegt. Diese Erfahrungen sind in den Genen jedes einzelnen Mannes eingebrannt und wollen gelebt werden. Das fühlen viele Männer und machen sich auf den Weg allein durch die Natur – jeder auf seine Art.

Den ganzen Tag in klimatisierten, geschlossenen Räumen zu verbringen, ist keine artgerechte Haltung für Männer. Zumindest nicht auf Dauer. Das spüren viele Männer und fühlen sich dort eingeengt, werden energielos, verweichlichen und werden am Ende sogar depressiv. Eine Wanderung in den Bergen ist für die meisten Männer eine bessere Therapie bei Depression oder Antriebsmangel als der Aufenthalt in einer psychiatrischen Klinik. Für Frauen mag das vielleicht anders sein, aber Männern hilft herumsitzen, reden und essen nicht dabei, männlicher und glücklicher zu werden – sie werden eher zu bemitleidenswerten Weicheiern ohne Biss und Esprit. Dieselben Männer kommen nach einer Kanutour durch Finnland oder einer Bergwanderung mit anderen Männern ausgeglichen und voller Lebensenergie zurück. Und das obwohl sie kein einziges Problem gelöst haben, sie haben es noch nicht mal bearbeitet. Viele ihrer Probleme haben sich nämlich als das herausgestellt, was sie sind: Hirngespinste.

Ein Schüler bat einmal den eigenwilligen Zen-Meister Nansen, ihm das alte Koan von der Ente ist in der Flasche zu erklären.
„Wenn man ein Entenküken in eine Flasche steckt", sagte der Schüler, „und es füttert, bis es ausgewachsen ist, wie kann man dann die Ente herausholen, ohne sie zu töten oder die Flasche zu zerbrechen?"
Nansen klatschte kräftig in die Hände
und rief: „Schüler!"
„Ja, Meister", schreckte der Schüler auf.
„Siehst du", sagte Nansen, „die Ente ist draußen."

Zeit alleine in der Natur zu verbringen, hilft vielen Männern Abstand von ihrem Alltag und oft selbstgestrickten Problemen zu gewinnen. Warum verbringen die meisten Männer ihren Urlaub in der Natur, wenn sie allein reisen? Und warum fühlen sie sich danach ausgeglichener, männlicher und kraftvoller? Die Elemente der Natur stärken auf natürliche Art und Weise die Verankerung in der eigenen Männlichkeit. Eigentlich ist das jedem Mann intuitiv klar und muss eigentlich nicht erklärt werden. Ich tue es dennoch, damit auch dein Verstand etwas Futter bekommt.

Weiter Blick:
In der Natur schaust du überwiegend in die Ferne – das ist nicht nur sehr gesund für die Augen, sondern auch für den Geist. Probier es aus: Schau mit ganz entspanntem, etwas defokussiertem Blick eine Weile in den Himmel oder zum Horizont. Nach einigen Minuten wird dein Geist ruhig und vielleicht sogar völlig leer sein. Dein Atem wird von selbst tiefer und ruhiger werden. Es stellt sich eine Zufriedenheit mit der momentanen Situation ein.

Schweigen:
Einen Tag zu schweigen und auch keine anderen Stimmen zu hören, ist für viele Männer schon eine beeindruckende Erfahrung mit positiven Folgen. Der Verstand und auch der Mund vieler Männer plappert wie das eingeschaltete Radio vom Aufstehen bis zum Schlafengehen. Allein ist Schweigen einfacher, besonders allein in der Natur. Es gibt viele Menschen, mit denen man reden kann – in der Regel gibt es aber nur wenige Menschen, mit denen man den ganzen Tag zusammen schweigen kann. Die Tatsache,

dass in der Natur weder du selbst noch andere dich mit unnützem Zeug zutexten, hat schon eine enorm heilsame Wirkung.

Sensorische Deprivation:
Das ist der psychologische Fachbegriff für den Entzug von Sinneseindrücken. Gerade in unbewohnten oder einsamen Gegenden reduzieren sich die Sinneseindrücke auf Flora und Fauna. Die permanente Sinnesüberflutung unserer modernen Gesellschaft kommt zum Stillstand. Das führt dazu, dass man nicht so sehr im Außen abgelenkt ist und den Fokus mehr auf sich selbst richtet: den eigenen Atem, den Herzschlag, die körperliche Befindlichkeit, die Gedanken.

Trance:
Rhythmische Bewegungen sind gut geeignet, um Trancezustände auszulösen. Deshalb kann man beim Marathonlauf, bei langen Wanderungen oder auch beim Tanzen in eine Art Rauschzustand fallen. In diesem Trancezustand hat man das Gefühl, der Körper bewegt sich von selbst, man ist frei von Gedanken und fühlt sich in ganz natürlicher Weise mit der Natur um einen herum verbunden. Es fehlt jedes Zeitgefühl und man glaubt, man könne ewig so weiterlaufen, tanzen oder paddeln. Uns intellektuell hochgezüchteten Denkmaschinen fällt es leider sehr schwer, diesen Zustand zu erreichen – da kann man von manchen Naturvölkern einiges lernen! In den Industriestaaten versucht man, diesen Zustand durch Alkohol oder andere Drogen herbeizuführen – allerdings nur mit mäßigem Erfolg, nämlich ohne Bewusstheit und mit entsprechend negativen Folgen. Dieser Trancezustand setzt gigantische und für die meisten Männer unbekannte Kräfte frei. Konditionssport in der Natur ist ein zunächst anstrengender, aber sehr männlicher und gesunder Weg, um mit einer sehr archaischen Kraftquelle in Kontakt zu kommen.

Zusammenfassend ist es also eine gute Idee, regelmäßig Zeit in der Natur zu verbringen, vorzugsweise allein und mit viel Bewegung.

Humor

Humor ist etwas sehr Maskulines. Die besten Witze stammen von Männern und ein Mann, der andere zum Lachen bringt, hat meist auch einen hohen sozialen Status. Es gibt natürlich auch Männer, die andere durch ihre tollpatschige Art unfreiwillig zum Lachen bringen, aber das ist etwas anderes. Humor bedeutet nicht, ständig Witze zu reißen, und auch nicht, alles lächerlich zu machen. Humor ist ein wichtiges Gewürz im Leben eines Mannes, denn sonst schmeckt alles einfach nur fad und langweilig. Wenn ich hier über das Thema Männlichkeit genießen schreibe, dann darf der männliche Humor einfach nicht fehlen. Denn es gibt männlichen Humor, der anders ist als das Kichern und Herumalbern der besten Freundinnen. Männlicher Humor hat viele Facetten: derbe Witze, zotige Sprüche, trockener, sarkastischer oder schwarzer Humor usw.

Humor gehört also zum Genießen des Lebens dazu. Ich habe Humor schon früh von meinem Vater gelernt, der selbst in schlimmen Situationen seinen Humor nicht verloren hat. Denn es geht hier nicht um aufgesetzte Fröhlichkeit, sondern eine Lebenseinstellung. Muss ich stets Probleme wälzen und alles bierernst nehmen? Gerade bei Stress, Herausforderungen und Unglücken zeigt sich, wer wirklich Humor hat. Identifiziere ich mich mit meinen persönlichen Problemen, Konflikten oder Schmerzen völlig und verwickle meine Mitmenschen darin? Oder schaffe ich es, mich davon ein Stück zu lösen und mich selbst von außen zu betrachten?

Alle Menschen stürmen zum Marktplatz, um den besten Platz bei der Exekution am Galgen zu finden. Der zum Tode Verurteilte hinter Gittern im Wagen ruft ihnen zu: „Ihr braucht euch gar nicht zu beeilen, ohne mich läuft da sowieso gar nichts!“

Echter und authentischer Humor ist sehr sexy. Wer es schafft, eine Frau zum Lachen zu bringen, hat sie schon halb verführt. Warum? Weil er es schafft, ihre Emotionen positiv zu beeinflussen und zu lenken. Ein humorvoller Mann hat einen hohen sozialen Status: Die anderen lachen herzhaft, wenn er einen Witz erzählt. Erzählt ein Mann mit niedrigem sozialen Status denselben Witz mit denselben Worten, lächeln die Zuhörer nur aus Höflichkeit. Warum ist das so?

Um das zu verstehen, muss ich zunächst erklären, warum man lacht. Bei einem Witz (egal, ob aus der Erinnerung oder spontan und situationsbezogen) präsentiert der Erzählende einen spontanen Realitätswechsel. Der Zuhörer erlebt eine Überraschung, da etwas in einem unerwarteten Zusammenhang aufgezeigt wird.

Mutter zur Tochter: „Was meinst du wohl, was mit kleinen Mädchen geschieht, wenn sie ihre Suppe nicht essen?"
Tochter: „Sie bleiben schlank, werden später Model und verdienen Unsummen Geld."

Der Erzählende löst sich also von den gesellschaftlichen Konventionen und schafft es, eine neue, eigene Realität zu erschaffen. Diese präsentiert er selbstbewusst, indem er die Zuhörer mitnimmt. Im Lachen drückt sich die Überraschung aus. Wer nicht selbstbewusst genug ist, kann die Zuhörer nicht in „seine" Realität, also seine ungewöhnliche Betrachtungsweise mitnehmen. Die Zuhörer bleiben in ihrer bekannten Realität gefangen und lächeln nur aus Höflichkeit.

Der Chef erzählt wieder einen seiner Witze. Alle lachen – außer einer Sekretärin. Die Kollegin stößt sie an: „Warum lachst du nicht?" Sie: „Ich habe heute gekündigt."

Lachen ist also ein soziales Phänomen. Der Chef ist für die Sekretärin kein Alphatier mehr – deshalb lacht sie auch nicht mehr über seine Witze.

Ist Humor angeboren? Ich habe noch keine diesbezügliche wissenschaftliche Studie gefunden. Humor kann aber mit Sicherheit durch Erziehung gefördert werden. Und man kann selbst auch Humor entwickeln. Das hat nichts mit auswendig gelernten Witzen zu tun. Humor ist die Fähigkeit, über den Dingen zu stehen, ohne arrogant oder überheblich zu sein. Die Verbindung zum eigenen Herzen und die Liebe zu den Menschen sind dabei ausschlaggebend, ob jemand als humorvoll oder arrogant erlebt wird. Ich kann mich über jemanden lustig machen und dabei zeigen, dass ich ihn mag. Dann kann auch derjenige, über den man lacht, mitlachen.

Metsu, ein Schamane aus dem brasilianischen Amazonasgebiet, war zu Besuch in Deutschland. Wir kamen vom Einkaufen und schütteten den Inhalt der Tüten auf den Tisch. Er hatte Heißhunger, öffnete ein Glas mit Würstchen und wollte sich Senf darauf tun, weil er das schon mal an einem Imbiss gegessen hatte. Er nahm sich die Zahnpastatube aus dem Bioladen mit gelblicher Paste. Wir hielten den Atem an, sagten aber nichts. Dann genossen wir es, sein Gesicht zu betrachten, während er gierig in das Würstchen biss. Es dauerte einige Sekunden, bis er eine Tüte nahm und alles hineinspuckte. Das Gelächter war klasse und Metsu lachte hustend mit.

Er konnte mitlachen, weil wir ihn alle mögen und er das fühlte. Genauso würde er über unser tollpatschiges Verhalten im Regenwald lachen. Ganz anders ist es aber, wenn ich den anderen abwerte, indem ich Geringschätzung ausdrücke. Dann brüskiere oder beschäme ich ihn für alle sichtbar. Durch so ein Verhalten qualifiziert man sich auch nicht als Alphatier, sondern eher als geltungssüchtiger Egozentriker.

Außerdem hat Humor mit Menschenkenntnis und Alltagspsychologie zu tun. Wer Menschen durchschaut und die tieferen und oft versteckten Beweggründe ihres Verhaltens kennt, kann andere damit überraschen. Fast alle Menschen haben einen großen Respekt vor Psychologen, weil sie Angst haben, von ihnen durchschaut zu werden. Ihre Masken, Vorwände, Ausreden oder auch Alltagslügen könnten entblößt werden und sie würden sich in der Öffentlichkeit blamieren. Davor haben die meisten Menschen eine höllische Angst. Der analytische Psychologe ohne Humor würde andere durch seine Analyse ohne Herz bloßstellen, während er selbst unangreifbar bleibt. Wer aber humorvoll ist, schafft es, erstens, sich und alle anderen miteinzuschließen und vor allem, zweitens, dass der Betroffene über sich selbst lachen kann. Es steckt dann keinerlei Aburteilung in seiner Analyse, sondern etwas Verbindendes, wenn alle gemeinsam über eine Marotte oder ein merkwürdiges Verhalten, das man sonst versteckt, lachen können.

Die hübsche Studentin sagt zum Professor: „Glauben Sie mir, ich würde alles tun, um dieses Examen zu bestehen. Ich meine wirklich alles."
Der Professor hakt nach: „Wirklich alles?"
Sie beugt sich zu ihm und blickt ihm tief in die Augen, wobei sie

haucht: „Alles.“ Da fragt er im Flüsterton: „Würden Sie sogar lernen?“

Ein wesentliches Merkmal eines humorvollen Menschen ist Selbstbewusstsein. Er muss es aushalten, allein mit seiner Meinung zu stehen, und vieles, was Mainstream ist, infrage zu stellen. Und es ist unmöglich, dass alle über seine Witze lachen. Es wird immer Leute geben, die darüber aus unterschiedlichsten Gründen nicht lachen können. Das muss man aushalten können.

Humor trainieren

Humorvoll sind meist nicht diejenigen, die ein sicheres und routiniertes Leben haben. Wer wirkliche Tiefschläge, Verluste oder schwere Krankheit erlebt hat, entwickelt oft diese Form von Humor, für die man Menschen liebt. Dahinter steckt viel eigener Schmerz, durch den man gegangen ist, und ein tiefes Mitgefühl mit anderen, das für andere spürbar ist. Man kann Humor durchaus trainieren, aber nicht dadurch, Witze auswendig zu lernen. Was hilft, ist zu lernen, über sich selbst zu lachen. Vor allem über die eigenen Fehler, Missgeschicke und Unzulänglichkeiten, für die man sich selbst stets kritisiert. Erst wenn man selbst gelernt hat, weniger unbarmherzig und abwertend sich selbst gegenüber zu sein, kann man ein humorvoller Mann werden.

Letzten Sonntag habe ich aus Unachtsamkeit meinen neuen großen 15-Quadratmeter-Kite, der die Farben Gelb, Rot und Schwarz hat, beim Landen am Strand vor der vollen Strand-Lounge an einem Masten verheddert. Es fing an, sich wie wild zu drehen und sich immer mehr ineinander zu verwickeln, da enorme Kräfte aktiviert wurden. Schließlich, nach einiger Zeit, kletterte ein Junge den Mast bis nach oben, um das Kite mit einem Messer loszuschneiden. Doch das gelang erst, nachdem eine entsprechend lange Leiter organisiert wurde. Alle haben natürlich zugeschaut, und ich habe für Unterhaltung gesorgt. Zerknirscht, weil ich neue Kite-Leinen kaufen und den Kite reparieren lassen musste, begegnete ich Didier, dem Sport-Fotografen, der mich mit offenen Armen empfing: „He, Alemao. Du bist ein echter Patriot, dass du die deutsche Fahne am Mast aufhängst und wehen lässt, der beste Moment dafür!“ Das ist Humor, so hatte ich das noch nicht betrachtet und konnte mitlachen.

Solche Männer sind klasse, die einem helfen, eine unangenehme Realität zu verändern, indem man diese anders betrachtet und bewertet.

Richtig männlich feiern

Seit Menschengedenken feiern Männer: Siege, Feste, Gedenktage oder einfach aus einer Feierlaune heraus. Wer ein erfülltes und glückliches Leben als Mann führen will, wird auch gern feiern. Doch was ist eine gelungene Feier? Was braucht man dafür? Meine Erfahrung ist: Viele Männer können nicht richtig feiern. Sie sind in sich selbst gefangen, zu ernsthaft und gehemmt. Sie können ihre Sorgen und Probleme nicht loslassen. Als Individualisten haben es viele auch schwer, in Kontakt mit einer Gruppe zu kommen und sich als Teil einer Gemeinschaft zu fühlen.

Tim: Feste und Feierlichkeiten waren für mich schon immer ein Gräuel: entweder steife und konventionelle Feste, wo man aufgesetzte Konversation treibt, oder kollektive Besäufnisse. Daran habe ich noch nie Freude gehabt.

Vielen geht es wie Tim. Ich erinnere mich daran, als Deutschland 2014 das Endspiel der Fußballweltmeisterschaft gewann. Wir waren in der Düsseldorfer Altstadt und freuten uns darauf, mit den Menschen zu feiern. Was aber passierte, war enttäuschend: nur Sauferei, Gegröle und zerworfene Flaschen überall – keine Fröhlichkeit, kein Tanz, keine Musik. Nervtötende Lautstärke, hoher Alkoholpegel und sinnlose Zerstörung bedeuten für mich nicht feiern. Frustriert sind wir nach Hause gefahren. Über Skype sprach ich noch mit einem brasilianischen Freund, der auf der Avenida Paulista im Zentrum von São Paulo unterwegs war: Musik, Tanz und ausgelassene Stimmung und Fröhlichkeit überall. Brasilien war nicht Weltmeister geworden, aber der „Erzfeind" Argentinien wurde geschlagen. Beim Thema Feiern können wir Deutschen definitiv noch einiges von den Brasilianern lernen.

Feiern wird meist mit hohem Alkohol- oder Drogenkonsum verbunden, ja viele glauben, dass man ohne Alkohol nicht feiern kann. Niemand kommt aus sich heraus, die Menschen sind zu gehemmt. Das ist die traurige Realität und ein Armutszeugnis für die Männlichkeit. Eine der wichtigsten Erfahrungen der Männer in meinen Seminaren, wo striktes Alkohol- und Drogenverbot herrscht, ist: Sie feiern und tanzen so ausgelassen, kraftvoll und hemmungslos wie selten im Leben. Selbst die absoluten Party- und Tanzmuffel werden integriert und animiert. Alle Männer sind im intensiven Kontakt miteinander, niemand vermisst die Frauen. Wenn ich mit den Herzenskriegern in einer Disco auflaufe, dann dominieren wir den gesamten Laden. Bei einer großen Ü30-Party mit 5000 Gästen sind wir mit 50 bis 100 Männern das Zentrum. Warum? Anstatt an der Seite zu stehen, zu trinken, zu reden oder etwas herumzuwackeln, tanzen alle wild miteinander, machen verrückte Späße, bespringen und herzen sich und machen viel Unsinn zusammen. Niemanden interessiert es, ob man dabei gut aussieht und was die Frauen denken. Alle anderen stehen außen und schütteln schockiert den Kopf, aber wollen im Grunde gern dabei sein. Die zweite Gruppe ist dann stets größer. In dieser ausgelassenen Stimmung schnappen sich die Männer die Frauen, und ziehen sie in die Mitte, um mit ihnen zu spielen, tanzen und flirten. Und fast alle Frauen finden das toll – endlich passiert etwas Aufregendes! Aber die Männer verlieren sich nicht im Spiel mit den Frauen, sie kehren immer wieder in die „Männergemeinschaft“ zurück. Wir werden stets gefragt, welche Drogen wir genommen hätten oder ob wir eine Sekte seien. Denn niemand kann sich vorstellen, wie man sonst so ausgelassen, energievoll und hemmungslos sein kann.

Oft werden die Männer auch gefragt, ob sie schwul seien, da „normale“ Männer sich nicht anfassen. Ich empfehle bei solchen Fragen eine nonverbale Antwort: eine Frau an sich ziehen, tief in ihre Augen schauen und leidenschaftlich küssen. Das beherzen dann auch viele Männer mit Erfolg.

Was bedeutet also feiern für dich? Wie bist du, wenn du mit Freunden (oder auch Unbekannten) ausgelassen und fröhlich bist? Kannst du aus deiner Reserviertheit herauskommen, die Dominanz deiner Ratio für einige Stunden aufgeben? Oder geht das nur mit Alkohol oder Drogen? Kannst du ausgelassen tanzen – mit Frauen und auch mit Männern? Machst du dein Ding auf einer Party oder bist du nur bemüht, einen guten Eindruck zu machen und dich gut zu benehmen? Bist du energielos, rational und reserviert? Führst du niveauvolle Gespräche oder kannst du auf hohem Energieniveau feiern, als wärst du beim Sport? Erinnere dich an Situationen in deinem Leben, als du wirklich übermütig gefeiert hast. Mach einmal folgenden Versuch: Geh auf die Tanzfläche einer Disco und tanz einfach auf deine Art. Am besten, du schließt die Augen, vergisst die anderen Menschen und den Ort und lässt deinen Körper frei. Atme tief und lass dich von der Musik mitnehmen. Probier neue und ungewöhnliche Bewegungen dabei aus. Erst wenn du gut „in deinem Körper" bist und dich frei fühlst, gehst du in Kontakt mit anderen Menschen und tanzt zum Beispiel eine Frau an. Wenn du Angst hast, das zu tun, dann lies das nächste Kapitel zum Thema Angst durch. Widerstehe dem Versuch, vorher Alkohol zu trinken oder andere Drogen zu nehmen – du verarscht dich selbst damit. Einfacher ist das natürlich mit einigen Freunden gemeinsam. Weil so wenige Männer in der Lage sind, ausgelassen zu tanzen und zu feiern, werdet ihr schnell wie ein Magnet auf Frauen wirken, die in eurem Energiefeld sein wollen. Das glaubst du nicht? Dann probier es einfach aus!

Wer feiern kann, lebt intensiver und länger. So verrückt das klingen mag: Eine scheinbar einfache Sache müssen viele Männer erst lernen. Wenn du von üblichen Partys und Besäufnissen abgetörnt bist, dann lerne, auf deine Art zu feiern! Und such dir andere, die mitmachen. Ein wahrer Freund zeigt sich darin, ob er sich mit dir freuen kann und mit dir feiert.

Genießen findet in der realen Welt mit allen Sinnen statt. Sei präsent in deinem Körper, entschleunige dein Leben und nimm dir Zeit für zwischenmenschliche Beziehungen.

ANGST – Lebe frei!

Ich bin immer wieder entsetzt, wenn ich mitbekomme, wie sehr Männer ihr Leben durch Ängste bestimmen lassen. Sie richten ihr Leben nach Sicherheitsaspekten aus oder verhalten sich so, dass sie mit bestimmten Ängsten gar nicht erst konfrontiert werden. Dies ist das Gegenteil von Freiheit, es ist ein Handeln aus einem inneren Zwang heraus. Diese Haltung betrifft alle Lebensbereiche, von der Arbeit über Freizeit bis zu sozialen Kontakten und zur Liebesbeziehung. Überprüfe einmal aufrichtig für dich selbst, welche Macht du deinen Ängsten über dich selbst gibst.

Angst vor Konflikten:
Sagst du deine Meinung und streitest du? Oder gehst du Konflikten aus dem Weg?

Angst vor Gruppen:
Gehst du angstfrei in Gruppen und findest dort deinen Platz, ohne dich gleich mit allen anzufreunden?

Angst, Frauen anzusprechen:
Gehst du auf Frauen zu, sprichst du sie an? Oder bist du gehemmt, weil du Ablehnung fürchtest?

Angst vor Gefahren:
Gehst du auch mal ein Risiko ein? Oder hält die Vernunft dich davon ab, auch mal etwas zu wagen?

Angst vor Verletzung:
Nimmst du dir jede auch noch so kleine Kritik zu Herzen? Oder bist du gefestigt im Umgang Menschen, die dir auch mal zu nahe treten?

Angst vor Peinlichkeit:
Stehst du zu dir und zu dem, was du sagst und tust? Oder fürchtest du, unangenehm aufzufallen?

Angst vor Liebesentzug:
Suchst du immer die Liebe und Bestätigung anderer? Oder kannst du auch damit leben, andere zu enttäuschen?

Angst vor Einsamkeit:
Kannst du nicht für dich sein und Einsamkeit aushalten? Oder suchst du immer das Gruppengefühl, in dem du dich selbst nicht mehr spürst?

Angst vor der Angst:
Vermeidest du Angstgefühle, indem du alles auszuschließen versuchst, was Angst auslösen könnte? Oder bis du auch mal mutig und riskierst es, an deine Grenzen zu kommen?

Zu wissen, was die größten eigenen Ängste sind, ist bereits sehr viel wert – dann kann man sie angehen und überwinden. Denn dies ist ein wesentlicher Aspekt von Männlichkeit: sich den eigenen Ängsten zu stellen, anstatt vor ihnen wegzulaufen. Denn nur so kannst du vermeiden, Opfer deiner Ängste zu sein und diese dein Leben bestimmen zu lassen.

Sich den eigenen Ängsten stellen

Ich persönlich versuche seit meiner Kindheit, mich so oft es geht mit meinen Ängsten zu konfrontieren, und mache fast täglich, mindestens aber wöchentlich etwas, das mir Angst macht. Ein ganz aktuelles Beispiel: Gestern bin ich zu einem neuen Kitespot an ein Außenriff mit Starkwind und hohen Wellen gefahren. Mein Kite ist für diesen Wind etwas zu groß, was das mulmige Gefühl noch verstärkte. Dann habe ich mich erst einmal langsam an das Riff mit den hohen Wellen herangearbeitet. Nach einigen Stürzen klappte es, recht ansehnliche Wellen hoch und wieder hinunterzukiten und auch kleinere Sprünge zu machen. Dann wagte ich mich weiter in die Brandung. Plötzlich war eine Zweimeterwelle vor mir, die zu brechen drohte. Ich fuhr sie fast senkrecht hoch, zog den Kite in den Zenit und schoss nach oben. Da sah ich mein Board über mir und wusste blitzartig: Da stimmt etwas nicht. Das bestätigte sich auch sogleich, denn es gab einen Knall, als ich landete, und mir tat schlagartig mein ganzer Körper weh. Ich war unter Wasser und wurde mit enormer Kraft weitergezogen. Überall in meinem Kopf war nur noch Wasserdruck. So weit, so schlecht! Ich brauchte irgendwann wieder Luft, so viel war sicher. Also suchte ich die Notauslösung gegen den Zug und fand sie auch. Der Druck ließ nach und ich tauchte wieder auf. Ich schwamm aus der Brandungszone heraus, sicherte den Kite und schwamm weiter zum Strand zurück. Erst als ich wieder mit beiden Beinen auf dem Strand stand, bemerkte ich, dass meine Beine zitterten. Ich enthedderte und startete den Kite wieder und fuhr zur Erholung erst einmal etwas langsamer und wagte mich dann wieder in die Brandung. Aufgeben war keine Option für mich, obwohl ich Angst hatte.

Nachsatz – einen Tag später: Als ich wieder an meinem „Hausstrand" kitete, bemerkte ich, dass ich jetzt ganz selbstverständlich die vorher als „hoch" erlebten Wellen an der äußeren Sandbank locker durchfuhr und springen konnte – meine Angst war kleiner geworden.

Es gibt wenige Männer, die sich immer wieder den Situationen stellen, die in ihnen ein mulmiges Gefühl oder Angst auslösen. Die allermeisten vermeiden diese Situation, indem sie ihr Leben so einrichten, dass sie sich damit nicht konfrontiert sehen.

Lies auf meiner Website die Geschichten von Georg, der Angst vor attraktiven Frauen hat und von Adam, der Ansammlungen von lauten oder „gefährlichen" Männern vermeidet.

Oder aber man legt sich passende Argumente zurecht, die jedoch im Grunde genommen nur die eigenen Ängste kompensieren. Um schöne Frauen nicht ansprechen zu müssen, sagt man sich: „Ich laufe doch keiner Frau hinterher." Um potenziell gefährlichen Männern nicht zu nah zu kommen: „Die sind unter meinem Niveau." Um sich vor sportlichen Herausforderungen zu drücken: „Ich muss auf meine Gesundheit achten." Um Konflikten aus dem Weg zu gehen: „Der Klügere gibt nach." Um keine sexuelle Abweisung seiner Frau zu riskieren: „Ich liebe sie und will sie nicht bedrängen."

Auf diese Art lavieren sich viele Männer durchs Leben. Wer keine klaren Entscheidungen trifft und seine Meinung stets den Mehrheiten anpasst, wird seine Angst nicht in den Griff bekommen. So kann man ein lauwarmes Leben ohne Konflikte und Herausforderungen führen. Man erlebt sich nicht als unsicher, ängstlich oder überfordert. Aber auch nur, weil man sich selbst und der Welt etwas vorspielt.
Ich habe schon als Junge stets Männer bewundert, die sich ihren Ängsten mutig gestellt haben, um ihre Ziele zu erreichen. Dazu gehören Extremsportler und Männer, die sich für ein sozialere Gerechtigkeit einsetzen, oder auch solche, die ihr Leben riskieren, um andere Menschen oder auch die Natur zu schützen.

Warum Angst wichtig ist

Angst gehört zu den Urinstinkten des Menschen: Sie warnt uns vor Gefahr und macht uns wach und absolut präsent. Durch Angst kann man körperliche Höchstleistungen vollbringen und sich aus Situationen retten, die normalerweise nicht zu bewältigen sind. Die Angst als eines der essenziellen Gefühle aus dem Leben verbannen zu wollen, wäre idiotisch – wahrscheinlich wäre man dann schnell tot. Darum gilt es hier, mit der eigenen Angst in gutem Kontakt zu sein – sich weder für sie zu schämen, sie nicht zu vermeiden, sie aber auch nicht zu ignorieren. Das Buch von Alexander Huber „Die Angst, dein bester Freund", ist dazu eine empfehlenswerte Lektüre: Die Freeclimber klettern ohne Seil und ohne jede Absicherung teils mehrere hundert Meter überhängende Wände hoch – die Vorstellung allein ist schon atemberaubend. Doch Alexander Huber sieht sich nicht als leichtsinnig oder todessehnsüchtig. Er beschreibt, wie die eigene Angst für ihn einen Leitfaden darstellt, um Herausforderungen zu meistern, aber auch eigene Grenzen zu akzeptieren. Es gilt hierbei, zwei verschiedene Ängste zu unterscheiden: die Angst, die dich wachsam, mutig und stark macht, und die Angst, die dich lähmt und blockiert. Wer es vermeidet, sich Situationen auszusetzen, in denen er Angst hat, wird diesen feinen, aber wesentlichen Unterschied niemals herausfinden können. Erst die Erfahrung und das wiederholte Aufsuchen solcher Situationen kann diesen Effekt haben.

Julius: Ich schaue beim Gleitschirmfliegen auf die Böen und das Wetter. Manchmal habe ich Angst, aber bemerke, dass ich sie beherrschen kann. Mein Verstand weiß, dass das Wetter beherrschbar und fliegbar ist. Wenn ich hellwach bin und ein inneres Ja zu der Herausforderung spüre, dann starte ich – absolut präsent und hellwach. Wenn mein Körper aber innerlich zittert und ich mich ohnmächtig fühle, breche ich den Start ab, auch wenn das bedeutet: einen halben Tag des Aufstiegs und Vorbereitung zu verlieren. Ich bin dann nicht fit genug – egal, warum.

Ich kenne das, was Julius schildert, gut: Bei jedem Start mit meinem Ultralight-Flieger habe ich immer etwas Angst. In Gedanken gehe ich die Emergencies durch, also das, was ich bei Motorausfall unterhalb und oberhalb 500 Fuß, bei Motorbrand etc. machen muss. Ich präge mir jeden Handgriff genau ein, dann erst lege ich den Schubhebel nach vorn und starte durch. Ähnlich bei jeder Landung – bis heute habe ich bei jeder Landung etwas Angst, denn ich muss unter Umständen schnell und richtig reagieren. Diese Angst lässt mich hellwach und absolut präsent sein.

Beginne also, mit deiner Angst Freundschaft zu schließen – sie kann dein bester Freund werden und dir sogar einmal dein Leben retten. Denn in vielen Situation spüren wir, dass eine Gefahr droht, aber wissen nicht, wie wir die Angst einschätzen sollen.

Ich ging einmal nachts auf dem Heimweg eine düstere Straße durch ein übles Viertel in Buenos Aires, weil ich nirgends ein Taxi auftreiben konnte. Meine Angst sagte mir eigentlich: Lass das! Geh zurück und find eine andere Lösung! Aber ich hatte etwas getrunken und war weniger aufmerksam. Allerdings war ich noch wach genug, um nach kurzer Zeit zu bemerken, dass drei Gestalten mir folgten. Ohne zu überlegen, lief ich los, so schnell ich konnte, doch sie liefen mir hinterher und kamen näher. Ich bog in eine Straße ab, aus der ich Geräusche hörte, entdeckte eine Bar (oder eher Spelunke) mit nicht unbedingt vertrauenswürdigeren Gestalten. Ich stoppte kurz davor abrupt und versuchte, möglichst locker hineinzugehen. „Eine Runde auf die Boca Juniors" – dieser Fußballverein von Buenos Aires hatte am Abend gesiegt, das rettete mich –, alle waren begeistert, und aus dem Augenwinkel sah ich, wie die Gestalten, die mich verfolgt hatten, sich trollten. Ich unterhielt mich etwas mit den Typen dort, die mir nach der Runde wohlgesonnen waren. Sicherheitshalber spendierte ich auch eine zweite Runde. Als ich dann bezahlte und gehen wollte, bestanden zwei Männer darauf, mich zu begleiten, weil es hier gefährlich sei. Obwohl auch sie verwegen aussahen, hatte ich nur etwas Abneigung gegen sie, aber keine Angst. Also willigte ich ein und sie brachten mich sicher bis zu einer Hauptstraße, wo ich ein Taxi nach Hause nahm.

Wenn du nicht schon als Kind und Jugendlicher angefangen hast, dich in neue und gefahrvolle Situationen zu begeben und deiner Angst zu begegnen, dann hole es nach. Am Anfang leidest du vielleicht sehr darunter, und jede brenzlige Situation nimmt dich enorm mit. Nach einiger Zeit aber lässt das nach und du gewöhnst dich daran. Vom Überwinden der Angst kannst du erst dann reden, wenn du den Adrenalinschub genießt. Ich empfehle, dich so lange einer beängstigenden Situation auszusetzen, bis du an diesem Punkt angelangt bist. Mein Lebensmotto lautet: Ich akzeptiere es nicht, etwas zu unterlassen, weil ich Angst habe – das wäre feige und unfrei. Ich habe stets so lange trainiert, bis ich die Angst überwunden hatte.

Die Situationen, die dich ängstigen, können sehr unterschiedlich sein: Du sollst eine Rede halten, du streitest, du möchtest eine Frau verführen, du willst eine neue Sportart lernen, du bist sozialen Phobien ausgesetzt oder du hast Höhen- oder Platzangst usw. Jedes Mal, wenn du eine Angst erfolgreich überwunden hast, wirst du enorme Freiheit, Stolz und Energie spüren! Das ist Männlichkeit pur!

Oliver: Ich bemerkte, wie ich schöne Frauen stets anhimmelte und ihnen übertrieben freundlich, fast unterwürfig begegnete. Das kotzte mich selbst so sehr an, dass ich den Kontakt mit ihnen vermied. Bjørn sagte, das sei pure Angst, und ich ging sie mit Hilfe seines Teams an. Ich solle frech sein und mit attraktiven Frauen streiten. Ich bin tausend Tode gestorben, lieber hätte ich gegen den IS gekämpft. Ich hatte die schlimmsten Fantasien, was passieren würde. Aber nichts, absolut gar nichts davon ist eingetreten. Es geschah genau das Gegenteil. Ich sprach eine hübsche Frau im Bistro an, sie sollte mich mal ihr Essen probieren lassen. Als sie sich zierte, wurde ich frech. „So was Unfreundliches wie dich habe ich schon lange nicht kennengelernt! Bist du allen Männern gegenüber so zickig?" Erstaunlicherweise lenkte sie ein und war richtig zugewandt. Ich konnte es kaum glauben. Ich bin auch danach noch ziemlich Achterbahn gefahren und brauchte einige Tritte in den Hintern und Trosteinheiten des Teams. Doch mittlerweile macht es mir richtig Spaß, frech und zudringlich zu sein, wenn die Frau das Format hat, damit umzugehen. Ich habe immer noch Angst, aber sie blockiert mich nicht mehr. Ich genieße den Kick.

Hör auf, ein Mamasöhnchen zu sein und dich hinter deinen Ängsten zu verstecken. Check die realen Gefahren nüchtern: Wenn das Restrisiko vertretbar ist, dann vorwärts! Im obigen Beispiel tendiert das Restrisiko gegen null, vom Kampf gegen Terroristen würde ich dagegen abraten.

Lass dich nicht ängstigen

Wer viel Fernsehen guckt und Inhalte der Massenmedien konsumiert, wird immer ängstlicher. Denn es ist das Ziel der Medien, die Menschen zu verdummen und zu verängstigen. Wo kämen wir auch hin, wenn jeder angstfrei wäre und sein Ding machen würde! Der Konsum würde einbrechen, denn keine Frau und kein Mann würden mehr glauben, dass das Produkt XY oder das neueste Update notwendig ist, um attraktiv zu sein und beim anderen Geschlecht anzukommen. Ängstliche und Schutz suchende Bürger sind für einen Staat und für die Hochfinanz sehr viel angenehmer und steuerbarer. Also werden gezielt Ängste geschürt und Nachrichten von Unfällen, Überfällen und Terrorakten verbreitet. Beispiele für Hilfsbereitschaft, soziales Engagement oder Mitmenschlichkeit fehlen dabei weitgehend in der Berichterstattung. Nach einigen Jahren oder Jahrzehnten dieser medialen Dauerberieselung fängst du an, das hinter den Nachrichten vermittelte Welt- und Menschenbild selbst zu glauben. Du reist dann nicht mehr auf eigene Faust in andere Länder, weil dort nur Kriminelle wohnen, siehst in jedem Moslem einen Terroristen und glaubst, dass die meisten Männer Sexisten sind, die nur Frauen missbrauchen wollen. Alle wollen dir dein Geld stehlen, dich betrügen oder dich anlügen. Man kann einen direkten Zusammenhang zwischen

Medienkonsum und Ängstlichkeit herstellen. Ich stelle das immer wieder fest:

„Was, du reist in Brasilien herum – bist doch noch nie überfallen worden?"
Ja, wenn man als Tourist verkleidet mit teurer Uhr nachts in bestimmten Gegenden allein herumläuft, wird man überfallen. Aber dafür muss man schon reichlich blöd sein. Wenn man dagegen an bestimmten öffentlichen Orten mit kaum Bargeld und Wertsachen überfallen wird, riskiert man weniger, als wenn man sein Auto im Halteverbot abstellt: Das Abschleppen kostet viel mehr.

„Du fliegst selbst? Da verunglücken doch stets Kleinflugzeuge."
Ja, das stimmt, aber wenn jeder Autounfall in der Zeitung stehen würde, würde niemand mehr Auto fahren. Ich bin gut geschult im Fliegen, habe viel Erfahrung und hänge an meiner Gesundheit und meinem Leben. Und ich habe die Unfallstatistik gecheckt: Ultralights sind wesentlich sicherer als jede Klappleiter und jedes Fahrrad.

„Du lässt deine Kinder allein draußen spielen? Man hört doch so oft, was kleinen Kindern angetan wird."
Natürlich gibt es üble Fälle von Kindesentführung, Missbrauch und Organhandel. Aber bitte: Erst die Statistik checken und ein Kurs in Statistik belegen, bevor Aussagen über Wahrscheinlichkeiten gemacht werden! Satelliten fallen auch herunter und töten Menschen. Am besten also nicht mehr das Haus verlassen.

„Ihr ward in den Bergen wandern. Da passieren doch so viele Unglücke."
Stimmt, Bergwandern liegt etwa im mittleren Bereich der Unglücksstatistiken. Wenn man tiefer in die Fälle einsteigt, bemerkt man allerdings, dass unerfahrenes Verhalten, Selbstüberschätzung, fehlende Begleitung durch einen Bergführer, mangelhafte Ausbildung und fehlende Wetterkunde bereits 80 bis 90 Prozent der Unfälle abdecken.

„Du sprichst einfach fremde Frauen an? Hast du noch nie eine Anzeige wegen sexueller Belästigung bekommen?"

Nein, die meisten Frauen sind nämlich nicht bösartig oder gewalttätig, wenn man mit ihnen flirtet. Und selbst, wenn man ihnen respektvoll ein sexuelles Angebot macht, fühlen sich die meisten Frauen eher geschmeichelt und denken nicht daran, die Polizei zu rufen. Es gibt aber – wie bei allen Abenteuern im Leben – ein Restrisiko: Der türkische Machofreund könnte um die Ecke kommen und dir einen auf die Nase geben, wenn du nicht richtig reagierst.

„Du fährst per Anhalter? Hast du nicht Angst, dass du Opfer eines Verbrechens wirst?"
Ich bin schon als Jugendlicher quer durch Europa getrampt und musste mir die Kommentare ängstlicher Menschen anhören. Zum Glück haben meine Eltern sich nicht davon beeindrucken und mich ziehen lassen. Und ich habe überwiegend positive Erfahrungen gemacht, interessante Menschen kennengelernt, die ich sonst nie getroffen oder zu denen ich in anderen Situationen nicht den Kontakt gesucht hätte. Es gab einige unangenehme Situationen, aber nie eine echte Gefahr.

All diese Beispiele könnte ich endlos fortführen. Mir geht es hierbei darum, dir aufzuzeigen: Hör auf, deine Ängste als Ausrede vorzuschieben, spannende oder abenteuerliche Dinge nicht zu tun, nur weil sie gefährlich sind. Erfolgreiche und charismatische Männer haben stets gefährlich gelebt. Sei auch für deine Kinder keine ängstliche Mama und setze sie nicht stundenlang vor den Computer, um sie ruhigzustellen oder überwache sie nicht wie Helikopter-Eltern permanent, zum Beispiel auf einem Spielplatz, auf dem gar nichts passieren kann. Beginn von Anfang an, mit deinen Kindern Dinge zu machen, die auch dir Freude bereiten, aufregend und gefährlich sind. Das erhöht die Wahrscheinlichkeit, dass sie als Erwachsene nicht ängstlich und dem gesellschaftlichen Mainstream angepasst leben, sondern ihren eigenen Weg gehen.

Der Unterschied zwischen Mutter und Vater

Ein entscheidender Unterschied zwischen den beiden Elternteilen ist folgender: Die Aufgabe der Mutter ist es, dafür zu sorgen, dass das Kind stets behütet, unverletzt, gut genährt und gut gekleidet ist. Alles, was dem im Weg steht oder stehen könnte, wird als potenzielle Gefahr gesehen und vermieden. Der Vater weiß aber, dass die Konfrontation mit Herausforderungen und Grenzen notwendig ist, um erwachsen zu werden. Er checkt die wirklichen Gefahren, die zu Überforderung, schweren Verletzungen, Trauma, Schock, Entführung, Vergewaltigung und schlimmstenfalls Tod führen können und vermeidet diese rigoros. Er lässt den Jungen Fußball spielen und riskiert Schürf- und Platzwunden, kleine Prügeleien etc. Wenn der Junge aber mit einer üblen Bande spielen will, deren Eltern kriminell oder drogenabhängig sind, verbietet er es kompromisslos. Der Vater nimmt den Jungen auch bei Seegang im Kajak mit, aber trainiert vorher ausgiebig mit ihm das Verhalten bei Kentern oder anderen Unglücken und sorgt für entsprechende Sicherheitsausrüstung. Der Vater lässt den Jungen von der hohen Brücke springen, aber er checkt vorher die Wassertiefe und Strömung sowie die Möglichkeit, wieder an Land zu kommen. Dann schwimmt er mit ihm an diese Stelle und überprüft, ob er es auch allein schafft, von dort ans Ufer zu schwimmen. Meine Eltern haben mich auch mit 14 Jahren allein Fahrradtouren ins Ausland machen lassen. Aber ich musste jeden Tag anrufen und festlegen, wo ich am nächsten Tag übernachten wollte. Und ich durfte auch bei Sturm, unter Einhaltung gewisser Sicherheitsvorkehrungen, mit meiner Jolle segeln. Sei also keine Glucke, die ihr Kind „anleint" und einsperrt. Hast du eine ängstliche Partnerin, dann setz dich gefälligst gegen sie durch und sorge dafür, dass deine Kinder spannende Abenteuer erleben, um sich mit ihren Ängsten zu konfrontieren und an den Herausforderungen zu wachsen. Vor allem: Lass dich auch dann nicht davon abbringen, wenn die Jungen abends ihre Wunden lecken. Sie werden es dir eines Tages danken.

Wir waren mit meinem Sohn und zwei weiteren Jungen von etwa 12 Jahren in Norwegen an der Küste. Sie spielten stets auf den Felsen, sprangen darüber und machten Wettkämpfe. Durch die scharfkantigen Steine hatten sie viele kleine Verletzungen, die sie abends stolz zählten: Wer am meisten hatte, war Gewinner. Beigebracht hatte ihnen dies keiner. Ich musste mich gegen die Mutter der anderen beiden durchsetzen, die die Verletzungen ihrer Jungen nur schwer ertragen konnte. Doch konnte ich ihr klarmachen, dass die Jungen das für ihre Entwicklung brauchen, inklusive Schmerz durch Desinfektion am Abend. Hätten sie stattdessen nur am ungefährlichen Sandstrand gespielt, wäre ihnen einiges entgangen. Aber natürlich war ich immer in der Nähe, um bei Leichsinnigkeit einzuschreiten. Einmal musste ich ihnen verbieten, ungesichert auf hohe Felsen zu klettern. Da dies wirklich gefährlich war, gab es die Regel: Wer das versucht, bleibt zur Strafe einen Tag allein zu Hause.

Wieder in Deutschland, bin ich mit ihnen dann in eine Kletterhalle gegangen, wo sie lernten, warum und wie man sich ab einer bestimmten Höhe absichern muss.

Leider erlebe ich immer mehr Jungen, denen solche wichtigen Erfahrungen fehlen oder vorenthalten werden. Entweder haben sie keinen Vater, der so etwas mit ihnen unternimmt, oder der Vater ist selbst ein unsportlicher Angsthase oder unfähig, die Gefahren realistisch einzuschätzen. Möglicherweise hat auch die Frau die Hosen an und setzt sich bei der Kindererziehung durch. Doch diese Erfahrungen sind essenziell, um Jungen zu Männern und nicht zu angepassten Angsthasen reifen zu lassen. Denn ein Angsthase ist stets von Mama vor seinen eigenen Ängsten beschützt worden, ein Mann – ein Krieger und ein Herzenskrieger erst recht – lebt mit einem guten Draht zu seiner Angst als Verbündeten.

Nicht nur ängstliche Mütter, sondern ein immer dichteres gesetzliches Regelwerk und gesellschaftliche Kontrollinstanzen sorgen dafür, dass junge Menschen in einer sicheren Komfortzone ohne Herausforderungen aufwachsen. Das Ergebnis sind immer mehr angepasste und ängstliche Menschen mit wenig Selbstbewusstsein. Ein krasses Beispiel dafür ist die jugendliche Weltumseglerin Laura Dekker, die ich auf der Bootsmesse kennenlernte. Ihr Buch „Ein Mädchen, ein Traum“ ist sehr empfehlenswert und zeigt, welchen Repressionen Menschen ausgesetzt werden, die ihren Kindern Erfahrungen außerhalb der gesellschaftlichen Komfortzone ermöglichen möchten.

Vater und Tochter

Auch Mädchen müssen in einem bestimmten Umfang lernen, aus der Komfortzone des Kinderzimmers zu kommen, Gefahren zu begegnen und Animositäten zu überwinden. Wenn sie von allem Gefährlichen, Dreckigen und manchmal auch Unangenehmen ferngehalten werden, besteht die Gefahr, dass sie später zu narzisstischen „Prinzessinnen" werden. Auch Mädchen müssen lernen, dass ihre Gefühle keine Gesetze sind, nach denen sich alle richten müssen. Ist die Schlauchboot-Tour mit der Familie den Fluss herunter geplant, kann die Tochter auch bei den Stromschnellen nicht aussteigen, weil sie Angst hat oder nicht nass werden möchte – da muss sie halt durch. Auf der Wanderung kann ein plötzlicher Regen die Frisur ruinieren oder lauwarmes, abgestandenes Trinkwasser für Unmut sorgen. Auch trockene Stullen können dann die Stimmung kippen lassen, weil die Hütte, an der man rasten wollte, geschlossen hat. Viele Männer sind im Umgang mit Prinzessinnen überfordert – den großen wie den kleinen. Manchmal ist es richtig peinlich, mitanzusehen, wenn die kleine Tochter die Macht über den Papa hat. Er: „Jetzt gibt es kein Eis mehr, gleich essen wir." Sie weint und schreit: „Ich hasse dich! Fass mich nicht an." Der Vater gibt nach, weil er hilflos ist, peinlich berührt aufgrund der Publikums, emotional ergriffen oder weil er einfach Angst hat, dass seine Tochter ihn nicht mehr mag. Von einer Sekunde auf die andere strahlt das Mädchen wieder – sie hat über Papa gesiegt und mit ihrer Szene ihren Willen durchgesetzt. Vor allem „Besuchs-" oder „Wochenendpapas" haben häufig nicht das Rückgrat, ihrer Tochter Grenzen zu setzen. Sie denken: Wenn ich ihr nicht alles erlaube, will sie mich vielleicht gar nicht mehr sehen. Speziell wenn die Mutter die Kinder gegen den Vater aufbringt, besteht natürlich diese Gefahr – allerdings unabhängig vom Erziehungsstil. Wenn ein Mädchen aber schon in jungen Jahren lernt, dass sie mit einer theatralischen Szene immer stärker als der Vater ist und ihren Willen durchsetzen kann, wie soll sie sich dann als Erwachsene von einem Mann etwas sagen lassen? Sie wird weder einen Chef akzeptieren (es sei denn, er macht immer das, was sie will) noch Kompromisse für einen Partner machen oder ihn führen lassen. In meinem Buch „Abenteuer männlicher VerFührung" beschreibe ich diesen Frauentyp ausführlich und erkläre auch, warum man als Mann besser die Finger von solchen Frauen lassen sollte. Denn sie sind definitiv nicht beziehungsfähig.

Insofern ist es als Vater wichtig, der Tochter Grenzen aufzuzeigen und diese auch durchzusetzen. Das beinhaltet auch Herausforderungen für sie zu finden, an denen sie wachsen kann. Besonders eine Prinzessin muss lernen, Verantwortung für ihre

Entscheidungen zu übernehmen. Wenn sie die Schlauchboot-Tour mitmachen will, muss sie Nässe und Angst ertragen; wenn die gemeinsame Fahrradtour beschlossen ist, dann muss sie sie auch durchziehen; wenn sie müde oder durstig ist, muss man das auch mal aushalten können; wenn das Essen im Restaurant bestellt ist und es ihr nicht passt, bekommt sie nichts anderes. Ein liebevolles Verhältnis und einen guten Kontakt zur Tochter vorausgesetzt, wird sich solch ein väterliches Verhalten positiv auf die Vater-Tochter-Beziehung auswirken: Dadurch lernt sie, die väterliche Autorität zu respektieren und zu achten und sich sozial zu verhalten und Verantwortung zu übernehmen. Das macht sie dann auch später als erwachsene Frau zu einem beziehungsfähigen Menschen.

Mach deine Angst zu deinem Freund, anstatt vor ihr wegzulaufen. Wachse an deinen Ängsten, aber lass dich nicht davon abhalten, das zu tun, was dir am Herzen liegt.

REGENERIEREN – Finde deine Kraftquellen!

Vielleicht entsteht beim Lesen dieses Buchs gelegentlich der Eindruck, dass man Hansdampf in allen Gassen sein muss, um glücklich zu sein. Doch das ist nicht so. Jeder braucht Zeiten des Rückzugs und der Regeneration, um sich voll und ganz auf Neues einlassen zu können. Wer keine geeigneten Rückzugsorte, Zeiten und Methoden der Regeneration hat, wird irgendwann krank. Der Körper oder auch die Psyche zwingt den Menschen bei dauerhafter Überforderung zum Rückzug. Viele körperliche und psychische Krankheiten lassen sich dadurch erklären, dass man permanent im Außen aktiv war und den eigenen Innenraum der Stille und Regeneration nicht oder nur unzureichend aufgesucht hat. Hier also einige Informationen und Orientierungen, wie du für dich die geeignete Art und Weise deines Rückzugs findest und auch hier dein eigenes Ding machst.

Schlechte Tage, Misserfolge und Unfälle

Man kann nicht immer gewinnen, nicht immer erfolgreich sein, Glück haben und gesund bleiben. Es gibt Tage und Zeiten im Leben, da geht einfach alles schief: im Großen wie im Kleinen. Anstatt über die Welle zu springen, fährst du mit voller Wucht mit dem Kite rein. Dir fehlt jeder Biss und du bist nur in der Defensive. Du verlierst deine Brieftasche oder verwechselst eine wichtige Zahl – mit fatalen Folgen. Man steht an diesen Tagen neben sich und würde sich am liebsten ins Bett verkriechen und die Decke über den Kopf ziehen, weil sowieso alles schiefgeht. Dieser Impuls ist gar nicht so verkehrt. Wenn man gestürzt ist, bleibt man natürlicherweise eine Weile am Boden liegen, um sich wieder zu sortieren. Dann sollte man aber, wenn möglich, vorsichtig weiter gehen oder fahren, um dem eigenen Körper ein Signal von Sicherheit zu geben. In solchen Situationen ist man meistens nicht präsent, die

Seele oder der Köper leidet. Dann ist es sinnvoll, zumindest für eine Weile innezuhalten. Wenn du das bemerkst, setz dich irgendwo still hin, schließ die Augen und atme einige Minuten tief durch. Spüre deinen Körper und deine Gefühle. Gibt es ein Thema, um das deine Gedanken kreisen? Nimm wahr, was mit dir los ist. Sehr häufig gibt es einen Grund: Ein Konflikt oder eine Sorge beschäftigt dich so sehr, dass du nicht präsent bist, sondern gedankenverloren. Das mindert deine Leistung und provoziert Unfälle. Du bist unausgeschlafen oder hast ein gesundheitliches Problem. Du willst das, was du tust, gar nicht wirklich tun. Du bist überfordert, übermüdet oder traurig und brauchst einfach etwas Regeneration. Irgendetwas wird der Grund dafür sein und du wirst herausfinden, was. Es ist schon mal viel wert, zu wissen, warum du gerade nicht auf der Höhe bist. Jetzt gibt es zwei Möglichkeiten: dich für eine Weile komplett zurückziehen oder die Sache, die du tust, langsamer und aufmerksamer angehen. Option 1 steht nicht immer zur Verfügung und ist auch nicht immer sinnvoll. Option 2 dagegen schon eher. Sie impliziert, dass du Situationen vermeidest, die gefährlich sind und in denen du voll gefordert bist. Es ist normal, dass man nicht immer 100 Prozent seiner Leistungsfähigkeit zu Verfügung hat, aber man sollte das auch nicht als Ausrede benutzen, um im Bett zu bleiben.

Gestern fuhr ich mit dem Kite los und scheiterte schon beim ersten Versuch, aus der tosenden Brandung aufs Meer herauszukommen. Die hohen Wellen empfand ich nicht wie sonst als Ansporn, sondern als Belastung: Mir fehlte der Biss, und ich fuhr nur defensiv. Kurz danach bemerkte ich, dass das Trapez dabei war, sich zu öffnen. Ich kitete nach einigen Minuten zurück zum Strand, landete den Kite und holte mein anderes Trapez. Ich nutzte die Zeit, um mich für ein paar Minuten unter die Dusche am Pool zu stellen, die Augen zu schließen und herauszubekommen, was mit mir los ist. Die Wellen waren hoch und unruhig, aber das war nicht alles, denn ich erlebte sie als Bedrohung und nicht als Herausforderung. Ich war innerlich mit einem Konflikt beschäftigt, den ich aktuell nicht lösen konnte. Das raubte mir Kraft und Präsenz. Außerdem hatte ich nach einem Unfall gestern eine geborgte Steuer-Bar mit Leinen, der ich nicht so recht vertraute. Und das üppige Mittagessen und die Gratis-Caipirinhas, die ich normalerweise tagsüber nicht trinke, machten mich träge. Okay, das wird kein

Glanztag, sagte ich mir. Und doch ist es wichtig, gerade nach dem Unfall dranzubleiben. Ich setzte mir also 45 Minuten als Ziel und fuhr eher langsam und vorsichtig in Küstennähe, vermied hohe Sprünge und die Brandung, um kein Risiko einzugehen. Es tat trotzdem gut, auf diese Art, langsam und gemütlich "spazieren zu fahren", auch wenn es definitiv spannendere Tage gab.

Die Strategie kannst du auf viele Situationen übertragen. Wenn du also bemerkst, dass du energielos, unmotiviert, fahrig oder kraftlos bist, wenn du eine Niederlage, Misserfolg, einen Unfall oder einfach Pech hattest, tu Folgendes:

1. Halte inne, schließe die Augen und nimm dich wahr. Versuche herauszubekommen, was mit dir los ist. Akzeptier keine rein äußeren Erklärungen (Materialverschleiß, andere Menschen, Schicksal etc.), sondern suche nach einem Grund, der in dir liegt. Oft ist es auch eine Kombination aus verschiedenen Gründen wie im obigen Beispiel.
2. Entscheide, ob der Grund gravierend ist und ob es die Möglichkeit des Rückzugs gibt. Das kann auch einfach bedeuten, dass du diese Tätigkeit, Arbeit oder Beschäftigung auf einen anderen Termin verschiebst. Ist der Grund nicht so gravierend oder lässt sich das Ganze nicht verschieben, akzeptier das Ganze im Energiesparmodus, also langsamer und unter Einhaltung aller Sicherheitsvorkehrungen zu tun. Vermeide große Risiken und Herausforderungen. Akzeptiere dies und genieße, das Ganze gemütlich und bedächtig anzugehen.
3. Wenn du dich komplett zurückziehst, ist es wichtig, das nicht als Versagen, sondern als Regeneration zu sehen. Mach dementsprechend auch Dinge, die dir helfen zu regenerieren (siehe folgende Seiten). Wenn es ein ungelöstes Problem oder einen Konflikt gibt, der dich beschäftigt, dann gehe dies an, um innerlich wieder frei zu sein.

Du kannst diese Strategie auch auf Situationen mit anderen Menschen übertragen. Gibt es ein Gespräch oder eine gemeinsame Tätigkeit, die einfach nicht vorangeht? Merkst du, dass du einfallslos, ängstlich, defensiv oder sonstwie blockiert bist? Dann zieh dich ebenfalls ein paar Minuten zurück und finde heraus, was mit dir los ist. Manchmal ist es besser, du gibst zu, dass du aus einem bestimmten Grund nicht leistungsfähig bist und vertagst das Gespräch, als dass du durch eigene Unklarheit einen zähen Kommunikationsprozess in die Länge ziehst. Ist dies nicht möglich, bemühe dich, ihn kurz zu halten und nur das Nötigste zu besprechen oder zu klären. Vertage wichtige und endgültige Entscheidungen sowie Vertragsabschlüsse auf später.

Schlafen

Viele Menschen werden krank, weil sie schlecht oder schlicht zu wenig schlafen. Wie viel Schlaf jeder braucht, ist individuell – finde es für dich heraus. Erforsche ebenso die beste Zeit, um ins Bett zu gehen und aufzustehen. Lerne, auf deinen Körper zu hören und finde heraus, was er braucht, um gesund und energievoll zu sein. Lass dich nicht von wissenschaftlichen Studien und dem Mainstream verrückt machen – schlafen ist höchst individuell und dein Schlafrhythmus kann sich im Laufe deines Lebens auch immer wieder verändern. Ich stehe zum Beispiel, wenn ich in Deutschland arbeite, gern spät auf, im Urlaub oder zum Schreiben aber meist schon bei Sonnenaufgang. Viele halten mich für verrückt oder glauben mir nicht, dass ich im Urlaub nicht ausschlafe, aber ich genieße gerade diese ruhigen Morgenstunden mit Laufen, Schwimmen, Paddeln, Yoga oder Meditation. Danach bin ich so erfüllt und zentriert, dass der Tag gar nicht mehr schlecht werden kann. Find heraus, was dein Ding ist, und zieh das durch. Achte auf deinen Körper: Mit wie viel Schlaf fühlst du dich so ausgeruht, um mit Energie in den Tag zu starten? Wer sich einen ungesunden Schlafrhythmus angewöhnt hat, sollte andere Zeiten ausprobieren, um die Auswirkungen zu überprüfen. Manche Menschen haben gute Erfahrungen mit einem Mittagsschlaf oder Powernaps, also kurzen Schlafphasen tagsüber. Probier aus, was für dich passt, und lass dich nicht von der Meinung anderer davon abbringen.

Schlaf verjüngt, daher kommt der Begriff Gesundheitsschlaf. So viel ist jedenfalls wissenschaftlich erwiesen: Wer zu wenig schläft, der altert schneller. Den gleichen Effekt hat unruhiger

Schlaf. Die Tiefschlafphasen sowie die sogenannten REM-Phasen, die Traumphasen, sind wichtig für das körperliche und psychische Gleichgewicht.

Das Wo und Wie ist beim Schlafen auch wichtig: Wenn dich Geräusche, die falsche Matratze, Helligkeit, falsche Temperatur, Elektrosmog oder andere Menschen im Raum stören, ändere dies.

Übrigens: Ist dir schon mal aufgefallen, dass man manchmal morgens hellwach und voller Tatendrang aus dem Bett springt, an anderen Tagen aber zur selben Zeit und nach gleich vielen Stunden Schlaf ewig braucht, um ganz wach zu werden? Oder aber man wacht um 6 Uhr auf und ist hellwach. Weil es aber zu früh ist, legt man sich noch mal hin. Wenn dann um 8 Uhr der Wecker klingelt, ist man todmüde und kommt kaum in den Tag. Woran liegt das? Je nachdem, in welcher Schlafphase man wach wird, empfindet man dies als unterschiedlich angenehm. Aus einer Tiefschlafphase gerissen zu werden, wird meist als unangenehm empfunden, man ist innerlich weit weg und kommt nur schwer in die Realität zurück. In den Traumphasen ist das Gehirn aktiver und man bewegt sich auch im Schlaf – in diesen Phasen ist es leichter, ins Wachbewusstsein zurückzukommen. Dies machen sich verschiedene Apps zunutze, die du auf deinem Smartphone installieren kannst. Ans Bett gelegt (im Flugmodus), werden deine Körperbewegungen während des Schlafs erfasst, die in den unterschiedlichen Schlafphasen unterschiedlich stark sind. Dies funktioniert natürlich bei einem Wasserbett besonders gut. Der Schlafphasenwecker vermeidet es, dich in der REM-Phase zu wecken, sondern weckt dich im Leichtschlaf. Probier es aus! Infos hierzu findest du unter www.maennlichkeit-geniessen.de

Eigene Kraftquellen

Warte nicht, bis dein Körper dich durch Krankheit zum Rückzug zwingt oder bei dir psychische Belastungssyndrome wie Tinnitus oder Burnout auftreten. Manche Menschen provozieren sogar unbewusst einen Unfall, um dadurch einen Grund für den Rückzug und das Alleinsein zu haben. Sorge auf konstruktive und genussvolle Weise für Zeiten und Orte der Regeneration in deinem Leben. Welche Möglichkeiten es dafür gibt, stelle ich dir an dieser Stelle vor.

Allein sein

Unter Menschen zu sein, kann eine Freude, aber auch ein innerer Zwang sein. Wer es dauerhaft vermeidet, allein zu sein, indem er stets mit Menschen vis-à-vis oder online kommuniziert, sich stets von Fernsehen oder Musik berieseln lässt, kommt innerlich nicht zur Ruhe. Diese Unruhe wird durch dieses Verhalten genährt und führt auch zu Krankheiten. Wenn dich das betrifft, befreie dich von diesem inneren Zwang und lerne, allein und in Stille zu sein. Zieh dich zurück und schalte alle Geräte und Geräuschquellen um dich herum ab. Was passiert dann ohne Ablenkung? Langweilst du dich mit dir allein? Was fühlst du dann? Was ist es, was du nicht fühlen willst?

Natur

Wer naturverbunden ist, kann besonders gut Energie tanken, wenn er allein oder mit einem guten Freund fernab der Zivilisation ist. Das Alleinsein in der Natur, den Elementen ausgesetzt, ist eine uralte und archaische männliche Erfahrung. Schon vor Urzeiten waren Männer allein in der Wildnis, um zu jagen, zu fischen oder weite Strecken zu reisen. Intuitiv spüren heute viele Männer, dass unsere Zivilisation mit ihrer permanenten Sinnesüberflutung uns Energie raubt und letztendlich krank macht, wenn wir keinen Ausgleich dazu finden. Ich selbst habe schon seit meiner Kindheit regelmäßig viel Zeit allein in der Natur verbracht und kann mir ein Leben ohne diese Erfahrung nicht vorstellen. Draußen zu sein, die Wärme oder Kälte zu spüren, Sonne oder Regen, Wind und Erde, bringt uns aus dem Intellekt zurück in den Körper. Und es hilft uns auf einfache Weise, aus der Isoliertheit heraus einen guten Kontakt zur Welt zu bekommen. Die Möglichkeiten und Angebote dafür sind vielfältig. Wer an einem naturnahen Ort wohnt, hat vor der Haustür gute Möglichkeiten dazu, andere müssen sich erst ins Auto setzen, um die Zivilisation hinter sich zu lassen. Mach Wanderungen oder Läufe, schwimm, bergsteige, fahr mit dem Mountainbike durch die Wälder oder paddle mit dem Kajak. Wer es sehr meditativ mag, geht angeln oder macht Yoga in der Natur. Finde das, was dir Freude macht, dich zentriert und regeneriert.

Axel: Ohne meine Läufe wäre ich in der absolut stressigen Bauphase meines Unternehmens verrückt oder krank geworden. Beim Laufen

nach der Arbeit kann ich Stress abbauen und mein Kopf wird allmählich leer. Wenn ich dann zu meiner Familie heimkehre, ist es zwar spät und ich bin müde, aber trotzdem präsent und für sie da. Durch das Laufen und den Kontakt mit der Natur konnte ich all den Stress und die Probleme auf der Arbeit hinter mir lassen.
Igor: Die Trennungsphase von meiner Frau hat mich emotional an absolute Grenzen gebracht. Um in dieser Phase nicht zugrunde zu gehen, bin ich praktisch täglich lange Strecken mit unserm Hund zusammen gewandert. Der Kontakt mit den Elementen und die Bewegung haben mir gut getan, um innerlich zur Ruhe zu kommen und nicht an den Gefühlen zugrunde zu gehen. Wenn es ganz schlimm war, konnte ich im Wald brüllen oder Bäume umknicken, um meinen Frust oder die Ohnmachtsgefühle loszuwerden.

Wer von Problemen oder seinem Alltag völlig vereinnahmt ist und sich sehr ausgelaugt fühlt oder wer sich in einer Umbruchphase des Lebens befindet, sollte darüber nachdenken, sich längere Zeit allein in die Natur zurückzuziehen. Auch hier gibt es zahlreiche Möglichkeiten mit unterschiedlichen Intentionen. Ich selbst habe mich bei schwierigen Entscheidungen im Leben schon mehrfach einige Tagen an einen einsamen Ort in die Natur zurückgezogen, um in mich zu gehen: an einen einsamen See, in die Berge, in eine Höhle in der Wüste. Wer sich das zutraut, kann dies mit wenig Aufwand allein in der Wildnis tun: Im Grunde reicht ein Zelt und ein Schlafsack dafür. Fasten bietet sich dabei geradezu an, vor allem spart man viel Logistik und Transport von Nahrung sowie Zeit für die Zubereitung. In organisierter Form mit einer Vor- und Nachbereitung sowie Betreuung bietet sich ein Vision Quest an, bei dem man meist vier Tage und Nächte fastend allein in der Natur ist, um eine Vision oder Lebensausrichtung zu finden.

Markus: Es war für mich nicht leicht, sechs Wochen Auszeit für meine Wanderung auf dem Jakobsweg frei zu nehmen. Doch diese Zeit war sehr wichtig für mich, um beim Wandern, beim Alleinsein und in Zeiten des Nichtstuns mein Leben zu überdenken. Rückblickend waren diese Wochen viel intensiver als mancher aufregende und teure Urlaub. Ich fühle mich jetzt gesünder, ruhiger und zufriedener mit mir selbst.

Andere Möglichkeiten sind Bergwanderungen und Segeltörns, aber auch Paddeln auf einsamen Seen in Skandinavien oder Skiwanderungen sind eine Option. Hier muss man aber entsprechende Fähigkeiten haben und Vorbereitungen für Notfälle treffen. Ist man mit einem Freund unterwegs, verändert dies viel: Es sollte auf jeden Fall jemand sein, den man gut kennt und mit dem man auch schweigen kann.
Ich bin einmal mit meinem Vater den über 3700 Meter hohen Pico del Teide auf Teneriffa zu Fuß hochgelaufen. Irgendwo in der Wildnis winkte uns ein Mann zu. Er bewirtete uns mit einem Kaffee und erzählte uns, dass wir seit zehn Tagen die ersten Menschen seien, die er träfe. Er verbrachte 14 Tage Kanarenurlaub mit Wandern und Campen im Hochgebirge. Finde deinen eigenen Kontakt zur Natur.

Spiritualität
Für viele Männer ist Spiritualität entweder ein Fremdwort oder auch mit „weltfremder Esoterik“ oder „Religion“ besetzt. Unterhalte ich mich mit diesen Männern und frage nach, haben sie meist schon spirituelle Erfahrungen in der einen oder anderen Form gemacht, benennen das aber nicht so. Eine spirituelle Erfahrung kann ein Zustand von Trance, ein Gefühl sich auflösender Grenzen oder des Einsseins mit der Natur sein. Der Verstand schweigt dann und man fühlt sich mit allem verbunden. Eine innere Ruhe und Zufriedenheit geht damit einher, eine heitere Leichtigkeit und Friedfertigkeit. Es gibt viele, sehr unterschiedliche Wege, um spirituelle Erfahrungen zu machen. Längeres Alleinsein in der Natur ist eine Möglichkeit, um seine eigene Spiritualität zu finden.

Meditation
Eine wesentliche Voraussetzung für spirituelle Erfahrungen ist das Schweigen des Verstandes. Immer mehr Männer leiden unter ihrem hyperaktiven Geist und sind weit davon entfernt, ihre Gedanken zu kontrollieren. Meditation ist eine gute Möglichkeit, diese Kontrolle anzustreben und Momente der mentalen Stille zu durchleben. Es gibt viele verschiedene Meditationstechniken unterschiedlicher Schulen, die letztendlich alle ein Ziel haben: den Zustand der inneren Stille und die Befreiung von der unbewussten Aktivität des eigenen Geistes. Wer einmal positive Erfahrungen bei

der Meditation und im Zustand der inneren Ruhe gemacht hat, wird dies zu schätzen wissen. Meditation macht bewusster und führt dazu, dass man intensiver und präsenter lebt.
Ich halte die Kontrolle der eigenen Gedanken und die Fertigkeit, diese zu beobachten, ohne in die Gedankenketten „einzusteigen", für so wesentlich für das eigene Glück, dass ich sie täglich praktiziere. In allen meinen Seminaren, selbst bei Vorträgen, gibt es Zeiten der Meditation, um sich von der Außenwahrnehmung nach innen auszurichten. Diese hier auszuführen, würde den Rahmen des Buches sprengen. Ich stelle dir aber einige einfache Übungen vor, um selbst einen Zugang zur Meditation zu bekommen.

Schritte zählen
Gehe etwa 20 bis 30 Minuten in der Natur spazieren und zähle dabei deine Schritte. Du wirst merken, wie schwierig diese scheinbar simple Aufgabe ist. Dein Geist beruhigt sich dadurch, du wirst präsenter und innerlich freier.

Atemzüge zählen
Alternativ oder nach entsprechender Praxis auch parallel zum Schrittezählen kannst du deine Atemzüge zählen. Zusätzlich zum obigen Effekt vertieft sich dein Atem dabei, so dass du zur Ruhe kommst und innere Zentrierung findest.

Beide Übungen kannst du wunderbar bei Konditionssportarten wie Laufen, Schwimmen, Radfahren oder Rudern anwenden: Du zählst deine Atemzüge oder auch die Ruderschläge, Schwimmzüge oder Kurbelumdrehungen. So kombinierst du Sport und Meditation optimal.

Stille Meditation
Meditation beim stillen Sitzen fällt den meisten Menschen schwerer als eine Kombination von körperlicher Aktion und geistiger Ausrichtung. Die Gefahr, dass man sich ohne vorgegebene Struktur in den eigenen Gedanken und Träumereien verliert, ist groß. Das ist auch der Grund, warum es unzählige Meditationstechniken gibt – damit man ein Gerüst und eine Struktur hat, um nicht abzudriften. Eine Meditation in puristischer Form wie im Zen-Buddhismus besteht aus folgenden Elementen:

Sitzposition: Man wählt eine aufrechte und angenehme Sitzposition. Dabei hält man eine gewisse Spannung, man lässt sich also nicht wie ein schlaffer Sack hängen. Zu Beginn ist dafür ein Spiegel als Selbstkontrolle hilfreich.

Augen: Entweder man schließt die Augen oder schaut mit weichem, defokussiertem Blick auf einen Punkt, etwa eine Kerze.

Atmung: Ein zentrales Element, um die Aufmerksamkeit vom eigenen Gedankenchaos nach innen zu lenken, ist der Atem. Man atmet langsam und tief in den Bauch hinein und beobachtet die Bewegung. Man kann als Hilfe, um gedanklich nicht abzudriften, seine Atemzüge zählen.

Gedanken: Zu hoffen, dass man irgendwann ohne jeglichen Gedanken dasitzt, ist utopisch. Stattdessen ist die innere Haltung dazu wichtig: Man nimmt seine Gedanken nicht so ernst, und „haftet nicht an sie an“, wie die Buddhisten sagen. Man betrachtet sie einfach als Störungen, so wie eine lästige Fliege, Rückenschmerzen oder Autolärm. Man lässt jeden Gedanken bewusst mit dem Ausatmen wieder los und nimmt die Lücken zwischen den Gedanken wahr. Dies schult die Fähigkeit, sich nicht zu sehr mit den eigenen Gedanken zu identifizieren, indem man sie einfach nur beobachtet.

Yoga

Es gibt verschiedene Möglichkeiten, auch in langsamen und bewussten Bewegungen zur inneren Ruhe zu finden. Auch wenn sie aus unterschiedlichen Traditionen stammen, kannst du innere Ruhe beim Yoga, Tai-Chi oder Qi Gong erreichen. Beim Yoga wird der Fokus auf den vertieften Atem gelenkt. Das Körperbewusstsein wird gesteigert und man hält Positionen oder bewegt sich sehr langsam, sozusagen meditativ wie beim Tai-Chi.

Probier es einfach mal aus – für Männer, die nicht gern einfach nur still sitzen, sondern Bewegung brauchen, ist Yoga eine Möglichkeit, zur inneren Ruhe zu finden. Es schult das Körperbewusstsein und man erreicht immer mehr körperliche Flexibilität und Dehnung der Muskeln. In einer professionellen Yogaschule wird aber nicht nur der körperliche Aspekt trainiert, sondern man lernt auch, bewusst zu atmen und die Gedanken ruhig zu halten. Das führt zu mehr innerer Ruhe und Ausgeglichenheit.

Genussvoller Rückzug, um Energie zu tanken

Finde deine Form der Regeneration im Alltag, um in genussvoller Weise zur Ruhe zu kommen und deine Batterien aufzuladen. Für mich gehören die Momente der Meditation und Yoga am Strand oder auf einem Berg zu den schönsten und glücklichsten Momenten des Lebens. Da ich viel arbeite, in den Seminaren vielen Menschen begegne und auch sportlich sehr aktiv bin, ist für mich ein Rückzug wichtig. Meine Botschaft ist: Finde deinen eigenen Weg und mach auch hier dein Ding. Teste, was für dich passt, und lerne bei verschiedenen Lehrern. Danach praktiziere das, was den besten Erfolg für dich bringt und was dir am meisten Freude macht.

Ich habe Zen in einem Kloster in Japan praktiziert, Yoga in Indien und Deutschland, Schamanismus in Latein- und Mittelamerika, Buddhismus und moderne Meditationstechniken. Jede „Schule" hat ihre eigenen Techniken und Methoden und man muss weder Buddhist, Yogi noch Schamane werden, um die Lehren zu verstehen und die vermittelten Methoden anzuwenden. Lohnender ist es, du beschäftigst dich über einen längern Zeitraum von mindestens einem Jahr mit einer Lehre. Mittlerweile habe ich aus all den absolvierten spirituellen Schulungen eigene Techniken entwickelt – vor allem mit dem Ziel, ohne viel Aufwand, religiösen Ballast, Folkloristik oder Dogmatismus in erweiterte Bewusstseinszustände zu gelangen.

Trauern und Abschied nehmen

Traurig sein, Verluste oder Niederlagen verkraften oder auch von einem geliebten Menschen Abschied nehmen – das sind Erfahrungen, an denen niemand vorbeikommt. Man denkt nicht gern daran und redet nicht gern darüber. Ich tue es aber hier, weil diese Erfahrungen zum Leben dazugehören. Sie zu verdrängen oder sich abzulenken ist psychisch nicht gut und hilft dir nicht. Männer sind leider oft Experten darin, lieber wegzulaufen, sich in die Arbeit zu flüchten oder sich zu besaufen, anstatt Trauer, Schmerz oder Verlust zu spüren.

Weinen hilft. Das ist jetzt keine spektakuläre Erkenntnis, doch ich muss hier darauf ausdrücklich hinweisen. Es gibt Männer, die praktisch niemals weinen. Sie schlucken alle Gefühle herunter und drücken sie niemals aus. Dadurch entsteht ein permanenter innerer Druck und eine emotionale Panzerung. Lachen und Weinen gehören zusammen – ersteres ist gesellschaftsfähig und beliebt, letzteres lehnen Männer oft ab. Für dein psychisches Gleichgewicht ist es aber notwendig, ab und zu auch zu weinen. Frauen können das in der Regel viel leichter. Das ist einer der Gründe, warum sie mit Verlusten und Schicksalsschlägen oft besser klarkommen als Männer. Sie fangen einfach an zu weinen oder sogar zu schluchzen, wenn etwas Schlimmes passiert ist. Sie erzählen es jemandem und suchen sich Trost durch Körperkontakt, Zärtlichkeit und das Gehaltenwerden von einem vertrauten Menschen.

Doch in Bezug auf das Weinen gibt es etwas zu unterscheiden: Weint jemand nur aus Überforderung, weil er Wehwehchen hat, etwas schiefgeht oder er eine Auseinandersetzung verloren hat? Das würde ich eher als Jammern oder Herumzicken bezeichnen. Etwas anderes ist es, wenn wirklich Trauriges oder Schlimmes passiert ist: Trennung, große Verluste, Unfälle oder Tod eines geliebten Menschen. Hier geht es nicht darum, dass du ein Mimöschen wirst, sondern darum, wie du mit solchen Schicksalsschlägen in positiver Weise umgehen kannst.

Allein trauern

Suche einen Ort auf, den du magst und wo du ungestört bist. Und dann fokussiere dich auf das schlimme Ereignis oder den verlorenen Menschen. Wenn jemand gestorben ist, sprich mit dem Menschen. Rufe ihn laut herbei und rede mit ihm über das, was euch verbindet, was er dir bedeutet und was du für ihn empfindest. Erinnere dich an gemeinsame Erlebnisse und schildere sie – das hilft dir zu weinen, und du wirst dich diesem Menschen sehr nah fühlen. Wenn du weinen oder gar schluchzen musst, lass diese Körperreaktion zu, denn das Weinen befreit dich von den Gefühlen und entspannt dich. Diese natürliche Reaktion zuzulassen ist in solchen Situationen die beste Medizin. Entscheidend dabei ist es, nicht „in den Kopf“ zu gehen, also zu rationalisieren, zu erklären und darüber nachzudenken, was und warum es passiert ist und was du jetzt tun solltest. Bleib lieber im Gefühl und drücke es aus. Wünsche dem Menschen dann alles Gute und gib ihm deinen Segen für seine weitere Reise. Du wirst sehen, dass das hilft. Du wirst dich danach vielleicht etwas erschöpft, aber erleichtert fühlen.

Unterstützung suchen
Meist hilft es nicht, die Nachricht zu verbreiten und von vielen Menschen oder in den sozialen Medien Beileidsbekundungen zu bekommen. Es ist eine Ablenkung im Außen, um den Schmerz nicht zu spüren. Vermeide, wie oben schon erwähnt, viele Erklärungen, Analysen und Diskussionen über das Geschehene – das hat Zeit für später. Du brauchst jetzt jemanden, der nicht mit dir redet, sondern mit dir trauert. Suche dir statt vieler Menschen also lieber einen als Beistand aus. Oft ist es leichter zu trauern oder Abschied zu nehmen, wenn man einen vertrauten Menschen dabei hat, der einen darin unterstützt. Diesen Menschen sollte man mit Bedacht wählen, denn viele können nicht damit umgehen, einen trauernden Menschen zu trösten: Sie sind verunsichert und reden bloß oder, schlimmer noch, geben schlaue Ratschläge. Das hilft aber nicht. Wenn du einen Freund hast, der dich in dieser schweren Zeit unterstützt, ist das viel wert. Jemand, der dir zuhört, der vielleicht ein paar Fragen stellt, dich in den Arm nimmt oder einfach nur mit dir schweigt. Diese Stunden werden euch beide als Freunde sehr zusammenbringen und auch im Nachhinein sehr wertvoll sein.

Finde deine eigenen Kraftquellen und lerne, Zeit mit dir allein zu genießen. Schaff Zeiten und Räume in deinem Leben, um auf konstruktive Art zu regenerieren.

LEBENSSINN – Nimm das Steuer in die Hand!

Der Titel dieses Buches mag vielleicht zum vorschnellen Eindruck verleiten, dass Genuss und Freude an der eigenen Männlichkeit bedeuten könnten, in den Tag hinein zu leben und sich einfach nur am Leben zu erfreuen. Dass eine solch kurzfristige Sichtweise nicht meiner Ausrichtung entspricht, dürfte jedoch beim Lesen deutlich geworden sein. Vielmehr wird der Genuss- und Spaßfaktor des eigenen Lebens immer blasser und unbefriedigender, wenn man keinen Sinn darin sieht und kein langfristiges Ziel verfolgt. Das wird besonders an den Beispielen deutlich, wenn jemand zu viel Geld kommt oder aus anderen Gründen längere Zeit nicht arbeiten „muss" und nur noch macht, was ihm Spaß macht. Viele Menschen sehnen sich genau danach und spielen zum Beispiel Lotto. So attraktiv das auf den ersten Blick scheint, führt ein Leben ohne tieferen Sinn und innere Ausrichtung zu Langeweile und Frustration. Stellvertretend hier ein erstes Beispiel:

Ludwig: Ich hatte das Glück, vor einigen Jahren unerwartet einen sehr hohen Betrag zu erben – vermutlich etwas, wovon viele träumen. Dass dies nicht nur positiv war, sondern durchaus zu einigen Problemen in meinem Leben führte, kann ich nur wenigen Menschen erzählen, denn kaum jemand würde dies verstehen. Als Angestellter hatte ich einen angenehmen, aber oft nervigen Job. Den hängte ich sofort an den Nagel und machte erst einmal Urlaub. Ich bereiste verschiedene Länder und genoss meine Freiheit, denn meine Freundin wollte nicht mit und so trennten wir uns. Ich blieb schließlich in der Dominikanischen Republik hängen, lernte dort eine hübsche Frau kennen und kaufte mir für wenig Geld ein Grundstück. Wir bauten eine größeres Haus, um Zimmer an Reisende zu vermieten, bewusst in kleinem Stil, denn ich brauchte die Einnahmen eigentlich nicht. Das lief so einige Jahre, man gewöhnt sich an das Traumwetter, die Einhei-

mischen und die Strände. Und aus der Faszination des Landes wurde irgendwann eine oft genervte Haltung aufgrund mangelnder Zuverlässigkeit der Menschen, organisatorischer und sozialer Probleme und einer anderen Mentalität. Ich lebte so vor mich hin, hatte mittlerweile zwei Kinder mit meiner Frau Julia und kümmerte mich etwas um unsere Pension. Ab und an ergaben sich interessante Gespräche mit Reisenden, ansonsten passierte aber nicht viel. Die Kontakte und Reisen nach Deutschland wurden immer seltener. Abends saß ich meistens mit einigen anderen Auswanderern in der Kneipe und wir tranken und redeten. Ich weiß auch nicht, wie es eigentlich passierte, ich trank wohl zu viel und wurde dann manchmal ausfallend zu Hause. Ich selbst wurde immer mürrischer und konnte mich immer weniger an meinem Leben erfreuen, das wenig Abwechslung bot. Ich nahm zu und aus einem ehemals sportlichen, gut gebauten Mann wurde ein eher dicker, träger Sack. Dass etwas gehörig schiefließ, wurde mir erst klar, als meine Frau sich nach einem Streit von mir trennte und heimlich mit den Kindern zu ihrer Familie in die Hauptstadt verschwand. Da saß ich also allein in meiner Pension am Traumstrand. Meine Kumpels konnten mir in dieser Situation auch nicht wirklich helfen. Ich musste mir eingestehen, dass ich mein Erbe nicht so eingesetzt hatte, dass es zu mehr Lebensglück geführt hätte. Ich weiß selbst nicht, warum ich eines abends sternhagelvoll ins Meer rausschwamm. Noch mysteriöser ist es, dass ein Fischer mich rettete und wiederbelebte, denn ich war eigentlich schon ertrunken. Mein Bruder erfuhr von der Geschichte und holte mich nach Deutschland zurück, wo ich dann einige Monate in einer psychiatrischen Klinik verbrachte. Der Alkoholentzug und die Gespräche taten mir rückblickend gut. Ich musste mir eingestehen, dass ein Leben ohne Ziele und Sinn nicht wirklich glücklich macht. Ich bin jetzt auf der Suche nach etwas, für das es sich lohnt, den Rest meines Erbes einzusetzen, und das meinem Leben eine Ausrichtung gibt.

Diese Geschichte einer meiner Klienten ist nicht unüblich – tatsächlich könnte ich einige traurige Geschichten von Männern erzählen, die eine große Chance im Leben bekamen und diese mangels einer eigenen kraftvollen und realistischen Vision in den Sand setzten. Das ist wesentlich schmerzlicher und schwerer zu verkraften, als wenn man diese Chance niemals bekommt.

Männlichkeit bedeutet, ein Ziel zu verfolgen

Sich ein Ziel in der Ferne zu setzen und es über längere Zeit zu verfolgen, bis man es erreicht hat, gehört zu den archaischen Erfahrungen von Männern. Schon seit der Steinzeit, durch alle Epochen hindurch und auf allen Kontinenten der Welt, haben Männer ihr Leben lang aus verschiedenen Motiven ein Ziel mit langem Atem verfolgt. Die Beispiele dafür sind zahlreich: Bei der Jagd wird die Spur eines Tieres aufgenommen, egal, ob im Wüstensand, im Schnee oder im Sumpf. Der Jäger macht sich dann auf, diese Spur zu verfolgen, oft tage- oder sogar wochenlang, wenn es sich um eine lohnende Beute handelt. Seine Augen sind dafür trainiert, den Horizont abzusuchen, um die Beute eher zu entdecken als sie ihn. Er darf sich nicht ablenken lassen und muss absolut wachsam sein – zum einen, um das Tier nicht auf sich aufmerksam zu machen, zum anderen, um selbst nicht zur Beute zu werden. Gejagt wurde in vielen Kulturen entweder allein oder in einer Gruppe von Männern, die sich wortlos oder mit wenigen Zeichen verständigen müssen, denn sie haben ein gemeinsames Ziel: das Wild zu erlegen, um sich und ihre Familie zu ernähren. Die meiste Zeit ist also Geduld und Kondition gefragt, erst ganz am Ende für wenige Minuten oder gar Sekunden Schnelligkeit und Entschlossenheit im Kampf und beim Erlegen des Tieres. Danach spätestens zeigt sich, ob der Mann Orientierungssinn hat und auch den Rückweg findet. Auch dafür braucht er eine gut ausgeprägte Fernsicht und muss Landmarken am Horizont ausmachen. Er braucht Kondition und Kraft, um den schweren Kadaver nach Hause zu bringen. Dabei muss er weiterhin wachsam sein, denn er könnte angegriffen werden und dann seine Beute wieder verlieren: von anderen wilden Tieren oder Menschen. Erst wenn er zu Hause bei seiner Familie angekommen ist, kann er entspannen. Ähnlich ist es in Kampf- oder Kriegssituationen. Der Mann muss auf Anzeichen des Feindes in der Ferne achten und darf sein Ziel nicht aus dem Auge verlieren. Er muss dafür stets wachsam und aufmerksam sein. Auch hier wird ein oft mittel- bis sehr langfristiges Ziel ins Auge gefasst: die Feinde zu besiegen und neues Land zu erobern oder die Angreifer effektiv abzuwehren und in die Flucht zu schlagen. Auch in diesem Fall verbindet die involvierten Männer dieses eine Ziel, alles andere muss dem untergeordnet werden: Persönliche Vorlieben, Abneigungen und Befindlichkeiten dürfen nicht vom Ziel ablenken. Entdeckungen und Eroberungen, aber auch Völkerwanderungen prägen die Menschheitsgeschichte bis heute. Auch dabei steht am Beginn die Vision eines fernen Ziels. Dafür braucht es dann monate- oder jahrelange Vorbereitungen, um entsprechende Schiffe zu konstruieren, die das Meer kreuzen können oder um hohe Berge zu überwinden. Bei allen Vorbereitungen, logistischen und sozialen Problemen muss das Ziel im Auge behalten werden: ein anderes Land. Vergleichbares gilt für Bauwerke, Städtegründungen und wissenschaftliche Errungenschaften. Immer war mindestens ein charismatischer Mann, der seine große Vision verfolgte, der Ursprung. Große Projekte bedurften entsprechend dieser Macht und Ausstrahlung eines einzigen Protagonisten, um viele Männer über lange Zeit zu motivieren und zu begeistern, das gesetzte Ziel weiterzuverfolgen. Besonders bei Rückschlägen, Misserfolgen, sozialen Unruhen oder sonstigen Krisen ist ein Visionär wichtig, der nicht an seinem Anliegen zweifelt. Hier zeigt sich, ob der Fokus auf das gesetzte Ziel und die eigene Willenskraft stark genug ist.

Man könnte diese archaische männliche Erfahrung auf den Satz reduzieren:

Männlichkeit bedeutet, sich Ziele zu setzen, andere dafür zu begeistern und diese zu erreichen.

Warum machen Männer das? Weil sie einen ganz archaischen Trieb in sich haben, die Welt zu entdecken, zu erobern und nach ihren Vorstellungen zu gestalten.

Dasselbe Prinzip kann man auf viele Lebensbereiche übertragen: Männlich ist es, eine Frau, die man begehrt, in der Ferne wahrzunehmen, sich auf den Weg zu ihr zu machen und sie zu „jagen". Auch wer eine Abfuhr erhält und auf Widerstand stößt, verliert das Ziel, die Frau zu erobern, nicht aus den Augen. Männlich ist es, die Frau für sich selbst und den Sex zu begeistern, den man mir ihr haben möchte. Eventuell auch für mehr.

Fehlende Ausrichtung im Leben

Viele Männer leiden unter dem Gefühl der Sinnlosigkeit in ihrem Leben. Sie haben kein Ziel (mehr), das sie begeistert und das sie erreichen wollen. Denn eine Sinnkrise erlebt man nicht bei der Jagd oder im Kampf, sondern immer davor oder danach. Während sie in jungen Jahren mit materiellen Zielen wie Urlaub, Sport und Fraueneroberungen durchaus glücklich waren, treten diese Dinge irgendwann in den Hintergrund. Auch Ziele wie das Erreichen von Ausbildungsabschlüssen, Zertifikaten und Urkunden sind irgendwann alle erreicht. Im Job hat man eine leitende Position, die Firma ist am Markt etabliert und läuft rund, die Familie ist gegründet und das eigene Haus ist gebaut, das passende Hobby ist gefunden. Was nun? Mit 35, 40 oder auch erst mit 50 Jahren fragt man sich dann, warum man sich tagtäglich den Stress antut – wie ein Rädchen im Getriebe. Die ursprüngliche Motivation, der Sinn für das, was man arbeitet und wofür man lebt, ist verloren gegangen. Natürlich gibt es immer wieder Annehmlichkeiten und schöne Momente – diese trösten aber nicht darüber hinweg, dass man sich innerlich immer leerer fühlt und sein Leben als sinnentleert erlebt. Diese – aus meiner Sicht wichtige und notwendige – Krise wird oft als Midlife-Crisis bezeichnet. Sie wird als „depressive Phase" oder „Burnout" diagnostiziert und klassisch therapiert, damit der Mann wieder arbeitsfähig ist. Tatsächlich geht es aber nicht darum. Wer die Sinnlosigkeit seines Lebens fühlt und beginnt, entsprechende Fragen nach der Ausrichtung und Bedeutung seiner Existenz zu stellen, ist bereit, einen wesentlichen Schritt in der Reifung seiner Persönlichkeit zu vollziehen. Ich habe schon viele Männer in dieser für sie oft sehr schwierigen Zeit als Coach begleitet. Stellt man die richtigen Fragen und ist bereit, übliche Denk- und Verhaltensweisen sowie Werte im Leben infrage zu stellen, dann kann das im Nachhinein als eine der wichtigsten Zeiten im eigenen Leben betrachtet werden. Viele Männer machen hier einen intensiven Transformationsprozess durch, in dem sie Herz und Weisheit entwickeln und persönlich reifen. Manche ändern danach ihr ganzes Leben oder einzelne Aspekte, andere ändern aber auch nicht viel im Äußeren, wenn der Verwandlungsprozess nur im Innen stattgefunden hat. Fast immer aber braucht man in dieser Phase die Unterstützung durch einen Mann, der einem hilft, die wichtigen Fragen zu stellen und den Horizont zu weiten. Vor allem Männer, die durch äußere Ereignisse wie Unfall, Jobverlust und schwere Krankheit gezwungen werden, ihr Leben neu zu sortieren und auszurichten, tun sich oft schwer, die Verantwortung für ihr eigenes Schicksal zu übernehmen. Besonders häufig und unsanft werden Männer durch das Verlassenwerden von der Frau aus ihrer Komfortzone geworfen, manchmal werden sie sogar von der ganzen Familie verlassen. Dann ist die Gefahr groß, sich selbst in die Opferrolle zurückzuziehen. Denn wer nur in Jammerei, Selbstmitleid oder Sorgen verfällt, der kommt nicht weiter. Wer im Opfertum stecken bleibt, produziert Krankheiten – psychische wie körperliche. Diese lenken aber nur vom eigentlichen Prozess der persönlichen Sinnfindung ab. Da braucht es jemanden von außen, der den Fokus immer wieder zurück auf die Fragen nach den eigenen Werten im Leben, auf die eigene Biografie und die Suche nach einer Lebensvision lenkt. Allein ist die Gefahr groß, sich zu verlieren und den Weg nicht mehr zurück ins Berufsleben zu finden. Auch hierfür habe ich zahlreiche Beispiele: Männer, die sich ein „Sabbatjahr" nehmen, um Abstand zu bekommen und um herauszufinden, was sie im Leben machen wollen. Oft reisen sie dann in der Welt herum und machen durchaus interessante Erfahrungen, einige machen interessante Seminare oder erlernen eine tolle Sportart, ein spannendes Handwerk oder verfolgen ein anderes neues Hobby. Das ist alles schön und gut, aber nach einem Jahr haben sie sich an ein geruhsames Leben ohne eine berufliche Tätigkeit, die auch Stress, Herausforderung und Konfrontation mit sich bringt, gewöhnt. Und statt nur einer Frage für den eigenen Lebensweg sind allmählich noch viele weitere hinzugekommen. Sie fühlen sich jetzt noch viel weniger dazu imstande, eine Entscheidung für die weitere berufliche Entwicklung zu treffen und dann auch durchzuziehen. Ich erlebe Männer nach einem „Sabbatjahr" oft energieloser, grübelnder und ängstlicher als vorher– sie lassen die Dinge dann lieber laufen, anstatt eine beherzte Entscheidung zu treffen. Bruno ist ein Beispiel dafür.

Bruno sah keinen Sinn mehr in seinem Job als Verkäufer. Früher war er engagiert, hatte Fortbildungen gemacht und wollte erfolgreich sein. Das gelang ihm im Großen und Ganzen auch, so dass er von vielen Kollegen bewundert wurde. Und er hatte sich etwas Geld angespart. Dann fesselte ihn ein Unfall ans Bett und löste eine Sinnkrise aus: Er fing an, über sein Leben nachzudenken, da es wenig Ablenkung gab. Als er wieder gesund war, hatte er keine Motivation mehr, zu arbeiten, er zweifelte am Sinn der Produkte, die er verkaufte, und an seinem

Leben insgesamt. Das hatte ihm vorher Spaß gemacht: Er hatte ein gutes Einkommen und einen gewissen Luxus, tolle Urlaube, Partys und Sportarten. Er wollte sich auch mit 39 Jahren nie dauerhaft an eine Frau binden und hatte als gut aussehender, sportlicher Mann mehr als genug spannende Frauenkontakte und Affären. Eigentlich war das ein gutes und freies Leben, um das ihn viele Männer beneideten. Und doch wollte er nicht dahin zurück, es war ihm zuwider. Er beschloss, ein Sabbatjahr zu nehmen, um sich neu zu orientieren. Er fing an, spirituelle Seminare zu besuchen, machte Reiki, Familienaufstellungen und Rükkführungen in letzte Leben. Wer Bruno vorher kannte, hätte das für komplett unmöglich gehalten und ein Vermögen darauf gewettet, dass er niemals „Esoteriker" werden würde. Denn er hatte sich früher nur zu gern über diese Leute lustig gemacht. Sein Freundeskreis wendete sich praktisch komplett von ihm ab und er tauchte in die „Esoterikszene" ein. Bruno absolvierte das volle esoterische Programm: vom Channeling mit Geistwesen, über das sogenannte Satsang mit spirituellen Meistern bis zur Geistheilung. Nach über einem Jahr waren seine Ersparnisse schließlich aufgebraucht, aber er hatte noch immer keine Idee, was er mit seinem Leben anfangen sollte. Er träumte von Reiki-Sitzungen und schamanischen Heilbehandlungen, doch davon konnte er kaum leben. Sein schickes Autos musste er sowieso schon verkaufen und seine Penthauswohnung gegen eine einfache Zwei-Zimmer-Bude einwechseln. Auch von dem einst sportlichen Bruno war nicht mehr viel übrig – er bekam einen Bauch und war auch, sagen wir einmal, unvorteilhaft gekleidet. Als er zu mir in die Praxis kam, war ich jedenfalls perplex, als ich seine Fotos von früher sah. Diese eineinhalb Sabbatjahre hatten ihn aus meiner Sicht nicht positiv verändert. Er hatte viele furchtbar wirre esoterische Ideen im Kopf und keinerlei realistische Vorstellung von dem, was er mit seinem Leben anfangen sollte. Im Coaching erinnerte ich ihn an die positiven Aspekte seines vorherigen Lebens als Verkäufer – schließlich gab es vieles, was er sehr mochte. Bruno war offensichtlich im Verkauf sehr qualifiziert und auch darin, seine Mitarbeiter zu motivieren und zu schulen. „Das, was du dir da jahrelang aufgebaut und erlernt hast, soll jetzt alles wertlos sein, und du wirfst es wie Müll weg?", fragte ich Bruno. Schließlich sah er ein, wie realitätsfern seine esoterischen Träume und die finanziellen Perspektiven waren, denn er war total abgebrannt. Ich konnte ihn dazu motivieren, beides zu kombinieren. Das hat er dann auch getan – heute verkauft er teure esoterische Produkte, von deren Wirkung er abso-

lut begeistert ist. Und das kommt an. So wie es scheint, hat er viel Erfolg damit. Das freut mich für ihn und ich gönne es ihm natürlich sehr, auch wenn ich nicht an diese Produkte glaube.

An Brunos Geschichte wird deutlich, dass eine Auszeit zwar oft sinnvoll, manchmal sogar notwendig sein kann, man aber qualifizierte Hilfe braucht, um den Fokus nicht aus den Augen zu verlieren, um den es dabei geht. Das ist die Frage nach dem eigenen Lebensweg, nach Sinn und Visionen. Egal, ob man sie abschließend beantwortet oder nicht: Man braucht als Mann ein Ziel, das einen herausfordert und das man mit Leidenschaft verfolgt. Ansonsten schlafft man ab, wird energielos und unzufrieden. Die Freude, ein Ziel zu definieren, hart dafür zu kämpfen, und den Stolz, es erreicht zu haben und genießen zu können, ist ein wichtiger Aspekt der Männlichkeit. Sorge also immer dafür, dass es Ziele in deinem Leben gibt, die du verfolgst – am besten mehrere. Hast du eins erreicht, dann genieße es, setz dir aber bald wieder ein Neues.

Sinnhaftigkeit

Männer brauchen Projekte, die sie verfolgen und durch die sie die Welt gestalten. Wie bereits ausgeführt, ist Aggression eine Urkraft des Mannes, die nicht nur zerstörerisch, sondern durchaus konstruktiv eingesetzt werden kann. Wer sein Lebensprojekt gefunden hat und dies mit Leidenschaft verfolgt, hat mehr Power, Leidenschaft und Genuss in seinem Leben. Das Gefühl, etwas zu tun, an das man glaubt, weil es die Welt irgendwie verbessert oder anderen Menschen hilft, gibt Lebenskraft und macht glücklich. Man wird nicht mehr krank, wenn man gebraucht wird, von Depressionen oder Unlust ganz zu schweigen. Ziele, die nur dem persönlichen Wohl oder der eigenen Weiterentwicklung dienen, reichen aber auf Dauer nicht. Als junger Mann ist es okay, zunächst den Fokus auf die eigene Ausbildung zu richten – man lernt und empfängt von anderen, erfahreneren Menschen. Spätestens ab etwa 30 Jahren sollte man aber den Fokus darauf legen, der Welt beziehungsweise den anderen Menschen etwas zu geben. Hier geht es nicht um den eigenen Vorteil. Den Urimpuls, die Welt in positiver Weise zu prägen und zu verändern, trägt jeder in sich.

Ich sitze gerade auf der Veranda meines Apartments im Norden Brasiliens und schaue aufs Meer. Die ersten Kiter starten schon, aber ich werde erst noch eine Weile schreiben, bevor ich mich auch in die Wellen stürze. Das mache ich freiwillig, weil auch mein achtes Buch mir Freude macht und ich fest davon überzeugt bin, damit vielen Männern helfen zu können, ein erfüllteres, männlicheres Leben zu führen. Ich schreibe nicht, weil ich das Geld oder die Anerkennung brauche. Beides habe ich bereits in ausreichendem Maße. Ich wäre auch nicht glücklicher, wenn ich den ganzen Tag nur Sport treiben oder am Strand abhängen würde, im Gegenteil. Indem ich mir jeden Tag ein kleines Ziel setze, was ich schreiben will, erhöhe ich meine Motivation. Und ich pumpe dann später meinen Kite mit umso mehr Vorfreude auf oder mache meinen Allrad für einen Ausflug klar. Und ich werde in zehn Tagen zurück ins kalte Deutschland fliegen, da das große Silvesterseminar auf mich wartet, das schon lange ausgebucht ist. Das mache ich freiwillig und mit Freude, weil ich vielen Menschen dort wundervolle sechs Tage bescheren werde, die ihr Leben verändern werden. Der Verzicht auf den Strand, die Sonne und das Kiten steigert die Vorfreude auf Brasilien dann umso mehr. Ich werde auch nicht krank im Seminar, denn meine Teilnehmer brauchen mich und wären maßlos enttäuscht, wenn es ausfallen würde oder eine Vertretung dies leiten würde, was in den meisten Fällen sowieso nicht möglich wäre. Viele Teilnehmer und auch Freunde wundern sich, wie ich so immens viel und effektiv arbeiten kann, und doch so entspannt dabei bin. Sie fragen: Bist du nach einem mehrtägigen Seminar, an dem du von morgens acht bis oft nach Mitternacht praktisch ohne Pausen präsent bist, nicht völlig erledigt? Ich antworte meist: Ja, schon, aber das hält mich nicht davon ab, schwimmen und in die Sauna zu gehen und danach noch intensiven Sex oder ein tantrisches Ritual zu haben. Würde ich mich vor den Fernseher setzen oder ins Internet gehen, wäre ich sicher total fertig. Ich weigere mich einfach, in den Kategorien von Arbeit und Freizeit zu denken, und ersteres als „anstrengend" oder „schlecht" zu bewerten, letzteres dagegen als „entspannend" oder „gut". Das ist aus meiner Sicht nicht sinnvoll. Auch die Vorstellung, einmal Rentner zu sein, finde ich äußerst merkwürdig. Rente scheint mir nur sinnvoll für Menschen, die ihren Lebenssinn nicht gefunden haben. Sozusagen als eine Art „Entschädigung" dafür, dass sie ein

Leben lang etwas gearbeitet haben, was sie als sinnlos oder frustrierend erlebt haben. So etwas brauche ich nicht. Ich werde so lange Seminare geben, Vorträge halten, Artikel und Bücher schreiben, bis ich unter der Erde liege. Wieso sollte ich als alter Mann nur noch tatenlos herumsitzen und verkalken? Von mir aus kann die Rente abgeschafft werden, sie erzeugt nur sinnentleerte und dahinvegetierende alte Leute. Natürlich kann man als alter Mensch nicht mehr so viel und schwer arbeiten, schafft manche Belastungen nicht mehr und braucht längere Pausen. Mein uralter Zenmeister braucht nur einen Satz, um das auszudrücken, wofür ich ein Buch schreibe: Im Alter hat man den Menschen eben anderes zu geben, als man das als junger Mann kann.

Visionen entwickeln und verwirklichen

Wie entwickelt man nun seine wahre Lebensvision und wie verwirklicht man sie? Natürlich gibt es allerhand Bücher, Seminare, Coachings und Anleitungen zu diesem Thema. Ich selbst habe schon viele Männer in der Auseinandersetzung mit der Sinnfrage und der Visionssuche begleitet. In meinem Buch „Männlichkeit leben“ findet sich einiges dazu. Was ich dazu als Essenz dieser Erfahrungen sagen kann, ist Folgendes:

Herz statt Kopf

Die Antwort auf eine Sinnfrage nach der erfüllenden Lebensausrichtung wird man nicht mit dem Kopf finden, denn das Ganze ist kein intellektueller Prozess. Vielmehr geht es um dein Herz und dein Herzensanliegen dabei. Intensiv nachzudenken und zu analysieren ist dafür sicher eine gute Vorbereitung, mehr aber auch nicht. Rein intellektuelle Analysen und Zielformulierungen – so ausgefeilt und perfekt sie auch sein mögen – werden niemals der langfristige Leitfaden für das eigene Leben sein. Erlaube dir also, auf dein Herz zu hören. Frage dich, was dich wirklich begeistert und wofür du innerlich brennst. Was kannst du tun, worauf du am Ende deines Lebens stolz wärst?

Schätze Erreichtes

Ich bin stets skeptisch, wenn Menschen ihre jahrzehntelangen Berufserfahrungen einfach in die Mülltonne werfen und nach einer

Visionssuche etwas komplett anderes machen wollen. Frage dich lieber, wofür dir deine Erfahrungen dienen und ob du sie nicht in einem anderen Kontext einsetzen kannst. Wenn du Ingenieur bist, aber jetzt lieber Menschen heilen willst, dann beschäftige dich zum Beispiel mit technischen Geräten in der Medizin. Suche nach Wegen, die Erfahrungen und Fähigkeiten, die du dir erworben hast, mit in deine Vision einfließen zu lassen. Da war ein Verkäufer, der gern Menschen schulen wollte: anstatt zu kündigen, leitet er jetzt die Schulungen im Unternehmen und profitiert dabei von seiner langen Berufserfahrung als Verkäufer. Da war ein Architekt, der nicht mehr nur für die „Kapitalisten" Luxuspaläste bauen, sondern lieber armen Menschen in der Dritten Welt helfen wollte. Sein Wissen als Architekt ist dort sehr hilfreich. Heute reist er in Erdbebengebiete und begutachtet die Häuser und Hütten der Menschen, die vom Einsturz bedroht sind, und beurteilt, ob man sie abreißen muss oder ob sie repariert werden können. Für viele auf den ersten Blick widersprüchliche Dinge lässt sich eine Verbindung finden, um die erworbenen Erfahrungen in einem anderen Kontext Menschen zu Verfügung zu stellen.

Nicht nur das Was, sondern auch das Wie zählt

Oft kommen Männer mit ganz großen Erwartungen an eine spektakuläre neue Lebensvision ins Seminar oder Coaching: ein berühmter Künstler werden, eine neue Heilmethode entwickeln, eine große Firma gründen oder die Welt verbessern. Sicher, einige wenige Menschen gehen diesen Weg. Für die meisten geht es aber eher darum, zu überlegen, was sie in ihrem jetzigen Alltag und mit den Menschen, mit denen sie Kontakt haben, verändern können. Wieder zu wissen, warum man arbeitet, ist viel wert. Und wieder Freude und Engagement bei dem zu spüren, was man tut, ebenso. Es zählen nicht nur die Hard Facts, sondern auch die Soft Skills. Humor in das Leben anderer zu bringen ist viel wert, eine zentrale Vertrauensperson für viele in der Firma zu sein auch. Dafür braucht man keine neue Anstellung, keinen neuen Beruf und keine neue Frau.

Wer willst du selbst sein?

Bevor du eine Vision über dein Tun entwickelst, solltest du klären, wer du selbst sein willst. Das sind die Fragen zu Beginn dieses Buches: Wer bist du als Mann? Wie lebst du deine Männlichkeit?

Liebst du dich? Wie gehst du mit dir selbst um? Wie ist dein Lebensgefühl?

Ein Mann, der mit sich selbst in Einklang ist, strahlt auf andere aus – sie suchen seine Nähe. Das betrifft Männer wie Frauen. Entwerfe also zunächst das Bild des Mannes, der du sein könntest, wenn du dein Potenzial realisierst. Als grüblerischer, an sich selbst zweifelnder Mann kannst du keine Firma leiten, als ängstlicher und unterwürfiger Mann nicht die Führung in deiner Partnerschaft übernehmen. In vielen Fällen steht zunächst eine intensive Persönlichkeitsentwicklung an.

Feedback

Deine Familie und deine Freunde kennen dich vermutlich ziemlich gut, jeder auf seine Weise. Sie haben ein Gefühl, was du gut kannst, wo dein Potenzial und wo deine Schwächen sind. Frage sie einmal in Bezug auf deine Vision und bitte sie um eine ehrliche Einschätzung zu dir. Stell dabei offene Fragen, die man nicht nur mit Ja oder Nein beantworten kann, sondern die zum Erzählen einladen: Was, glaubst du, sind meine Stärken? Welcher Beruf würde deiner Meinung nach zu mir passen?

Und dann höre aufmerksam zu und gebe keine Kommentare dazu ab. Also wende nichts dagegen ein, widersprich nicht, stell nichts richtig und diskutier auch nicht. Hör dir verschiedene Einschätzungen zu deiner Person von Menschen an, die dich gut kennen und die du schätzt. Gehe davon aus, dass sie dir wohlgesonnen sind, auch wenn ihre Meinung nicht immer mit deiner übereinstimmt. Denk auch über das, was dir nicht gefällt, in Ruhe einige Tage nach.

Coaching-Partner

Große Ziele erreicht man selten ganz allein, zumindest die meisten Menschen können das nicht. Wenn es darum geht, dem eigenen Leben eine Ausrichtung zu geben, eine Vision zu finden und dann Ziele zu definieren, die man erreichen will, verliert man sich allein, wie bereits geschildert, sehr schnell. Ein Coach ist dafür sehr hilfreich, denn er steht außerhalb und weiß, welche Fragen zu stellen sind, um weiterzukommen. Ein guter Coach stellt auch unbequeme und provokante Fragen und lenkt den Fokus auf Aspekte, die man selbst nicht bedacht hat. Manchmal muss er dazu ermutigen, größer und weiter zu denken und den eigenen geistigen Horizont zu erweitern. In anderen Fällen testet er die eigene Entschiedenheit, indem er angreift und den Advocatus Diaboli spielt. Um deine Ziele konkret zu erreichen, brauchst du manchmal auch konkrete Unterstützung in der Praxis. Ein bekanntes Beispiel dafür ist das Ansprechen und Verführen von Frauen, womit sich viele Männer sehr schwertun beziehungsweise es überhaupt nicht probieren. Da hilft kein aufgeplusterter Seduction-Trainer, der tolle und teure Seminare anbietet, in denen er nur Vorträge über seine Fähigkeiten als Casanova hält. Gefragt ist hier jemand, der mit einem zusammen auf die Straße geht und die konkrete Situation trainiert. Auf meiner Website findest du einige Kontakte von meinen Assistenten, die genau dies im Coaching in der Praxis anbieten. Sie helfen Ängste zu überwinden, persönliche Ziele im Kontakt zu Frauen zu realisieren und neue Fähigkeiten im Kontakt zu entwickeln.

Genauso wirst du für eine neue Sportart einen Trainer, für eine Ernährungsumstellung einen Ernährungsberater oder Personal Coach und für eine Ausbildung ein entsprechendes Institut benötigen.

Die Alternative oder auch Ergänzung zu der finanziell manchmal nicht unerheblichen Investition in einen professionellen Coach ist ein Coaching-Partner. Hierbei handelt es sich um keinen bezahlten Coach, sondern um einen Bekannten oder Freund an deiner Seite, der ebenfalls Ziele in seinem Leben konsequenter erreichen will. Mit einem Coaching-Partner kannst du durchaus gute Erfolge erzielen. Dazu müsst ihr euch über die Intention und den Rahmen des gegenseitigen Coachings vorher klar werden und etwas Verbindliches vereinbaren. Auch wenn es keinen finanziellen Aspekt dabei gibt, lohnt sich das Aufsetzen eines Vertrags. Zu Beginn und vielleicht etwa einmal monatlich sollte man sich eine Stunde persönlich zusammensetzen, um grundsätzliche Fragen zu klären. Ansonsten reichen kürzere, fokussierte Telefonate etwa zwei- bis dreimal die Woche. Der zeitliche Aufwand ist also überschaubar.

Der erste Schritt besteht darin, den geeigneten Coaching-Partner zu finden.

Danach hilft man sich gegenseitig, Ziele zu finden und genau zu formulieren. Diese müssen konkret benannt werden, realistisch und überprüfbar sein. Ziele wie „Ich will mehr Geld verdienen." oder „Mein Leben wird aufregender." oder „Der Sex wird besser." sind ungeeignet. Es gibt keine klar umrissene Ziellinie. Besser sind solche Formulierungen: „ Ich werde eine Beförderung mit Gehaltserhöhung erreichen und 400 Euro netto mehr verdienen." oder „Ich beginne nächste Woche mit Kampfsport und spreche einmal täglich eine fremde, schöne Frau an" oder „Ich besuche ein Tantraseminar". Das sind konkrete Ziele, die auch nachweislich erreichbar sind. Der Coaching-Partner sollte so lange kritisch nachfragen, bis die Formulierung eindeutig ist. Dann wird das Ganze schriftlich fixiert und zeitlich terminiert, eventuell noch in Unterziele aufgeteilt. Etwa: „Bis Freitag lege ich eine Liste meiner Erfolge in der Firma und meiner Qualitäten an." und „Bis Mittwoch mache ich eine Probestunde in einem Kampfsportstudio." und „Bis nächste Woche recherchiere ich, welche Tantra-Institute und Seminare es gibt, die zu mir passen könnten.".

Das sind konkrete Tätigkeiten, die für den Coach überprüfbar sind. Er hat nämlich dann die Aufgabe, nachzufragen, ob die jeweiligen Unterziele erreicht wurden. Im positiven Fall lobt er, im negativen Fall fragt er kritisch nach. Bei mehrmaligem Verfehlen hat er die vorher ausdrücklich festgelegte Erlaubnis, dir schmerzhaft in den Allerwertesten zu treten, um aus deiner Komfortzone zu kommen. Oder er schlägt dir eine andere Strategie vor. Wenn es ein guter Freund ist, macht er bestimmte Dinge zu deiner Unterstützung mit dir gemeinsam: die Probestunde im Karate-Dojo, die Liste deiner beruflichen Qualitäten erstellen oder auch den gemeinsamen Besuch eines Schnupperabends in einem Tantra-Institut.

Wichtig ist folgende Regel: Die Coaching-Zeit im Gespräch ist für jeden gleich und es wird klar getrennt, wer wen coacht. Hier sollten klare Absprachen getroffen werden, sonst führt das auf Dauer zu Frust und Konflikten. Der eine coacht den anderen eine halbe Stunde, der andere bekommt nur fünf Minuten. Das kann mal vorkommen, auf Dauer ist es aber ungerecht und führt zu Streit. Ebenso sollte die Coaching-Zeit klar davon getrennt werden, was ihr sonst noch zusammen unternehmt. Kleine Rituale helfen dabei: Du rufst an und ihr macht euer gegenseitiges Coaching. Dann legt ihr auf und dein Freund ruft an, um anderes zu besprechen. Ihr trefft euch im Café und macht euer Coaching. Wenn es beendet ist, wechselt ihr den Tisch, um über etwas anderes zu reden.

Das gegenseitige Coaching ist eher langfristig orientiert. Macht deshalb einen Drei- oder Sechsmonatsvertrag miteinander, der ohne wirklich schwerwiegenden Grund (Krankheit, Unfall etc.) nicht gekündigt wird. Es muss ernst und verpflichtend sein, sonst hat das Ganze wenig Aussicht auf Erfolg.

Ganz wichtig: Hat einer von euch ein wichtiges Ziel (oder Teilziel) erreicht, feiert es gemeinsam! Genießt den Erfolg und gebt euch gegenseitig Anerkennung. Gerade als Freunde wird dies eure Freundschaft enorm bereichern und vertiefen.

Genieße deine Männlichkeit

Wenn du dieses Buch durchgelesen hast, weißt du jetzt, wie du deine Männlichkeit genießen kannst. Jetzt geht es darum, aufzustehen und das Wissen umzusetzen. Denn nur das Lesen von schlauen Büchern hat noch niemanden glücklich gemacht, aber in diesem Fall hat es dich hoffentlich motiviert. Auch wenn du dich zunächst nur in einem Teilbereich aufmachst, dein Leben in die Hand zu nehmen, um dein Ding zu machen, dann schiebst du eine Kugel an, die langsam, aber sicher ins Rollen kommt. Wenn du etwas wirklich Großes, Provokantes und Genussvolles in deinem Leben machen willst, schau dir mein Herzenskrieger Männertraining an. Der Einsatz dafür ist hoch – in jeder Beziehung –, das Ergebnis aber grandios und nachhaltig. Aber bitte lies alle Informationen und Regeln und die Warnung vorher aufmerksam durch und denke darüber nach, ob du wirklich dazu bereit bist. Wenn ja, dann freue ich mich, dich dort begrüßen zu dürfen. Ich wünsche dir ein genussvolles Leben als Mann und hoffe, mit diesem Buch dazu beizutragen. Und jetzt stürze ich mich in die Wellen und schwimme mit den Surfern um die Wette! Dann werde ich eine Kokosnuss trinken, um den salzigen Geschmack zu vertreiben, und darauf hoffen, dass der Wind auffrischt: Meine Sprünge mit dem Kite nach Backbord sind noch immer echt lausig, da muss ich dringend üben!

Meine Lebensvisionen

Ich habe in meinem Leben schon immer das gemacht, wovon ich überzeugt war und womit ich eine Botschaft verbunden habe – unabhängig von dem Verdienst. Je mehr ich selbst aber von einer

Sache begeistert war, umso mehr habe ich auch verdient. Um dir das zu skizzieren, hier einige Lebensstationen:

Ich habe nach dem Abitur eine Weile in den Pyrenäen auf einem alternativen Bauernhof gelebt, um die Biolandwirtschaft kennenzulernen. „Bio" hatte damals noch ein exotisches Image.

Im Zivildienst habe ich mit Behinderten auf einem Biohof und in einer Biogärtnerei gearbeitet, was wirklich anstrengend war, aber mir viel Freude bereitet hat. Der Sinn ergab sich aus der Arbeit selbst – meistens habe ich wesentlich mehr gearbeitet, als ich laut Vertrag musste.

Im Anschluss daran habe ich Sprachlehrforschung, Geschichte und Romanistik studiert und mir spannende Forschungsbereiche ausgesucht, die mich persönlich sehr interessierten. Nebenbei bin ich Taxi gefahren, um mein Studium zu finanzieren. Mir hat das Spaß gemacht, denn man lernt querbeet Menschen aus vielen Gesellschaftsschichten kennen. Was folgte, war die Beschäftigung mit alternativen Lernmethoden. Ich habe mir diese angeeignet und dann anderen Kommilitonen in Lerntrainings und Coachings geholfen, Sprachen und große Datenmengen für Prüfungen auswendig zu lernen. Es hat mir viel Freude gemacht, Menschen zu zeigen, dass sie mehr ungenutzte Potenziale haben, als sie glauben, und ihnen zu helfen, diese zu aktivieren. Mit der Suggestopädie ist es mir dann gelungen zu entdecken, wie man sehr kreativ und äußerst effektiv lernen kann. Nach der Ausbildung zum Suggestopäden habe ich meine eigenen Programme in „Superlearning" für Fremdsprachen entwickelt – schon bald gab es Wartelisten für diese Intensivtrainings, bei denen Menschen an vier Wochenenden lernten, fließend Spanisch zu sprechen. Es war vergleichsweise teuer, denn mein Honorar lag beim Vielfachen eines normalen Sprachlehrers, und ich mutete den Teilnehmern einiges zu. Aber ich habe immer 100 Prozent gegeben und die Menschen begeistert und dazu gebracht, weit über sich selbst hinauszuwachsen. Allein der Gestaltungsaufwand eines Klassenraums kostete mich Stunden und einen großen Kombi voller Material. Die Teilnehmer mussten den ganzen Tag singen, tanzen, gymnastische Übungen machen, massieren, malen, Kinderspiele spielen, sich total blamieren, verrückte Gesten nachahmen, Theater spielen, sich hypnotisieren lassen und vieles mehr, was sie noch nie im Leben vorher gemacht hatten und oft sogar ablehnten. Einige haben den Einführungsabend nicht überstanden, aber die meisten waren begeistert und haben neben dem verrückten Spaß auch noch eine Fremdsprache gelernt. Viele sind dann nur noch wegen des Spaßes und gar nicht mehr wegen der Fremdsprachenkenntnisse wiedergekommen.

Ich habe für meine Veranstaltungen niemals geworben, sondern wurde stets weiterempfohlen – auch in Firmen. Da war ich – mit Ziegenbart und alternativer Latzhose – natürlich ein ziemlicher Affront. Der Erfolg meiner Schulungen ließ alle Kritiker aber schnell verstummen. Ein Personalleiter sagte einmal zum mir: „Die Arbeitsatmosphäre hat sich nach ihrem Superlearning-Englischkurs in der Firma komplett verändert – so motiviert und fast ausgelassen habe ich meine Mitarbeiter noch nie erlebt. Wir brauchen eigentlich keine Englischkurse mehr, aber wir buchen Sie trotzdem. Machen Sie, was Sie wollen: Hauptsache, es hat wieder denselben Effekt." So habe ich dann Motivationstrainings für Firmen entwickelt, ziemlich verrückte Rhetorikkurse, Visionsseminare etc. Ich konnte mich meist vor Aufträgen nicht retten. Ich wurde zertifizierter Ausbilder beim Dachverband dieser Methode und schulte dann selbst andere Lehrer und Trainer darin.

Den größten Teil meiner nicht unerheblichen Einnahmen habe ich in Fernreisen und vor allem in viele Seminare und therapeutische Ausbildungen gesteckt, die ich selbst als Teilnehmer besuchte. Ich wollte aber noch tiefer gehen, um mit den Persönlichkeitsstrukturen der Menschen zu arbeiten. Das war in solchen Firmenseminaren nicht möglich. Also begann ich irgendwann selbst, Tantra- und Selbsterfahrungsseminare anzubieten. Auch diese Seminare waren nach einer Anlaufphase ausgebucht und es stand die Entscheidung an, in welche Richtung ich beruflich gehen wollte. Ich zog mich zu einem Retreat in die Einsamkeit zurück und entwickelte die Vision eines eigenen Instituts und einer eigenen Methodik zur Persönlichkeitsentwicklung. Auch wenn dies zu diesem Zeitpunkt sicherlich sehr hoch gegriffen war, glaubte ich daran. Doch das hatte auch einen Preis: Ich musste meine Suggestopädie- und Firmenseminare aufgeben. Schweren Herzens tat ich das, und noch viele Jahre später erhielt ich immer wieder Anfragen, ob ich doch noch Seminare in diesem Bereich anbieten könne. So konzipierte ich immer neue Seminare, Therapiemethoden,

Übungen und Konzepte im Bereich der Persönlichkeitsentwicklung. Auch heute machen wir hierfür keine Werbung, denn die Qualität meiner Artikel, Bücher, CDs und Seminare spricht für sich. Ich habe das große Glück, den Sinn meiner Arbeit stets beim Abschluss eines Seminars an den Augen meiner Teilnehmer ablesen und auch hören zu können.

Gib deinem Leben einen Sinn und eine Ausrichtung, indem du Visionen entwickelst, sie verfolgst und verwirklichst. Erreichte Lebensvisionen zu feiern ist der höchste Lebensgenuss im Leben eines Mannes!

Literatur

Im Buch erwähnte Literatur

Bust, Leila & Leimbach, Bjørn Thorsten: *Tantra*
Dekker, Laura: *Ein Mädchen, ein Traum: Solo um die Welt*
Huber, Alexander: *Die Angst, dein bester Freund*
Jung, C. G.: *Archetypen*
Kollath, Dr. Werner: *Die Ordnung unserer Nahrung*
Leimbach, Bjørn Thorsten: *Abenteuer männlicher Verführung*
Leimbach, Bjørn Thorsten: *Ekstase statt Porno* (E-Book)
Leimbach, Bjørn Thorsten: *Männlichkeit leben*
Nadolny, Sten: *Die Entdeckung der Langsamkeit*
Watzlawick, Paul: *Anleitung zum Unglücklichsein*

Weiterführende Literatur

Ernährung
Fellin, Andreas: *Das richtige Wasser für Ihre Gesundheit. Welches Wasser ist wirklich rein? So beugen Sie Krankheiten vor und steigern Ihr Wohlbefinden*
Grabolle, Andreas: *Kein Fleisch macht glücklich: Mit gutem Gefühl essen und genießen*
Lauk, Marcus: *Steinalt und Kerngesund: 100 Jahre erfüllt leben*
Rahn-Huber, Ulla: *So werden Sie 100 Jahre: Das Geheimnis von Okinawa*

Kampfsport
Crudelli, Chris: *Die Kunst des Kampfes: 300 Kampfsportarten – Tradition, Entwicklung, Techniken*
Levine, Darren: *Krav Maga: Das umfassende Handbuch mit über 230 Selbstverteidigungs- und Kampftechniken*
Sieverling, Guido: *Kampfsport – Kampfkunst – Selbstverteidigung: Wichtige Grundlagen, Prinzipien und Strategien*

Suggestopädie
Edelmann, Walter: *Suggestopädie und Superlearning: Ganzheitliches Lernen – das Lernen der Zukunft?*
Grötzebach, Claudia: *Trainieren mit Herz und Verstand: Einführung in die suggestopädische Trainingspraxis*
Klein, Zamyat M.: *Zauberwelt der Suggestopädie: Ein innovativer Ansatz für Ihr Business-Training*
Messer, Barbara: *Ungewöhnliche Trainingspfade betreten. Vertiefende, interaktive, pure und nachhaltige Trainingsinterventionen*

Ernährung
Beier, Patrick & Thieme, Kirsten: *Men's Health: Weg mit der Wampe*
Greenwood-Robinson, Maggie & Lauren, Mark: *Fit ohne Geräte – Kraftstoff: Die optimale Ernährung für weniger Körperfett und mehr Muskeldefinition*

Vision Quest
Linn, Denise: *Praxisbuch Vision Quest: Selbstfindung in der Einsamkeit der Natur*
Lüpke, Geseko von: *Vision Quest – Visionssuche: Allein in der Wildnis auf dem Weg zu sich selbst*

Flow-Effekt, Glück, Lebensvision, Lebenssinn
Csikszentmihalyi, Mihaly: *Flow: Das Geheimnis des Glücks*
Günther, Michael & Parvisi, Marjam: *Mulla Nasruddin – Lebensphilosophie vom weisen Narren*
Hirschhausen, Eckart von: *Glück kommt selten allein*
Mangold, Thomas: *Die Selbstmanagement-Formel: mehr Zeit – mehr Spaß – mehr Ruhe*
Philipp, Harald & Sirch, Simon: *Flow: Warum Mountainbiken glücklich macht*
Rinpoche, Sogyal: *Das tibetische Buch vom Leben und vom Sterben: Ein Schlüssel zum tieferen Verständnis von Leben und Tod*

Auf der Website **www.maennlichkeit-geniessen.de** zu diesem Buch findest du:
Literaturliste, Artikel, wissenschaftliche Untersuchungen, Links zu interessanten Videos und Dokumentationen sowie weiterführendes Material. Außerdem zusätzliche Geschichten und Fallbeispiele.

Männlichkeit leben.
Die Stärkung des Maskulinen
Bjørn Thorsten Leimbach

320 Seiten, Klappenbroschur
978-3-8319-0285-9

Dieses „Männerbuch" bezieht eine eindeutige Position. Es bringt eine neue Sicht in die Geschlechterdiskussion und stellt einen konkreten Leitfaden dar, wie Männer in ihrer Männlichkeit und Identität gestärkt werden. Um als Mann autonomer, emotional und sexuell unabhängiger zu werden, müssen Aggressionen in positiver Form gelebt werden.
Aggressionen sind eine starke Qualität von Männern, die dazu dient, sich abzugrenzen und männliche Ecken und Kanten auszubilden. Dazu ist auch ein Zugang zum eigenen Herzen nötig, um mehr Liebe, Herzlichkeit und Mut zu entwickeln. Das Buch richtet sich an Männer, die ihren Abenteuergeist und Freiheitsdrang auch in einer guten Partnerschaft ausleben wollen.

Dieses Buch ist wirklich notwendig, stellt es doch ein gesundes Gegengewicht zu dem heute weit verbreiteten Feminismus dar. [...] Der echte Mann hat seine Existenzberechtigung verloren, denn die femininen Werte haben heute die Vormachtstellung. [...] Der Feminismus war die notwendige Antwort auf das patriarchale Prinzip, bei dem das männliche Prinzip überhandgenommen hatte. [...] Jedoch wurde das Kind mit dem Bade ausgeschüttet und die männlichen Werte per se in Abrede gestellt. [...] Dieses Buch ist sehr heilsam für Männer.
Tattva Viveka

Abenteuer männlicher VerFührung. Frauen wählen und erobern. Die Partnerin lieben und führen
Bjørn Thorsten Leimbach

296 Seiten, Klappenbroschur
978-3-8319-0483-9

Dieses Buch ist das Gegenstück zu den üblichen Beziehungs- und Erotikratgebern. Es erklärt provokant und in klaren Worten, was die unbekannte Matrix in der Mann-Frau-Beziehung ausmacht. Aber Vorsicht: Dieses Buch ist nichts für zarte Gemüter. Heilsame Schockerlebnisse und schlaflose Nächte können dabei der erste Schritt auf dem Weg sein, sich als Mann nicht in einem bequemen „Jein“ zu verlieren, sondern mutig und entschieden sein Herz zu öffnen und ein erfolgreicher Verführer zu werden – beim Kennenlernen von Frauen ebenso wie im Alltag bei der eigenen Frau. Der führende Männercoach und Bestsellerautor Bjørn Thorsten Leimbach zeigt in seinem Buch anschaulich und mit vielen Tipps und Übungen, was es heißt, mit seiner eigenen männlichen Kraft in Kontakt zu kommen, und welche weitreichenden Folgen das für Erotik, Sex und Partnerschaft hat.

Tantra.
Das Liebes- und Beziehungstraining für Singles und Paare
Leila Bust/Bjørn Thorsten Leimbach

208 Seiten, Klappenbroschur
978-3-8319-0377-1

Tantra ist mittlerweile durch die öffentlichen Medien ein fast geläufiger Begriff geworden. Dabei wird Tantra jedoch häufig als eine exotische Variante des Liebeslebens gesehen.
Obwohl Tantra ein Weg der Erfahrung und Praxis ist – und kein Glaubenssystem –, lässt es sich nicht einfach in das bisherige Leben an ein paar Stellen einbauen. Vielmehr geht es hierbei um eine Sichtweise, die das eigene Leben tief verändert und mit mehr Liebe und Bewusstheit erfüllen will.
Dieses Buch ist ein Lehrgang, der an der Praxis orientiert ist. Seine Ausrichtung ist die Entwicklung der eigenen Liebes- und Beziehungsfähigkeit, daher sind alle beschriebenen Übungen auch komplett für Singles geeignet.

Als Voraussetzung für ein erfülltes Leben und eine glückliche Partnerschaft zeigt Tantra Wege, sich selbst und dadurch auch dem Liebespartner wirklich nahe zu kommen. In mehr als 20 Übungen lernen Sie, JA zu sich selbst zu sagen, die eigene Sinnlichkeit zu entfalten, und entdecken neue Formen gemeinsamer Intimität. […] Alle Übungen eignen sich auch für Singles. „Tantra im Alltag" könnte das Motto dieses Titels lauten. Der gesamte Inhalt ist für den Alltag konzipiert, sodass Sie auch ohne Vorerfahrung die ersten Schritte auf dem tantrischen Weg wagen können. Eventuellen Hemmungen und Vorbehalten begegnen die Autoren mit einer sehr respektvollen Sprache, die es leicht macht, sich auf Neues einzulassen.
Körper Geist Seele, Berlin

Springen Sie über Ihren Schatten!
Glück ist keine Glückssache
Leila Bust/Bjørn Thorsten Leimbach

224 Seiten, Klappenbroschur
978-3-8319-0439-6

Glück ist keine Glückssache. Aber wie kann es gelingen – das Glück? Was muss man tun, um sein Leben als glücklich zu empfinden?
Stellen Sie sich ein Jahr lang wöchentlich einer neuen Übung und sehen Sie, wie sich Ihre Sichtweisen verändern, wie Sie innerlich freier und willensstärker werden und wie Sie Ihr Leben in die Hand nehmen. Bei diesem Glückskurs geht es nicht darum, die eigenen Marotten zu pflegen und alles beim Alten zu lassen, sondern zunächst die eigenen Denk- und Verhaltensstrukturen zu durchschauen, sie dann zu verändern und schließlich die Freiheit zu erlangen, sein Leben aktiv und kreativ zu gestalten.
Die Anleitung der Therapeuten Leila Bust und Bjørn Thorsten Leimbach ist provokant, humorvoll und äußerst effektiv. Probieren Sie es aus! Seien Sie mutig, springen Sie über Ihren Schatten! Das Ergebnis ist verblüffend – Sie werden sehen!

Leila Bust ist Religionspädagogin und Systemische Paar- und Sexualtherapeutin. Sie entwickelte und leitet Dakini-Frauentrainings. Zusammen mit Bjørn Thorsten Leimbach konzipiert und leitet sie seit 1995 Partnerschaftsseminare sowie das „Liebes- und Beziehungstraining".

Impressum

Bibliografische Information der Deutschen Nationalbibliothek
Die Deutsche Nationalbibliothek verzeichnet diese Publikation in der Deutschen Nationalbibliografie; detaillierte bibliografische Daten sind im Internet über http://dnb.d-nb.de abrufbar.

ISBN 978-3-8319-0638-3

4. Auflage 2026

Borselstr. 16c, 22765 Hamburg, info@ellert-richter.de

Text: Bjørn Thorsten Leimbach
Lektorat: Klose Textmanagement, Berlin
Redaktion: Svetlana Romantschuk, Hamburg
Titelfoto: fotolia ©Gajus
Gestaltung: BrücknerAping Büro für Gestaltung, Bremen
Gesamtherstellung: CPI books GmbH, Leck

www.ellert-richter.de
www.facebook.com/EllertRichterVerlag
www.instagram.com/ellert_richter_verlag